KENICHI OHMAE

「BBT×PRESIDENT」
Executive Seminar Library Vol.15

大前研一 編著

大前研一
デジタル
小売革命

「BBT×プレジデント」
エグゼクティブセミナー選書　Vol.15

プレジデント社

はじめに

新型コロナウイルス（ＣＯＶＩＤ－19）による休業要請や営業時間の短縮で多くの流通・小売業者が打撃を受けた。今年に入って各国でワクチン接種が進み、ようやく長いトンネルを抜けたと思っている事業者も多いだろう。

今回のコロナ禍によって、人々の消費に対する価値観や購買行動は大きく変わった。しかし、コロナ以前から流通・小売業界はデジタルシフトを迫られていたのだ。今後、流通・小売業界のデジタルシフトはさらに加速化することになるだろう。

本書でそのトレンドをしっかりフォローし、自社なりのデジタルシフトを考える材料にしてほしい。

パート1　流通・小売業のデジタルシフト

デジタルシフトの嵐が、流通や小売りの世界でも、激しい音を立てて吹き荒れている。

アメリカでは、二一世紀に入ってから、タワーレコード、トイザラス、シアーズ・ホールディングスといった大手チェーンがアマゾンに顧客を奪われ、経営破綻に追い込まれた。いわゆる

「アマゾン・エフェクト」だ。

日本でもスマートフォンやＳＮＳの普及により、Ｄ２Ｃ（Direct to Consumer　メーカーが小売店を介さずに、自社のＥＣ（電子商取引）サイトで消費者に直接販売するビジネスモデル）や「サブスクリプション・モデル（定額を払うことで、一定期間サービスを受けられることを保証するビジネスモデル）」が消費者の支持を集める一方、百貨店など旧来の小売業者は苦境にあえいでいる。

中国では、すでにＥＣが最大の流通チャネルとなっているのは周知の事実だ。そして、その中心にいるアリババや京東《ジンドン》（JD.com）が、ＩｏＴ（モノのインターネット）、ビッグデータ、ＡＩ（人工知能）などの新たなテクノロジーを利用して、店舗と物流拠点を融合させた新しいサービスモデルを構築している。

この流れは、もう元には戻らない。つまり、デジタルシフトに対応できない流通・小売業者は、企業規模に関係なく、ディスラプト（破壊）される運命にあるということだ。

生き残りたいのであれば、大急ぎでデジタルシフトを進めるよりほかない。だが、そのためには、「テクノロジー導入」「ＩＴ人材獲得」「コスト構造変革」といったいくつかの課題をクリアする必要がある。加えて、これまでの「生産者と消費者とをつなぐ」を超える価値を提供する、新たな流通・小売モデルを構築しなければならないのである。

これに対し、「ＩＴ会社にシステム構築を丸投げすればなんとかなる」と思う人がいるかもしれない。しかし、その考えは甘すぎる。少なくとも経営者が「流通・小売業のデジタルシフトの何たるか」を理解し、先頭に立って変革の旗を振らないかぎり、本質的な変化など、起こせはしないだろう。

しかし、何の手がかりもないところにあるべき姿を思い描くのは、至難の業だ。

そこで、本書のパート1では、流通・小売りにおけるデジタルディスラプションの各国の現状を紹介し、新しいモデルの構築にどのように取り組んでいけばいいかを解説していく。

さらに、すでにこの業界で先端的な取り組みを行っている各社のビジネスモデルを紹介するので、こちらもぜひ参考にしてほしい。

パート2　サブスクリプション・ビジネス

ここ数年、メディアで「サブスクリプション」という言葉を目にする機会が増えた。

購入する度に代金を支払うのではなく、月払いなどのかたちで恒常的に料金を支払い、その間サービスを受けられるというのが、サブスクリプション・モデルだ。

多くの人は「サブスクリプション」と聞いて、アマゾンプライムやスポティファイ、ネットフリックス、フールーなどのデジタルコンテンツの配信サービスを思い浮かべるだろう。しかし、このサブスクリプションがデジタル時代の新しいビジネスの形態かといえば、そんなことはない。私たちが以前から行っている新聞や雑誌の定期購読、会費制スポーツクラブ、従量制で月払いの光熱費なども、サブスクリプションなのである。

最近は、ファッションやカバン、時計、タイヤ、はたまたクルマといった、従来はなかったモノのサブスクリプション・サービスが続々と生まれている。また、B2C（Business to Consumer 企業と一般消費者間の取引）だけでなくB2B（Business to Business 企業間取引）のサブスクリプション・サービスも登場しはじめた。

定期的に売上が見込めるサブスクリプションは、多くの事業者にとって魅力的で、なおかつ扱いやすいと映るのだろう。このところ新規参入が後を絶たない状況が続いている。マイクロソフトやアドビ、ソニーといった売切りスタイルで陰りが見えた企業も、サブスクリプションにシフトして大きく業績を伸ばしている。

一方で、サブスクリプションを始めたのはいいが、うまくいかず撤退するケースも少なくない。これには理由がある。

サブスクリプションのゴールは「モノやサービスを売って終わり」の従来型ビジネスの延長にはないからだ。組織も必要とされる人材も同じではない。そういうことに無頓着で、かたちだけサブスクリプション・モデルを取り入れても、うまくいかないのである。マイクロソフトやアドビ、ソニーがサブスクリプション・モデルにシフトして成功したのは、その点をきちんと理解していたからだ。

本書のパート2では、一見簡単そうで奥が深いサブスクリプション・ビジネスの勘所を、じっくりと解明していく。また、実際にサブスクリプション・ビジネスを行っている企業の代表者に、直接事業の解説をしていただく。

一読していただければ十分な知識が身につくはずだ。その後は、自信をもってサブスクリプション・ビジネスに挑んでほしい。

「二一世紀は答えのない時代」というのが私の持論だ。ひとりでも多くの人がそのことに気づき、自分自身で正解を見つけ出してほしい。本書がそのために役立てば、こんなにうれしいことはない。

二〇二一年八月

大前研一

目次

第二章

中国最大のリテイラー・京東集団の巨大な流通システムを支える取り組み　荒井伸二

第三章　物流をもっと簡単、シンプルに　伊藤秀嗣

第六章　「料理人向けEC」のラストワンマイルを変革する　松田雅也

第二章 サブスクリプション・ビジネスの勘所 佐川隼人

第五章

「定額住み放題」でつくる新しいライフスタイル　佐別当隆志

第六章　サブスクリプションだからこそ表面化する、お客様ニーズとの関わり方　小川紀暁

図版制作　室井浩明（STUDIO EYES）

パート1

流通・小売業のデジタルシフト編

第一章 **大前研一**
（株式会社ビジネス・ブレークスルー 代表取締役会長、
ビジネス・ブレークスルー大学 学長）

第二章 **荒井伸二**
（京東日本 日本業務最高責任者）※講演当時

第三章 **伊藤秀嗣**
（株式会社オープンロジ 代表取締役社長CEO）

第四章 **児玉昇司**
（ラクサス・テクノロジーズ株式会社 代表取締役会長CEO）

第五章 **富山浩樹**
（サツドラホールディングス株式会社 代表取締役社長兼CEO）

第六章 **松田雅也**
（八面六臂株式会社 代表取締役）

第一章

デジタルシフトが加速する流通・小売業の最前線

大前研一

図1

テクノロジーによる流通・小売業のディスラプション

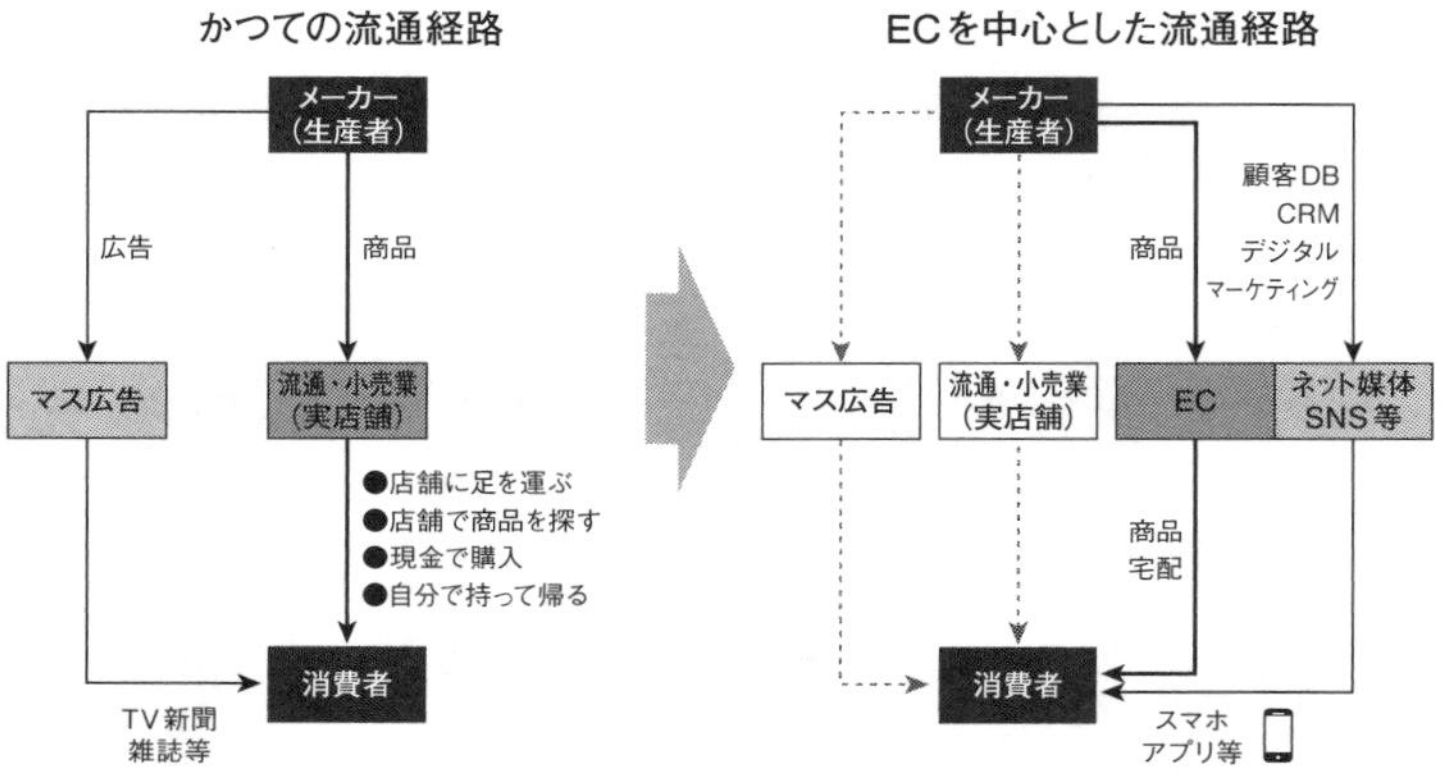

資料：BBT大学総合研究所© BBT大学総合研究所

流通・小売業界における構造変化

従来、流通・小売業が担ってきた「生産者」と「消費者」をつなぐ役割が、テクノロジーによってディスラプト（破壊）されつつある（図1）。

かつての「大量生産・大量消費」の時代に隆盛を誇った松下電器産業（現パナソニック）の創業者・松下幸之助は、いわゆる「水道哲学」を掲げていた。水道の蛇口を捻ればどこでも水が出るように、松下チェーンの店舗に足を運んでくれれば必要な家電が必ずそこで買えるというわけだ。

つまり、「メーカーが製造した商品を実店舗経由で消費者に届ける」というのが、かつての流通の構造だったのである。そして、消費者は現金で購入した商品を自分で自宅まで持ち帰っていた。

また、メーカーは新聞、雑誌、テレビ、ラジオといったマスメディアに広告を出稿し、消費者はそこから商品に関する情報を得ていた。

ところが、EC（電子商取引）の時代が到来して以来、この流通経路は一変した。商品はメーカーからアマゾンやアリババなど大手EC企業のプラットフォームを経由して、消費者のもとに直接届けられるようになったのである。

さらに、消費者はマス広告の代わりに、さまざまなネット媒体やSNSを通じて、商品情報を入手するようになった。情報源はユーザー（個人）ということも珍しくなくなった。これにはスマートフォンが普及した影響も大きい。

アマゾン・エフェクトが流通・小売業を直撃

現在、既存の流通・小売業にとって最大の脅威となっているのが、アマゾンである。いわゆる「アマゾン・エフェクト（アマゾン効果）」だ。

アメリカでは、多くの消費者がアマゾンを利用するようになった結果、まず二〇〇六年に大手CD販売チェーンのタワーレコードが倒産した。その後も二〇一一年に大手書店のボーダーズ、二〇一五年に家電量販店のラジオシャック、二〇一七年に玩具販売のトイザラス、二〇一八年に

図2

アマゾン・エフェクト

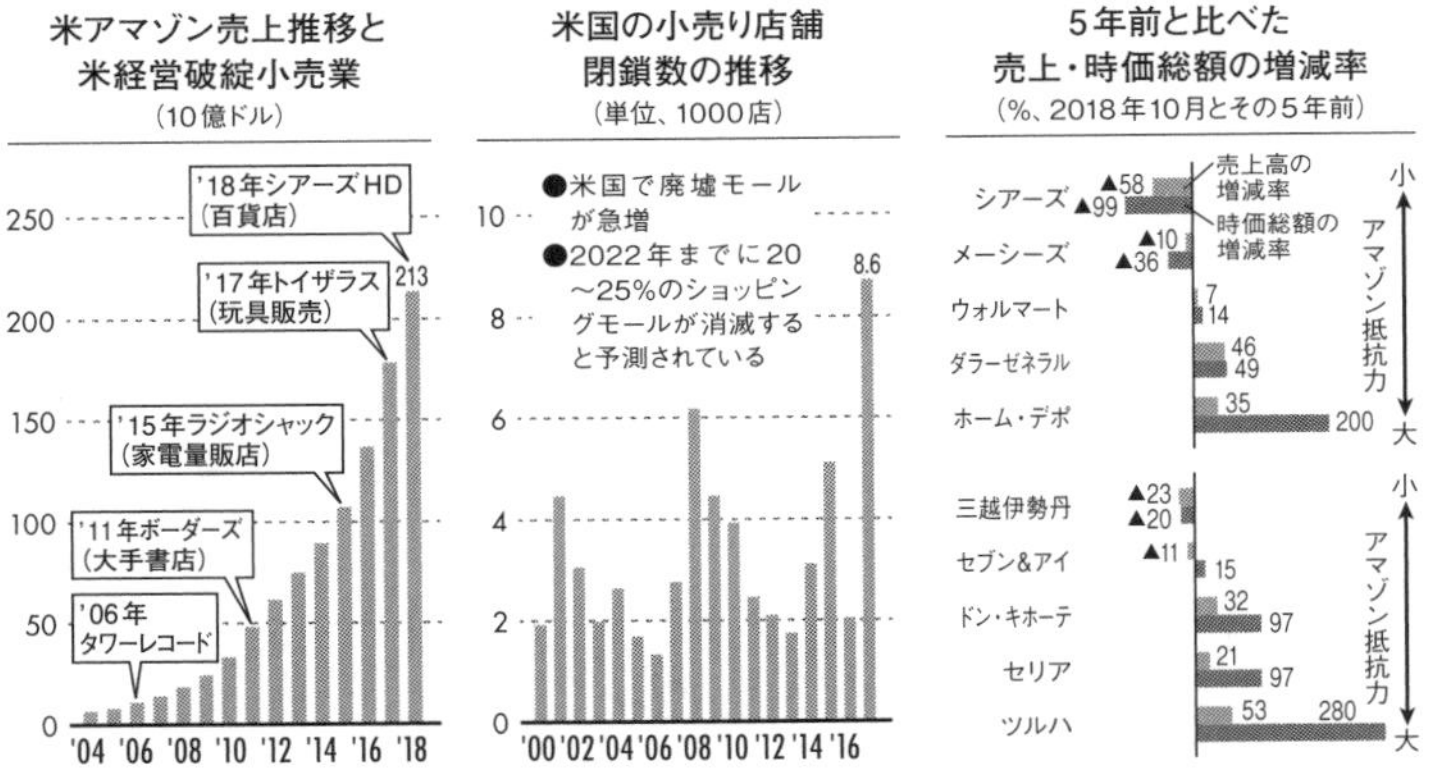

資料：Amazon、Credit Suisse、「日本経済新聞」より作成 ©BBT大学総合研究所

百貨店のシアーズ・ホールディングスが次々と経営破綻に追い込まれている。

　これらの事例をみると、全米にチェーン展開をしている伝統的な小売業者ほど、アマゾン・エフェクトの直撃をまともに受けていることがよくわかる（図2左）。

　また、現在アメリカでは、ショッピングモールの廃墟化が急激に進んでおり、二〇二二年までに二〇〜二五％のショッピングモールが消滅するという予測もある（図2中）。

　五年前と比較した売上高と時価総額の増減率をみると、老舗百貨店であるシアーズやメーシーズの落ち込みが激しい（図2右）。この二社はアマゾンに対する抵抗力が弱いといっていい。一方で、住宅リフォーム・建設資材・サービスの小売チェーンであるホーム・デポの時価総額は二〇〇％まで拡大している。ホーム・デポの店舗を歩くと、思いもかけない掘り出し物に遭遇することが珍しくない。そのようなアマゾンにはない特徴が、同社のアマゾンに対する抵抗力を高めているのだろう。

日本の場合も状況はほぼ似通っている。老舗百貨店の三越伊勢丹がマイナス成長を遂げる一方で、店舗にいろいろな工夫がされており商品を見つける楽しさを味わえるディスカウントストアのドン・キホーテや一〇〇円ショップのセリアは、それぞれ売上、時価総額とも伸ばしている。

もうひとつ好調なのが、ドラッグストアチェーンのツルハだ。ただ、今後日本政府が規制緩和を行い、アメリカのように処方箋をデジタル化してスマートフォンに送り、顧客はそれを見てアマゾンで薬を購入することができるようになれば、苦戦は免れないだろう。

コスト構造的にリアル店舗はECに敵わない

アマゾンはなぜそんなに強いのか。その最大の理由は、同社のコスト構造にある。売上高に占める「販管費（販売費及び一般管理費）率」が従来の小売業と比べて非常に小さいのだ（次ページ図3左）。

かつてアメリカで新興のウォルマートが老舗のシアーズを凌駕《りょうが》したのも、販管費率を抑えた

図3

コスト構造比較によるリアル店舗がECに敵わない理由

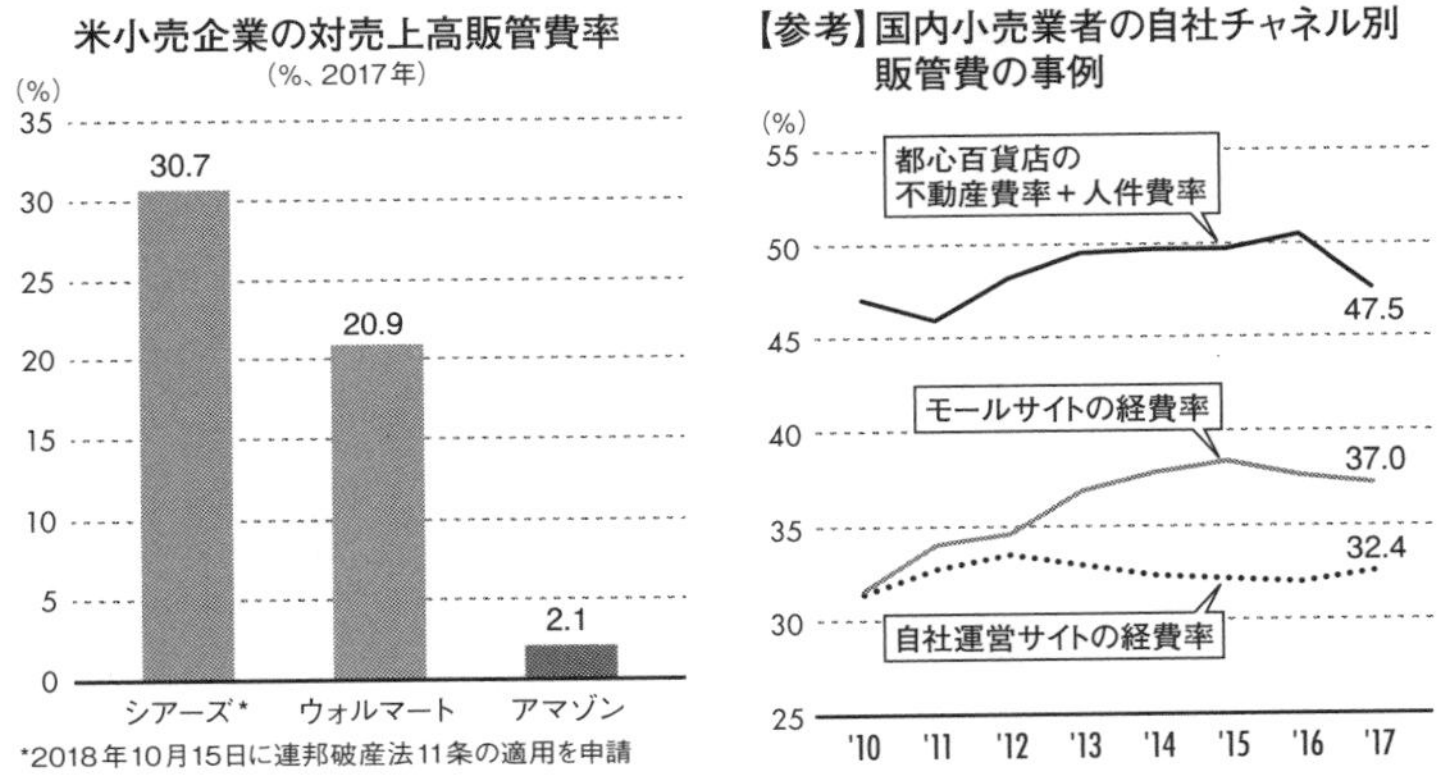

資料：各社IR資料、『店は生き残れるか』（小島健輔著）©BBT大学総合研究所

からだった。いわゆる「パーキンソンの法則」（組織が拡大すると無用な業務も増えること）が働いて、古い会社ほど間接業務が増えて、販管費率が肥大化するのである。

シアーズの販管費率三〇・七％に対し、ウォルマートは二〇・九％と三分の二程度にすぎない。ところが、次にアマゾンをみると、同二・一％とウォルマートの一〇分の一程度の販管費率なのだ。

次に、国内小売業者の自社チャネル別販管費率を調べると、都心百貨店の不動産費率と人件費率の合計は四七・五％にもなる（**図3右**）。つまり、百貨店で売られている商品の価格の約半分は不動産費と人件費と思って間違いないのである。その点、ＥＣのモールサイトは不動産費や人件費はかからない。しかし、その代わりにプラットフォーマーにコミッション（いわゆるショバ代）を払わなければならない。これはアイボール・トラフィック（ネットワークを流れる情報の量）が多いモールサイトほど高い率となる。

コミッションを払うのが嫌なら、自社でＥＣサイトを構築して運営するという手もあるが、インターネットの中でじっと待っていても、お客はなかなか来てくれない。結局、ＥＣで商売を行う場合、多くの企業は手数料の高さに不満を感じても、アマゾンや楽天といった集客力のあるプラットフォームを利用せざるを得なくなるのである。

ＥＣの進化や直販モデルの台頭でスキップされる小売業

ジェフ・ベゾス氏が、それまで勤めていた金融業界から足を洗って、アメリカのシアトルでアマゾンを創業したのは、いまから二五年以上も前の一九九四年のことだ。

創業当時のアマゾンはただのオンライン書店だった。だが、設立趣意書をみると、そこには「私は本屋になるつもりはない。将来は世界一の小売業になる」と書かれている。

「だったら、最初からオンラインで小売業を始めればよかったのではないか」と思う人もいるかもしれないが、それはできなかった。当時はまだ写真や動画をスムーズに送受信できるほど、インターネットは進化していなかったからだ。だから、ネット上で現物の詳細を確認できなくても注文したものが間違いなく届く、本や航空券のような〝左脳型商品（どこでも同じものが買える商品）〟しか扱えなかったのである。

それでもベゾス氏は、カーテンやソファーを売ったりもしてみたが、「色や手触りが写真や説明と違う」というクレームが続出し、返品の山に悩まされることになってしまう。

そんなアマゾンが靴や服などの〝右脳型商品〟も扱うことができるようになったのは、台湾系アメリカ人のトニー・シェイ氏が開業した「ザッポス」（靴のオンラインショップ）を買収してからだ。

ザッポスは、顧客がネットで靴を注文する場合は、「一度に三足まで注文できて返品は自由、しかも返品時の費用はザッポス側が負担する」というシステムをつくった。この場合、最初こそ余計なコストがかかるが、その代わり購入者の正しいデータが残る。ゆえに、二回目以降の購入は返品率がぐっと下がるのだ。

これで人気となったザッポスをみて、「この手法なら靴だけでなく、服やその他の〝右脳型商品〟も売れる」と判断したベゾス氏は、約九〇〇億円で同社を買収し、アマゾン傘下に置いたのである。

これ以外にも、従来のＥＣの弱点を補完する仕組みが続々と出てきている（図４）。

たとえば、ＥＣに録画動画やライブ動画といった動画配信を組み合わせることで、「使い方や質感がわかりにくい」というネットの弱点を補う動画（ライブ）コマース。消費者が決まった時間や場所でしか荷物を受け取れない不便を解消する宅配ボックスや、宅配ロボ、宅配ドロー

図4

流通・小売業をスキップする動きの背景

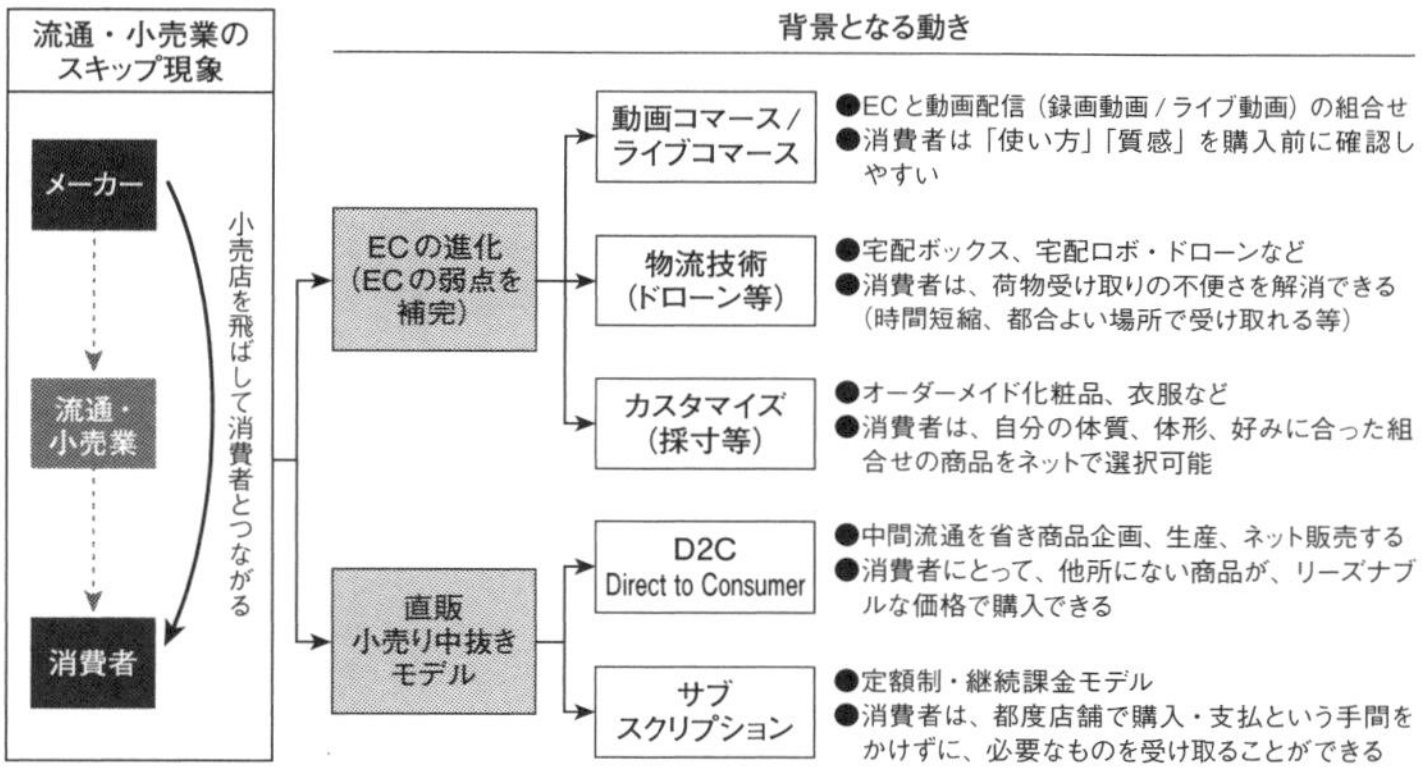
流通・小売業の
スキップ現象
メーカー
流通・
小売業
消費者
小売店を飛ばして消費者とつながる
背景となる動き
ECの進化
(ECの弱点を
補完)
直販
小売り中抜き
モデル
動画コマース/
ライブコマース
物流技術
(ドローン等)
カスタマイズ
(採寸等)
D2C
Direct to Consumer
サブ
スクリプション
●ECと動画配信（録画動画/ライブ動画）の組合せ
●消費者は「使い方」「質感」を購入前に確認しやすい
●宅配ボックス、宅配ロボ・ドローンなど
●消費者は、荷物受け取りの不便さを解消できる（時間短縮、都合よい場所で受け取れる等）
●オーダーメイド化粧品、衣服など
●消費者は、自分の体質、体形、好みに合った組合せの商品をネットで選択可能
●中間流通を省き商品企画、生産、ネット販売する
●消費者にとって、他所にない商品が、リーズナブルな価格で購入できる
●定額制・継続課金モデル
●消費者は、都度店舗で購入・支払という手間をかけずに、必要なものを受け取ることができる

資料：BBT大学総合研究所 ©BBT大学総合研究所

ンといった物流技術。自分の体質、体形、好みなどを登録することで、自分に合ったオーダーメイドの服や化粧品などを注文できるカスタマイズシステムなどが挙げられる。

同時に、D2C（Direct to Consumer）という小売りを中抜きするメーカー直販モデルが増えてきている。中間流通分のコストが省かれるため、消費者は商品をリーズナブルな価格で手に入れることができるのだ。

さらに、最近注目されているのが「サブスクリプション」という定額制・継続課金モデルだ。消費者は、その都度店舗に出向いて商品を購入し支払いを行うという手間から解放されるため、人気が高まっている。

図5

世界のECトレンド

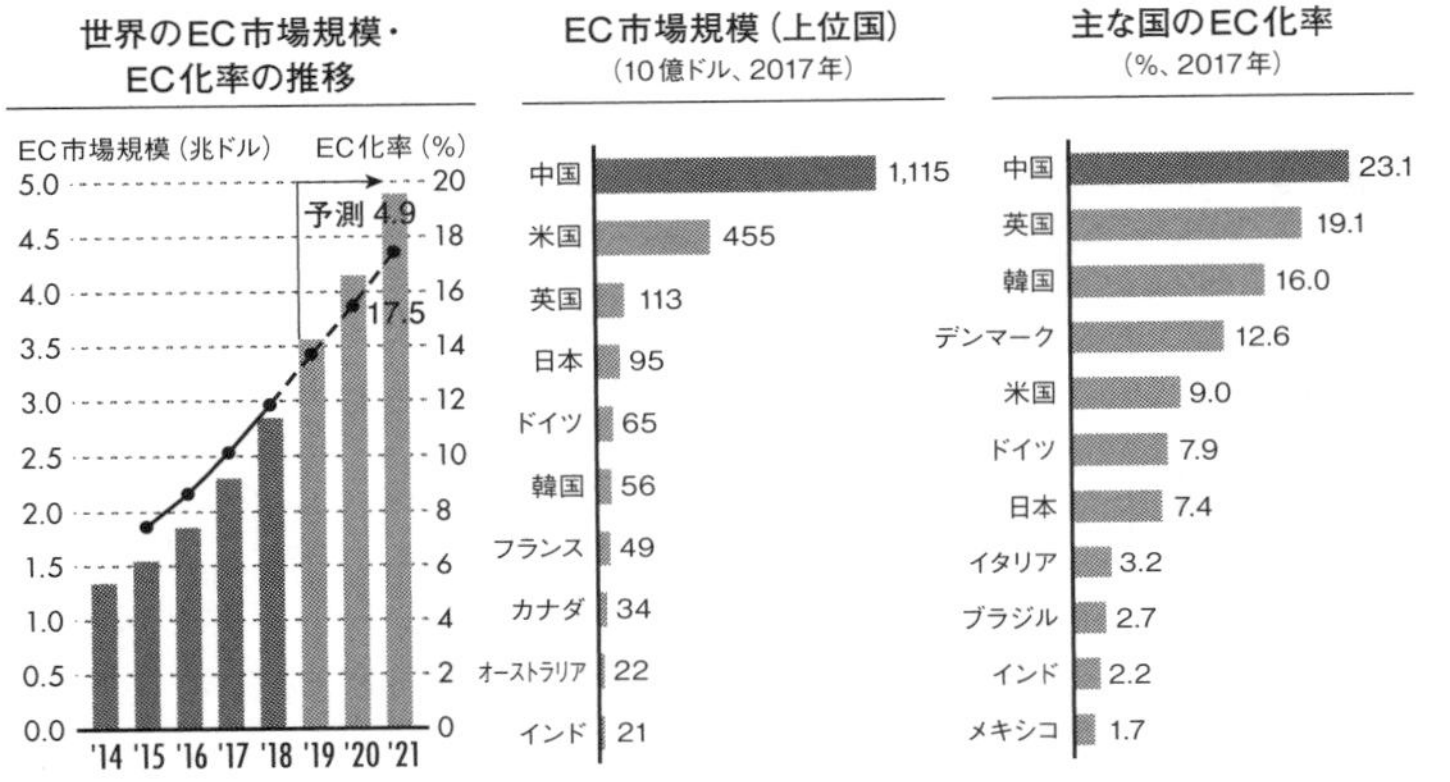

資料：Statista、経済産業省資料より作成 © BBT大学総合研究所

世界のECトレンド

世界各国のEC市場規模とEC化率は、ともにここ数年で大きく伸びている（図5左）。とりわけ目覚ましいのは中国で、EC市場規模は一〇〇兆円を超えている。これは二位のアメリカの実に二倍以上だ（図5中）。EC化率も二三・一%で世界第一位となっている（図5右）。

中国の場合、タイミングがよかったことも、ECが急拡大する要因のひとつとなっている。

アメリカでは、地方の中核都市にすでにショッピングモールができていたため、それがEC普及の妨げとなった。一方の中国では、地方の人々は自分の住んでいる地域にモールができるのを心待ちにしながら、

図6

国内小売業界においてもECが最大の流通チャネルとして台頭

国内小売流通業態別売上高推移

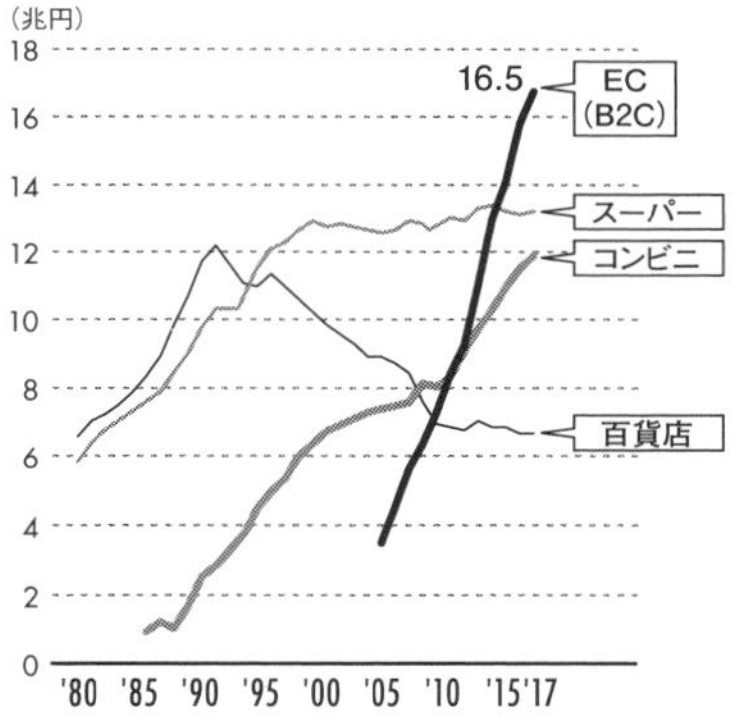

小売業の構造変化の歴史

	年代	業態	顧客ニーズ
導入期	～1979年	商店街	特になし
成長期	1980年代	大型店 量販店	納期 大量生産
成熟期	1990年代	CVS	利便性 価格
衰退期	2000年代	ディスカウントストア	利便性 価格
現在	2010年～	専門店 EC	個別対応

資料：経済産業省、ほか各種資料より作成 ©BBT大学総合研究所

上海などの大都市にまで買い物に出向いている状態だった。そこにECサービスができたので、これでもう大都市まで行かなくてすむと、みな喜んでこれに飛びついたのだ。そのせいで中国では、いま開発の途中で工事が中断し、廃墟となったショッピングモールがあちこちでゴーストタウン化し、問題となっている。

日本はといえば、EC化率は七・四%にとどまっている。伸びてはいるが、中国のように爆発的に定着するような兆しはまだみられない。

ただし、その日本においてもB2CのECは、百貨店、スーパー、コンビニを抑えて一六・五兆円という最大の売上を上げている（図6左）。

日本の小売業の歴史を振り返ると、一九

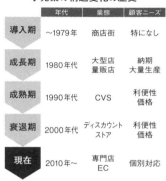

七〇年代までは地元の商店街が小売業を担っていた(前ページ図6右)。それが一九八〇年代になると、大型量販店が進出してくる。一九九〇年代にはコンビニエンスストア(CVS)、二〇〇〇年代にはディスカウントストアが中心を占める。そして、二〇一〇年くらいから「ビームス」や「ユナイテッドアローズ」などの専門店が台頭するも、その後は苦戦が続き、現在では小売業の主役の座をECに譲っている。

B2CとC2Cのビジネスモデルの違い

ここでB2CとC2C(Customer to Customer　消費者間取引)のビジネスモデルの違いを確認しておこう。

商品や情報をプラットフォーマーがコントロールするのがB2C型だ(図7左)。代表的なのはアマゾンと楽天だが、アマゾンが自社でも商品を仕入れているのに対し、楽天は自分で買い入れた商品を収納する倉庫をもたず出店スペースを提供する市場機能だけで、商品を検索すればヒットするようになっている。

一方、C2C型は「メルカリ」や「BUYMA」のように、個人と個人の取引を仲介するスタイルだ(図7右)。商品の受け渡しが終わった後に、プラットフォーマーが代金をリリースする「エスクロー」と呼ばれるシステムになっている。なお、プラットフォーマーの手数料は取引額

図7

B2CとC2Cのビジネスモデルの違い

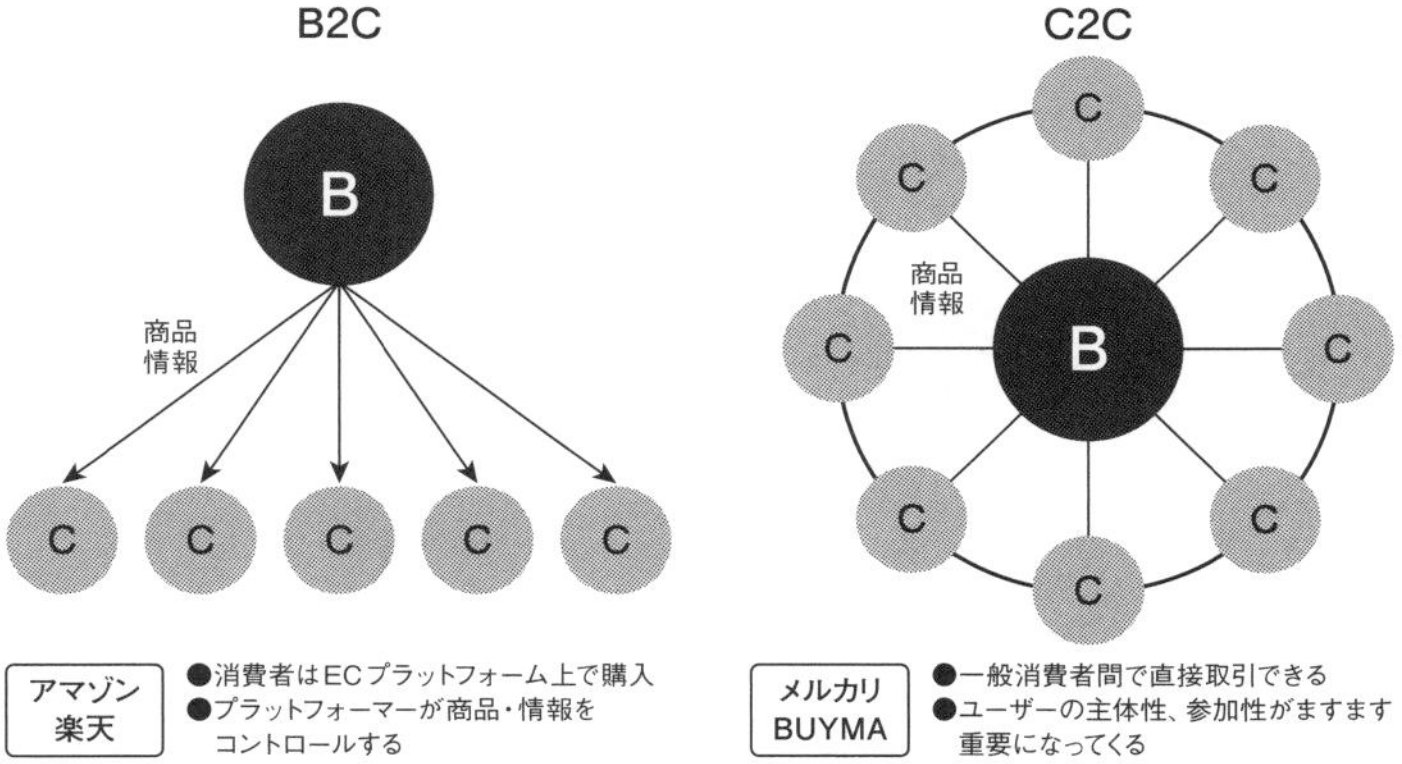
B2C
B
商品
情報
C
C
C
C
C
アマゾン
楽天
●消費者はECプラットフォーム上で購入
●プラットフォーマーが商品・情報を
コントロールする
C2C
B
商品
情報
C
メルカリ
BUYMA
●一般消費者間で直接取引できる
●ユーザーの主体性、参加性がますます
重要になってくる

資料：webronza、ほかより作成 © BBT大学総合研究所

の一〇%程度と、非常にリーズナブルだといえる。

メーカーはD2Cにシフトしつつある

D2Cとは、流通・小売業を経由しないで、メーカーが商品企画から販売まで行うという直販ECモデルのことだ（次ページ図8左）。最近はD2Cにシフトするブランドやメーカーが増えつつある（次ページ図8右）。以下、簡単に紹介する。

メガネメーカーのワービー・パーカー（WarbyParker）は、「五本のフレームを送料無料で五日間試せる」というサービスが大当たりして、二〇一五年にアメリカの『ファスト・カンパニー』誌の「世界で最も

図8

メーカーは直販ECモデル（＝D2C）にシフト

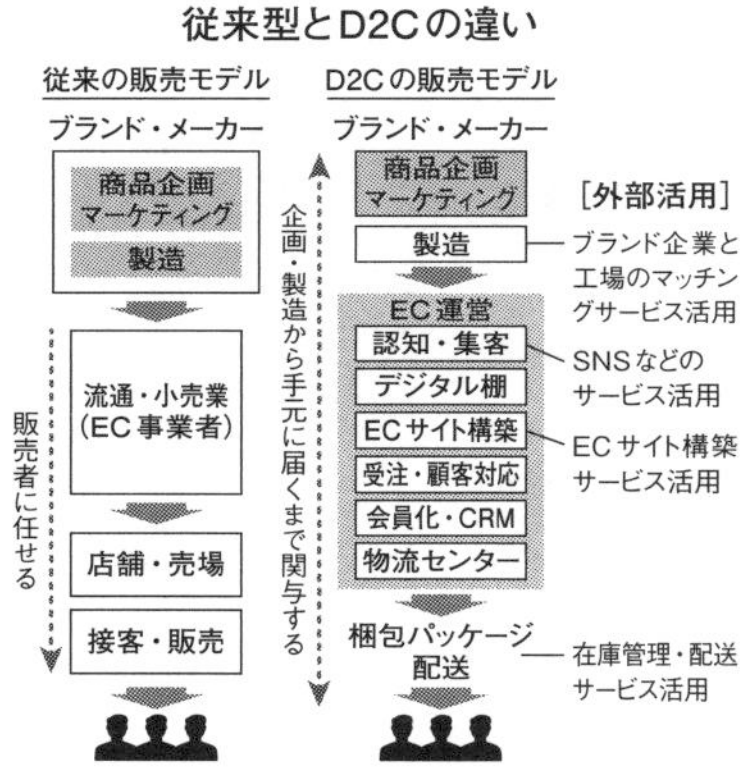

主なD2C企業（ブランド）

Warby Parker/ワービー・パーカー：(メガネ)

- ‘15年ファストカンパニー誌で「世界で最も革新的な企業」1位に選出される
- 5本のフレームを送料無料で5日間試せるサービスが大当たりした

Everlane/エバーレーン：(衣料品)

- 生地や縫製、流通コストがどれくらいかかり、同社がどれくらいマージンをとるか、といった情報をオンラインで明確に開示

Away/アウェイ：(スーツケース)

- Warby Parker社出身の女性2名が創業
- 2015年創業後2年半で50万個を売上げる
- 旅行が好きな消費者1000人以上に聞き取り調査し、スマホ充電機能を取り付け、ヒット

Allbirds/オールバーズ：(スニーカー)

- 髪の毛より細いニュージーランド産ウールで編み上げたニットタイプのスニーカー
- 米タイム誌で「世界一快適なシューズ」として紹介され、シリコンバレー等で大人気

資料：「日本流通産業新聞」2018/11/08 ©BBT大学総合研究所

革新的な企業」第一位に選出されている。

衣料品のエバーレーン（Everlane）は、原価をオープンにするなど、「透明性」をキーワードにアパレル業界に新風を巻き起こしているブランドだ。

アウェイ（Away）は、前述のワービー・パーカー出身のジェン・ルビオ氏とステフ・コーリー氏という二人の女性が創業したスーツケースブランドである。ミレニアル世代（一九八一年以降に生まれ、二〇〇〇年以降に成人を迎えた世代）をターゲットに、簡単には壊れない愛着のもてるスーツケースを手の届きやすい価格で提供すると、創業わずか二年半で五〇万個を売り上げた。

オールバーズ（Allbirds）は、ニュージーランド産のスーパーファインメリノウールを使っており、アメリカの『タイムズ』誌で「世界一快適なシューズ」と紹介されたシューズブランドだ。シリコンバレーなどで大人気となっている。

これらのメーカーやブランドに共通しているのは、いずれも「商品の評判がSNSなどでネット上に拡散している」という点である。ECの場合は、ネットで話題にならないものは存在しないのと同じなのである。

ただし、「最初の一ドルを稼ぐためのコストは、実店舗のほうが安い」という調査結果もあるように、ECは最初の顧客を集めるのが大変困難であることはよく理解しておく必要がある。

サブスクリプション・モデルでメーカーと消費者が直接つながる

継続使用料を取って消費者に商品を届けるサブスクリプション・モデルでは、メーカーと消費者が直接つながるため、それまでの販売・売切りモデルのメーカーと消費者の間に存在していた流通・小売業がディスラプトされる（次ページ図9左）。

現在人気を博しているサブスクリプションの事例には、次のようなものがある（次ページ図9右）。

アメリカのイプシー（ipsy）は、毎月五点の化粧品や美容用品を一〇ドルで届けてくれるサービスを行っており、提携ユーチューバーをインフルエンサー（世間に与える影響が大きい行動をとる人々）として積極的に活用している。

図9

サブスクリプションによってメーカーと消費者がつながる

サブスクリプション型モデル

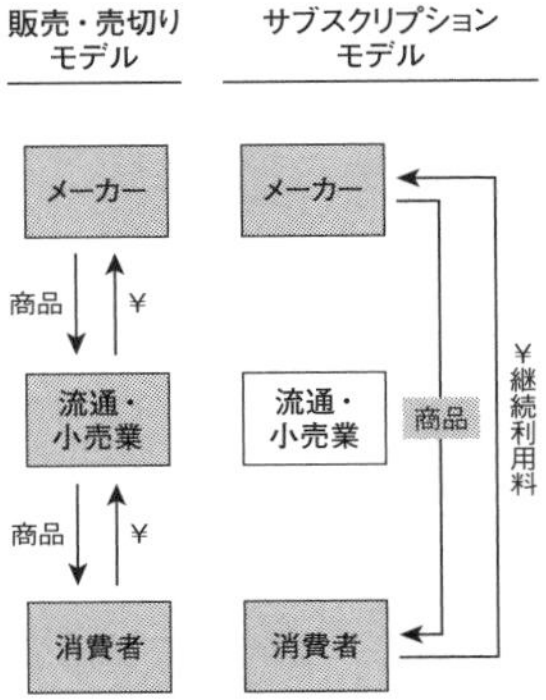

主なサブスクリプション事業

企業/サービス名	内容
米ipsy	●毎月5つの化粧品や美容用品を10ドルで届けてくれるサービス ●提携Youtuberをインフルエンサーに活用
米Dollar Shave Club	●1ドル+送料でカミソリが定期的に届く ●'16年、ユニリーバが10億ドルで買収
ダイソン/テクノロジープラスサービス	●スティック型掃除機、ファンヒーター、ヘアドライヤーを月1000円(税別)で利用可能 ●最新機種2年間利用できるプランと、最新以外の機種3年間利用できるプランがある
キリンビール/ホームタップ	●家庭用サーバーを貸出、サーバー専用の「一番搾りプレミアム」が毎月届く ●月額8250円〜
ストライプ社/メチャカリ	●月額2980円(税別)から新品の洋服を借りられる ●気に入った洋服は割引価格で買取可能
エアークローゼット/airCloset	●月額制ファッションレンタルサービス ●月額6800円で月1回(3着)レンタル、月額9800円で借り放題
パナソニック/家電定額利用	●家電の定額利用サービスを導入、まずは一部テレビから開始する ●55インチの4K有機ELテレビの場合、月額利用金額は3年プランで5600円、5年プランで3600円。3年、5年で最新モデルに交換

同じくアメリカのダラーシェイブクラブ(Dollar Shave Club)は、一ドル+送料でカミソリが定期的に届くサービスである。ここは二〇一六年にユニリーバが一〇億ドルで買収した。

「ダイソンテクノロジープラスサービス」は、イギリスのダイソン製のコードレスクリーナー、ファンヒーター、ヘアドライヤー、ヘアスタイラーを月額一〇〇〇円(税別)から利用できるダイソン日本法人のサブスクリプション・サービスである。最新機種を二年間と最新以外の機種を三年間、それぞれ利用できる二つのコースが設定されている(※注 二〇二一年六月末でサービス終了)。

キリンビールの「ホームタップ」は、家庭用ビールサーバーを貸し出して、会員専用の特別なビールを毎月二回、指定の日に届けるシステムである。費用はいずれも税込みで、月額基本料金が三一九〇円、ビール代金が五〇六〇円だ。

ストライプインターナショナルの提供する「メチャカリ」は、月額二九八〇円（税別）から新品の洋服を借りられるファッションサブスクリプションである。ユーザーは、気に入った洋服を割引価格で買い取ることもできる。

エアークローゼットは、プロのスタイリストがコーディネートした服を定額で借り放題というファッションレンタルサービスを手がけている。月額六八〇〇円（税別）のライトプラン、同九八〇〇円のレギュラープラン、同一万二八〇〇円のライトプラスプランがある。

パナソニックの「安心バリュープラン」は、最新テレビを定額で提供するものだ。価格は、4K有機ELテレビ「TH－55HZ1000」が五年プランで月額三六〇〇円（税込）だ。

消費者のデジタルシフトが進んでいる

消費者がどんなショッピングチャネルを使用して商品を購入しているかを、二〇一三年と二〇一八年で比較してみると、スマートフォン経由が七％から一七％と一〇％も伸びている（次ページ図10左）。

また、買い物に関する情報収集には、圧倒的にSNSが使われている（次ページ図10右）。とくに

図10

変化する消費者行動

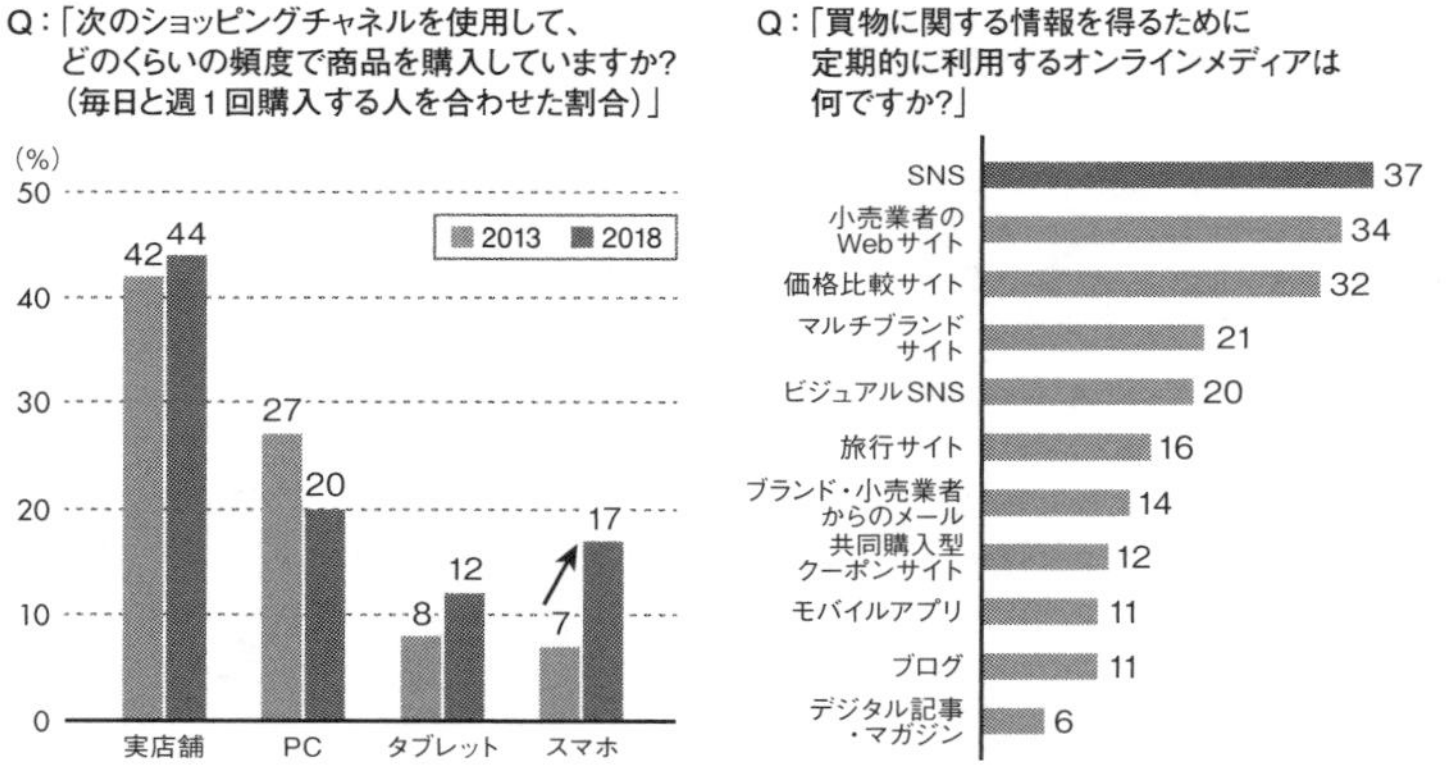

資料：PwC「世界の消費者意識調査2018」（N＝22,481人）©BBT大学総合研究所

最近は前述した「インフルエンサー」の発信が、人々の消費行動を左右するようになってきている。

以下、小売りのデジタルシフトにおける代表的な事例を紹介する。

1．タオバオのライブコマース

中国のプラットフォーマー・アリババが運営する「タオバオ（淘宝）」は、ネット通販に生中継の動画配信を組み合わせたライブコマース（淘宝直播）に力を入れている（図11左）。

商品の売り手には、人々の購買に強い影響力を与えるインフルエンサーを起用。彼らは消費者を誘導するだけでなく、サイトの交流機能を使って「買い手の疑問にリア

図11

ライブコマースが若者を中心に購買行動に大きな影響を

中国タオバオのライブコマース

サイト名：Taobao live
淘宝直播

- ネット通販に動画配信を組み合わせた販売手法「動画コマース」のうち、録画ではなく生中継で動画を配信するタイプ
- 売り手は世間への影響力を持った「インフルエンサー」らを登場させ、消費者を誘導。交流機能を使って買い手の疑問にリアルタイムで答えることもできる
- 中国のトップインフルエンサー「網紅」（ワンホン：ネットの人気者の意味）になると、独身の日に2時間で43億円売り上げる

主な動画配信・ライブコマース

系統	企業名	内容
ネット通販	アマゾン・ジャパン	タイムセールに合わせて商品紹介
	楽天	毎週火・水曜に配信、地域の特産品などを紹介
	ヤフー	出店者が配信。今年9月からオークションでも
	メルカリ	出品者が商品紹介を生中継
情報通信・SNS	KDDI	アンケートやクイズに答えるとクーポンやポイント付与
	インスタグラム	企業の投稿動画に商品情報を埋め込み、通販サイトに誘導
	C Channel	インフルエンサーが1分程度で商品紹介

資料：「日本経済新聞」2018/11/21 ©BBT大学総合研究所

ルタイムで答える」ことも行っている。

中国では、トップインフルエンサーは「網紅《ワンホン》」と呼ばれている。「網紅」の中には、毎年11月11日のいわゆる「独身の日」（アリババをはじめ、中国の代表的なECサイトが大規模販促イベントを行う日）にわずか二時間で四三億円を売り上げた人もいるというから驚きだ。

このほか、ネット通販に動画配信やライブコマースを取り入れているプラットフォームには、アマゾン、楽天、ヤフー、メルカリなどがある（**図11右**）。

また、情報通信やSNSでも、KDDI、インスタグラム、C Channelが、動画やインフルエンサーを利用している。

図12

“購買体験”を提供するリアル店舗が人気

ナイキのNYフラグシップストア

●ニューヨークの5番街にオープンしたナイキの巨大旗艦店「House of Innovation 000」

●「最もパーソナルかつ、レスポンシブなスポーツ体験」をコンセプトとしており、フットウェアのフルカスタマイズや、地元の顧客データに基づいた製品の品揃え、アプリを通じた購入など、デジタルと小売店を組み合わせたサービスを提供する

主な体験型店舗

SEIJO ISHII STYLE DELI&CAFÉ
「グローサラント」＝食品スーパー＋レストラン

●グローサリー（食料品店）とレストランを組み合わせた「グローサラント」という店舗形態

●食品スーパーの売り場で販売する食材を使った料理を提供する方法

アルペンマウンテンズ
体験型アウトドア店

●店内にアウトドアを体験できる施設を設置、実際にテント設営が可能

●クライミング用の壁を設置し、実体験を通して商品の魅力を訴求

資料：Nikeウェブサイト、「日経クロストレンド」ほか© BBT大学総合研究所

2. ナイキのNYフラッグシップストア

一方で、オンラインにはない購買体験ができるリアル店舗にも人気が集まっている。

二〇一八年一一月、ニューヨーク五番街にスポーツ関連用品メーカー、ナイキの巨大旗艦店「House of Innovation 000」がオープンした（図12左）。コンセプトは「最もパーソナルかつレスポンシブなスポーツ体験」である。フットウェアのフルカスタマイズや、地元の顧客データに基づいた製品の品揃え、アプリを通じた購入など、デジタルと小売店を組み合わせたサービスを提供している。

このような体験型店舗は、日本にも登場してきている（図12右）。

成城石井は、食品スーパーの売り場で販

売する食材を使った料理を提供する「グローサラント（グローサリー＝食料品店とレストランの組み合わせ）」型店舗「SEIJO ISHII STYLE DELI & CAFÉ」を二〇一七年より展開している。

また、スキー用品のアルペンも、店内にアウトドアを体験できる施設を設置し、実際にテントを張ったり、登山靴を履いて壁を登ったりできる体験型店舗「アルペンマウンテンズ」を、二〇一八年より始めている。

3.アメリカのテクノロジーショップ「b8ta（ベータ）」

小売店で確認した商品をその場では購入せずに、ＥＣで店頭より安い価格で購入することを「ショールーミング」という。このショールーミングを逆手にとって、リアル店舗を体験の場として収益につなげている企業がある。

二〇一五年アメリカのサンフランシスコにオープンした、最新のガジェット（電子機器）やＤ２Ｃ製品などを中心に提供する小売店業態のストア「b8ta」は、ＶＲ（仮想現実）やＩｏＴ（モノのインターネット）家電をはじめとしたイノベーティブな商品を発見、体験、購入できる小売店だ。出店企業から月額固定料金を徴収し、商品の販売をするだけでなく、来店者の反応データを企業に提供するというサービスも行っている（次ページ図13左）。

Ｄ２Ｃ企業の中にも、リアル店舗に進出した企業はある（次ページ図13右）。

図13

「ショールーミング」を逆手にとったリアル店舗の活用

米国/テクノロジーショップ「b8ta（ベータ）」

店舗名：テクノロジーショップ「b8ta（ベータ）」

- ●商品の売り上げはすべてメーカーに渡し、b8taはメーカーに消費者の反応データを提供することで毎月料金を受け取る
- ●小売店舗を「ショールーム」と割り切っている
- ●ハードウェア系スタートアップの新商品をベータテストする場として機能するリアル店舗

リアル店舗へ進出した主なD2C企業

Warby Parker/ワービー・パーカー
メガネ（リアル店舗数76店）

- ●無料自宅試着のヒットで品切れし「お宅の店舗で試したい」という顧客の要望に応えたことがきっかけ
- ●一定期間出店するポップアップストアでの実験で手ごたえをつかみ、全米各地への出店を決めた

BONOBOS
メンズアパレル（リアル店舗数53店）

- ●店舗はガイドショップと呼ばれ、顧客がオンラインで選択した商品をフィッティングし、購入完了する役割を担う
- ●購入商品は持ち帰りできず、後日同社倉庫から自宅に配送
- ●2017年にウォルマートに買収されている

Casper
マットレス（リアル店舗数18店）

- ●ブランディングの一環としてNY・マンハッタンで昼寝スペースを有料で提供する店舗（The Dreamery）を開設

資料：各種資料、各社ウェブサイトより作成 ©BBT大学総合研究所

まず、前述のワービー・パーカーは、「メガネのフレームを五つ選んで五日間自宅で試せる」というサービスがヒットし、品切れが続出した。「店舗で試着したい」という顧客の声に応えるかたちで、一定期間出店することにしたところ、あまりに評判がよかったため、全米各地への出店を決めた。

次に、二〇〇七年にシリコンバレーでスタンフォード大学ビジネススクール卒のアンディー・ダン氏とブライアン・スパリー氏が創業したオンラインメンズアパレルブランドの「ボノボス（BONOBOS）」は、二〇一二年からオンラインと実店舗のマルチチャネルに移行している。同社では店舗は「ガイドショップ」と呼ばれていて、完全予約制である。ここで商品を試着・購入すると、商品を送料無料で自宅に届けてくれる。

なお、同社は二〇一七年にウォルマートに買収された。

最後に、二〇一四年の創業以来、マットレスのオンライン販売で急成長を遂げている「キャスパー（Casper）」は、二〇一八年、ニューヨークのSOHOエリアに、自社製品マットレスのショールームも兼ねた昼寝の拠点「ザ・ドリーマリー」を開設した。あらかじめオンラインで登録した人は、四五分二五ドルで、商品展示の個室に入って昼寝をすることができるというものだ。

このように、ECには「検索や価格比較がしやすい」というメリットがある一方、リアル店舗にも「商品を五感で体験できる」「人と人との触れ合いや感動体験ができる」といった優れた点がある。

ECがリアル店舗のよさを取り入れ、一方でリアル店舗のほうもECのよさを取り込むという、ネットとリアルの融合は今後さらに進むだろう（次ページ図14）。

世界の小売りの最先端事例

以下、世界の小売りの最先端事例をいくつか紹介する。

図14

流通・小売業／リアル店舗は本当に不要なのか?

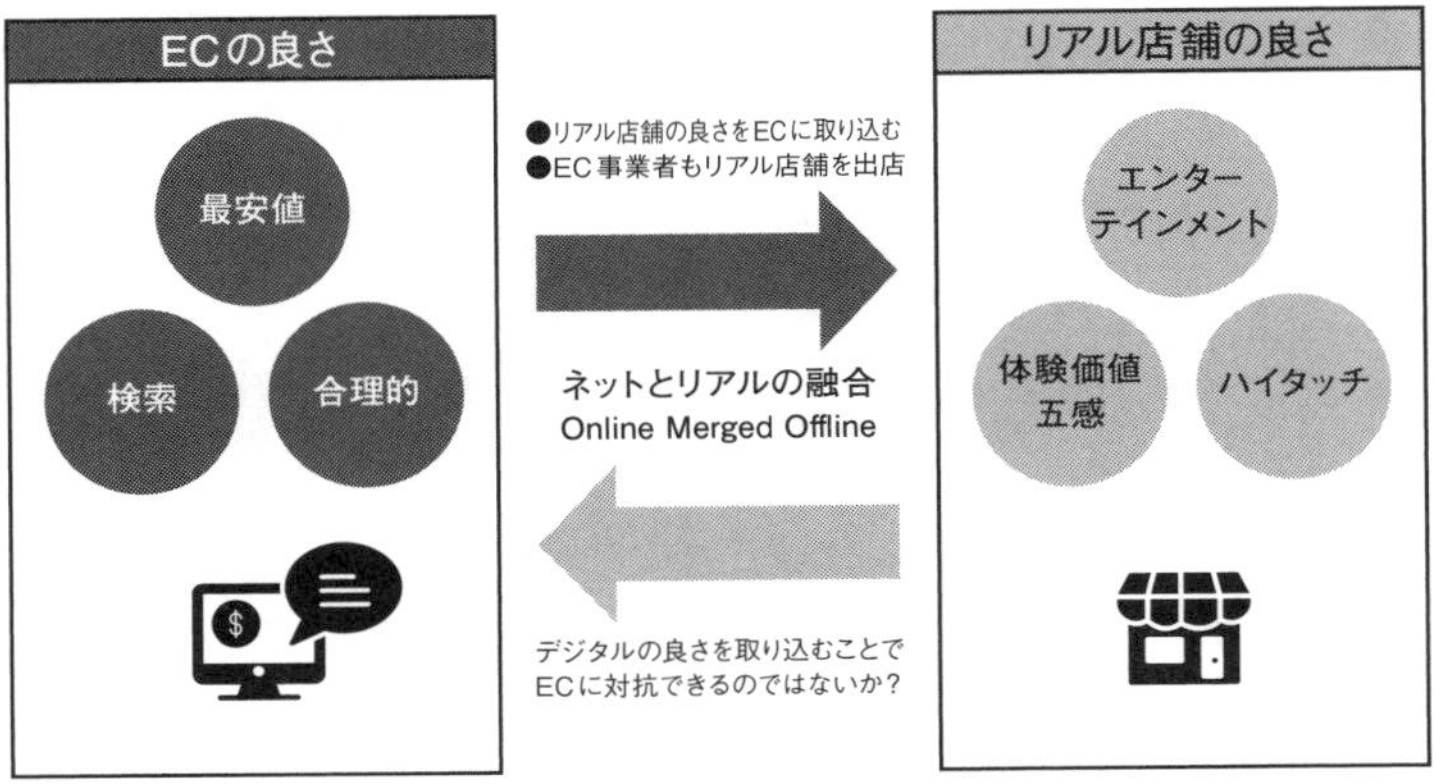
ECの良さ
最安値
検索
合理的
●リアル店舗の良さをECに取り込む
●EC事業者もリアル店舗を出店
ネットとリアルの融合
Online Merged Offline
デジタルの良さを取り込むことで
ECに対抗できるのではないか?
リアル店舗の良さ
エンターテインメント
体験価値
五感
ハイタッチ

資料：「ECzine」ほか各種資料を参考に作成 ©BBT大学総合研究所

1. デジタルシフトを加速させる海外のプラットフォーマー

アメリカ、中国、それから東南アジアでも、ITプラットフォーマーが、流通・小売業においてもデジタルシフトを加速させている（図15）。

アメリカでは、通販ではアマゾン、動画配信ではネットフリックス、配車・宅配サービスではウーバーというように、各分野に誕生した巨人が旗振り役を務めている。

中国では、アリババ、タオバオ、京東(JD.com)などが、主力事業であるネット通販を核に、信用サービス、出前、生鮮食品の宅配、決済といった生活全般を囲い込むサービスを展開している。

東南アジアにおいて存在感を示しているのは、ハーバード・ビジネススクールでM

図15

アメリカ、中国、東南アジアのプラットフォーマー

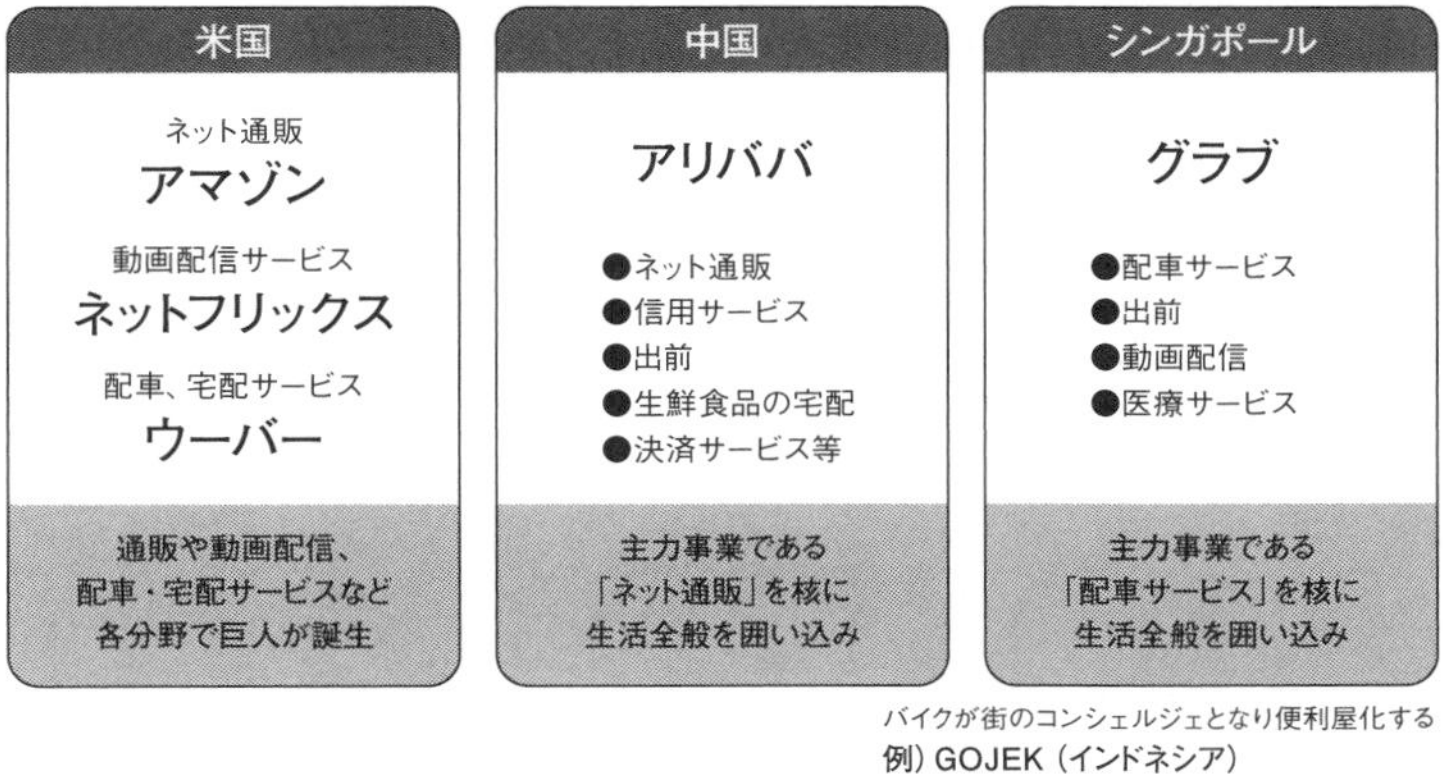

米国	中国	シンガポール
ネット通販 **アマゾン** 動画配信サービス **ネットフリックス** 配車、宅配サービス **ウーバー**	**アリババ** ●ネット通販 ●信用サービス ●出前 ●生鮮食品の宅配 ●決済サービス等	**グラブ** ●配車サービス ●出前 ●動画配信 ●医療サービス
通販や動画配信、 配車・宅配サービスなど 各分野で巨人が誕生	主力事業である 「ネット通販」を核に 生活全般を囲い込み	主力事業である 「配車サービス」を核に 生活全般を囲い込み

バイクが街のコンシェルジェとなり便利屋化する

資料：「日本経済新聞」2019/2/21、ほかより作成 ©BBT大学総合研究所

BAを取得したマレーシア人のアンソニー・タン氏が二〇一二年に創業した配車サービスのグラブ（Grab）だ。二〇一四年には本社をシンガポールに移転し、現在はフードデリバリー、動画配信、医療サービスなどにも事業を拡大している。

インドネシアにもゴジェック（GoJek）という、二〇一〇年のサービス開始以来急拡大しているバイクタクシーの配車サービスがある。こちらの創業者のナディーム・マカリム氏も、ハーバード・ビジネススクールでMBAを取得している。ゴジェックが運ぶのは人だけではない。食べ物、荷物、マッサージ師、清掃員など九種類のアイテムの移動を手がけている。

図16

アマゾンの流通・小売分野での事業展開

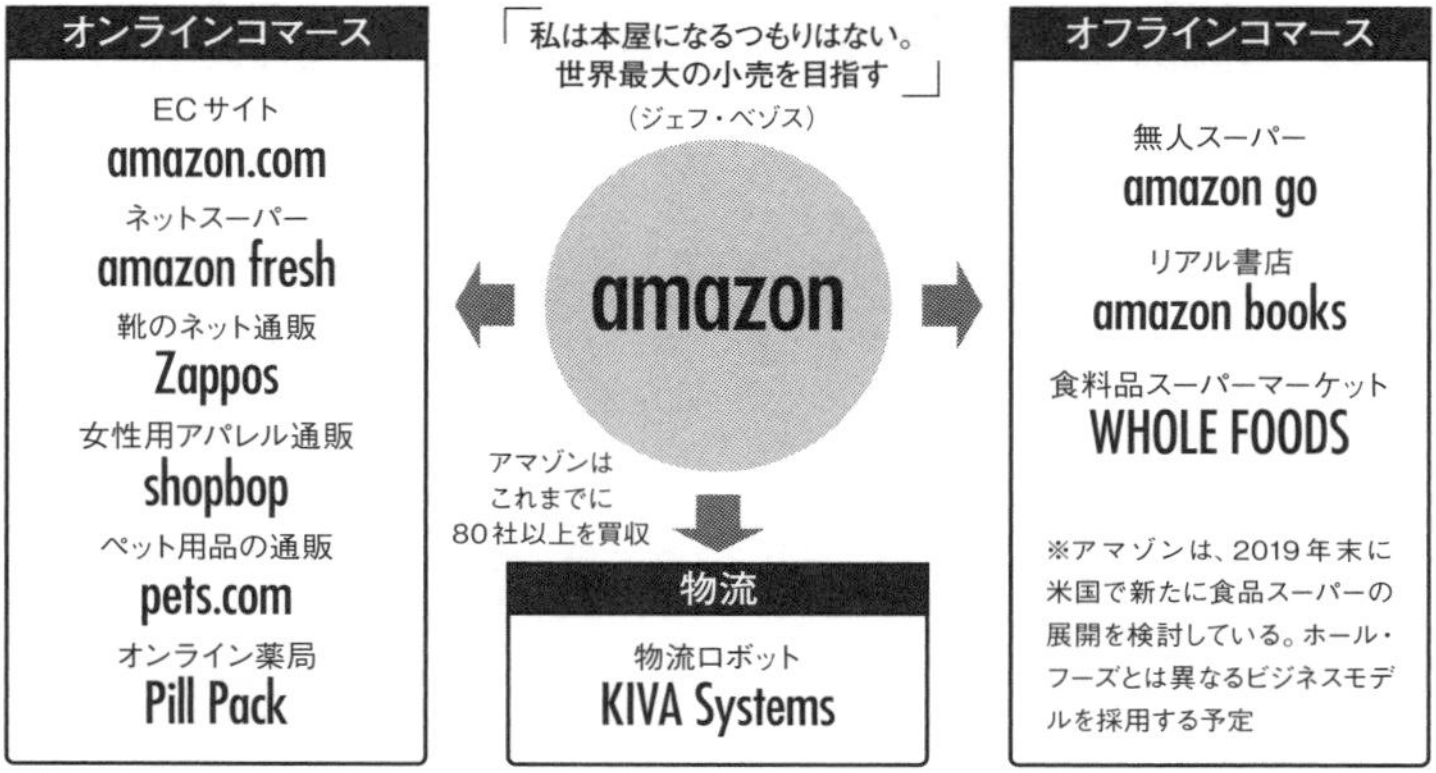

資料：BBT大学総合研究所 ©BBT大学総合研究所

2. デジタル技術で、流通・小売分野で事業領域を拡大するアマゾン

アマゾンは、流通・小売分野においてデジタル技術を駆使しながら事業領域を拡大している（図16）。

オンラインコマースでは、本家ECサイトの「amazon.com」のほかに、ネットスーパーの「amazon fresh」、さらに靴のネット通販「Zappos」、女性用アパレル通販の「Shopbop」、ペット用品通販の「pets.com」、オンライン薬局の「Pill Pack」などを買収して傘下に入れている。

オフラインコマースでは、無人スーパーの「amazon go」、リアル書店の「amazon books」を経営している。ほかにも二〇一七年には食料品スーパーマーケットとして

図17

中国では2大モール（天猫、京東）が圧倒的シェア

中国のB2Cネット通販市場シェア
（2018年上半期）

No.	ECサイト	取引額	市場シェア
1	天猫（Tモール/アリババ）	36兆1,900億円	55.0%
2	京東（JD.COM）	16兆5,816億円	25.2%
3	拼多多（pinduoduo）	3兆7,506億円	5.70%
4	蘇寧易購（Suning）	2兆9,610億円	4.50%
5	唯品会（vip.com）	2兆8,294億円	4.30%
6	宝尊（Baozun）	1兆9,740億円	3.0%
7	国美在線（Gome）	7,896億円	1.2%
8	amazon中国	3,948億円	0.6%
9	当当（dangdang）	329億円	-
10	聚美優品（Jumei）	212億円	-

京東（JD.COM）の概要

会社名：京東商城
本　社：中国北京市
代表者：劉強東（Richard Liu）
設　立：1998年　テンセントが筆頭株主

- ECサイトである「JD.com」では、家電・PC・家具・衣類・食品・書籍などの商品をネット販売
- 注文の約9割を受注翌日までに配送。ラストワンマイルにドローンや無人配送車など、最新のテクノロジーを活用したより良い購入体験を顧客に提供する取り組みを進める
- 2018年の独身の日（W11）の取り扱い高は2.2兆円で過去最高を記録

中国北京市にある京東集団のスーパーでは、天井近くにあるディスプレーで商品の産地を表示するなど最先端技術が盛り込まれている

資料：MUFJ、JD.com、ほかより作成 ©BBT大学総合研究所

評価の高いホールフーズ・マーケット（Whole Foods Market）を買収した。

物流でも物流ロボットメーカーのキヴァ・システムズ（Kiva Systems）を二〇一二年に買収すると、アマゾン・ロボティクス（Amazon Robotics）に社名を変更して、自社のFC（フルフィルメントセンター。物流センターのこと）で稼働する自走式ロボットの開発を進めている。

3.中国の2大ECモール

中国のB2Cサイトでは、アリババ系の「Tモール（天猫）」が市場シェアの五五％を占めている（図17左）。これに対抗しているのがテンセント系の京東だ。同社のECサイトである「JD.com（京東商城）」では、

家電、パソコン、家具、衣類、食品、書籍などを販売しており、注文の約九割を受注の翌日までに配送している。ドローンや無人配送車などの最新テクノロジーを積極的に活用しており、市場シェアも二五％まで拡大している。

二〇一八年の「独身の日」の取扱高は、アリババの約三・五兆円に対し、京東も二・二兆円と過去最大を記録している（前ページ図17右）。

4. 中国で進む小売DX

アリババが展開する食品スーパー「フーマー（盒馬鮮生）」が、O2O（Online to Offline の略で、ウェブサイトやアプリなどのオンラインの場から、店舗などのオフラインの場に消費者を誘導する来店促進施策）戦略の新しいコンセプトである新小売（ニューリテール）の先端例として、注目を集めている（図18左）。

お客は店内で買った食材を、その場で料理人に調理してもらって食べることができる。また、すぐに食べないものはQRコードをアプリで読み取りオンラインカートに入れておけば、あとで届けてもらえる。しかも、店舗から三キロメートル圏内であれば、三〇分以内で配達してくれるのだ。支払いは無人レジで、アリババグループの決済アプリ「アリペイ」で行う。

一方、メイトゥアン・ディエンピン（美団点評）は、フードデリバリーサービスだけでなく、

図18

中国小売業でのIT導入事例

アリババが展開する食品スーパー
フーマー／盒馬鮮生

O2O戦略の新しいコンセプトである新小売（ニューリテール）の先端例として注目が集まる

- フーマーのレジは多くが無人。支払は実質的にアリペイのみ対応
- 生簀の魚など自分で選び、店内で調理してもらい食べることも可能
- 店舗から3km圏内であれば30分以内に配達

フードデリバリサービス
Meituan Dianping／美団点評

多角化を進め、アプリ一つでレストランや旅行の予約、映画チケットの購入まで行える、総合ライフスタイルサービスに成長

ソーシャル・ショッピング・アプリ
ピンドゥオドゥオ／拼多多

「拼多多」は共同購入による値下げ可能なシステムを提供し、SNS上でのシェアやクリックに応じて値下げが行われるという仕組みにより、情報の拡散と利用者の拡大を後押ししている。

サービス開始の1年でユーザーは1億人を超え、創業6年目となる現在では8億人に達する

中国の中間所得層以下の消費者の取り込みに成功、主に三級都市や四級都市でユーザーを獲得している

- 拼多多のアプリ起動画面は、トップページ、お薦め、検索、チャット、管理ページとタブが並ぶ

資料：「日経コンピュータ」2018/7/19 © BBT大学総合研究所

レストランやホテルの予約、映画チケットの購入、配車サービスなどもアプリひとつで行える総合ライフスタイルサービスに成長している（図18中）。

また、新興のピンドゥオドゥオ（拼多多）は、共同購入によって商品を安く購入できるシステムを提供している（図18右）。SNS上でのシェアやクリックに応じて値下げが行われるという仕組みで情報を拡散し、利用者を拡大した。サービス開始一年でユーザーは一億人を突破し、創業六年目の二〇二一年には、その数は八億人に達した。

アリババや京東が大都市に住む、高級志向で値段をあまり気にしない層をターゲットにしているのに対し、ピンドゥオドゥオは地方都市の安さを重視する層に的を絞ったのが、成功要因だといっていいだろう。

図19

中国の無人の移動式コンビニ「モビーマート」

会社名：モビーマート（MobyMart）

スウェーデンの企業Wheelysと中国の合肥工業大学が共同で開発した自律走行式無人モバイルスーパーマーケット

- スナック類や市販薬、雑貨などを取りそろえた無人の移動式店舗で、上海市内にて走行テストを実施
- アプリで現在いる場所を確認することができ、24時間利用が可能
- 利用者はアプリを使って小型バスほどの大きさの車内に入って商品を選び、購入する品物をスキャンして外に出る
- モビーマートは太陽電池式で、遠隔操作で走行し完全に自動運転化、無人化することを目指している
- 「店舗」の屋根部分にはドローンが搭載されており、半径およそ5km以内の場所への商品の配送も受付
- 複数あるモビーマートは、在庫が少なくなれば中央倉庫に補充の必要性を通知する

自律走行が可能なため販売拠点の移動が可能。買い物難民やラストワンマイルの解決を目指す

スマホアプリで決済

店舗外には自動販売機やATMが取り付けられる

資料：MobyMart、ほか各種報道資料より作成 © BBT大学総合研究所

5. 無人の移動式コンビニ「モビーマート」

モビーマート（MobyMart）は、スウェーデン企業ウィーリーズ（Wheelys）と中国の合肥工業大学が共同で開発した自律走行式無人モバイルスーパーマーケットだ（図19）。二〇一七年より上海市内で走行テストを行っている。

現在いる位置をアプリで確認することができ、二四時間利用が可能である。利用者は小型バスほどの大きさの車内に入って商品を選び、アプリで購入する品物をスキャンして外に出る。太陽電池式で、遠隔操作で走行し、完全自動化・無人化を目指している。「店舗」の屋根部分にはドローンが搭載されており、半径およそ五キロメートル以内の場所への商品の配送も受け付けて

図20

ドン・キホーテは「アナログな体験価値」を向上

ドン・キホーテの独特な陳列

- 総合ディスカウントストア「ドン・キホーテ」
- 売場をエンターテインメントとしてとらえ、パーティグッズやお菓子、日用品、雑貨、医薬品などあらゆる商品を天井近くまで積み上げる「圧縮陳列」で知られる

天井に届きそうなくらい商品を陳列する「圧縮陳列」と呼ばれる方法

顧客の購買意欲を刺激する手作りのPOP

独自性の高い陳列・レイアウトの狙い

- **売場をエンターテインメントにする自由演技**
  現場に権限委譲を行い、その時代、顧客に合った売場を自由演技でつくれるようにする
- **顧客の滞在時間を延ばす仕掛け**
  顧客が目当てにしてきた商品を、最も奥に配置する。それによってお客は店内の奥まで入り込むことになり、動線が伸びる

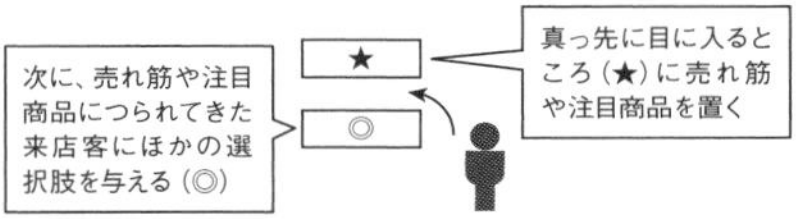

- **世の中に合わせ、流行をつくり出す変化対応力**
  コンビニがない時代から「ナイトマーケット」を生み出し、「圧縮陳列」で売場をエンターテインメントの場に変えるなど、アナログな体験価値を提供

資料：「日本経済新聞」2018/8/14、『ドン・キホーテだけがなぜ強いのか』（坂口孝則著）、ほかより作成 © BBT大学総合研究所

いる。

モビーマートが扱うのは、飲料や昼食用の食品、それから市販薬、雑貨などだが、コンピュータや電球といったそれ以外の商品も、事前に注文しておけば受け取れる。また、在庫が少なくなれば、モビーマートが自ら中央倉庫に補充の必要性を通知する。

6. 顧客のアナログな体験価値を高めるドン・キホーテの独特な陳列

総合ディスカウントストアのドン・キホーテは、天井に届きそうなくらい商品を積み上げる「圧縮陳列」や、ユニークな手づくりPOPで売り場をエンターテインメント化し、顧客のアナログの価値体験を高めることで、ECに対抗している（図20左・右）。

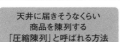

図21

顧客満足度1位のコンビニ「セイコーマート」(北海道)

セイコーマートの概要

会社名:株式会社セコマ
本　社:北海道札幌市
代表者:丸谷智保(会長)
事　業:CVSの運営、FC展開
店舗数:1,170店(21年5月時点)

- セイコーマートは、日本最北端の稚内から日本最東端の根室に店舗があり、離島である利尻島礼文島奥尻島にも出店
- 道内でセイコーマートがないエリアは9つしかないほどで、北海道道民にとっての「ソウルコンビニ」となっている

セイコーマートの店舗は災害用には常備している電源キットを使い、車から電力供給を受けて運営が可能

独自性の高いサービス

- **こだわりの北海道産商品**
  店内には北海道産の商品が大量に並ぶ
  -北海道産のバニラソフト、メロンソフト
  -北海道産の牛乳を使ったカステラ、など
- **店内調理「HOT CHEF(ホットシェフ)」**
  店内で調理した手づくりのカツ丼、豚丼、おにぎり、フライドチキンなどを販売するコーナー
- **あえて全店を24時間営業にしない**
  以前から24時間にこだわっておらず、深夜営業していない店舗も70%を超える。半数近くの店舗が正月は休業
- **地元密着型の商売**
  北海道では最寄りのスーパーまで車で1時間かかる、といった場所も珍しくなく、地元民にとってスーパーに近い役割を担っている

資料:セコマ、ほか各種報道より作成 ©BBT大学総合研究所

7. 顧客満足度一位のセイコーマート

北海道札幌市に本社を置くセイコーマートは、道内において顧客満足度一位のコンビニエンスストアである(図21左)。店舗数は北海道一〇七八店、茨城八三店、埼玉九店(二〇二一年五月末現在)。日本最北端の稚内、同最東端の根室にも店舗がある。また、離島である利尻島、礼文島、奥尻島にも出店しており、道内でセイコーマートがないエリアは九カ所しかない。

店内には北海道産の商品が大量に並んでおり、道民にとっては〝ソウルコンビニ〟となっている。

店内で調理した手づくりのかつ丼、豚丼、おにぎり、フライドチキンなどを販売するコーナー「ホットシェフ」を設けたり、あ

図22

流通業界にもデジタルシフトの影響が到来

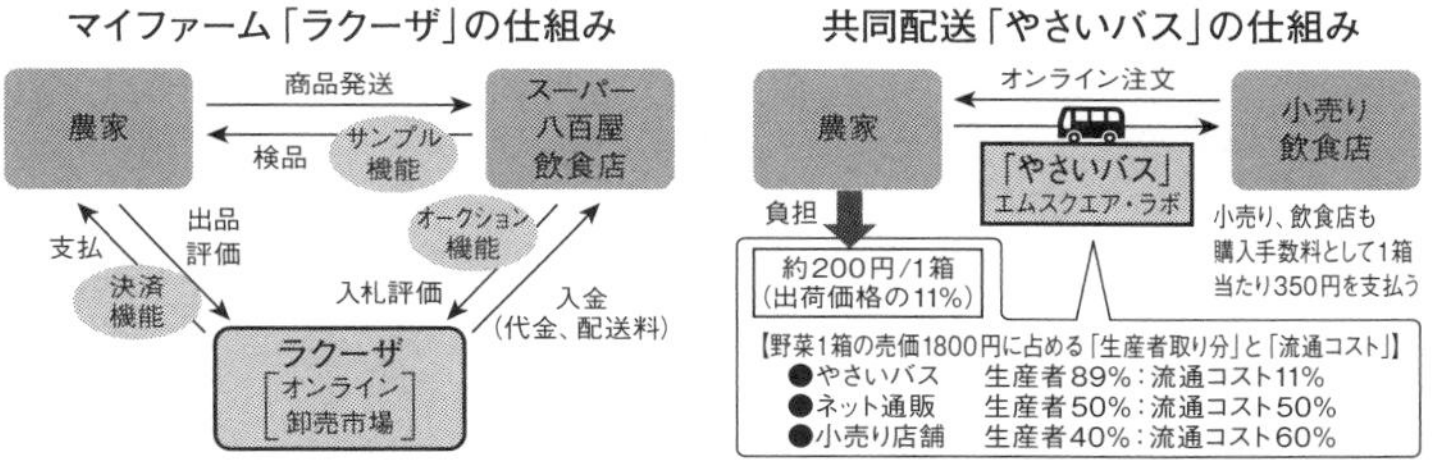

会社名：株式会社マイファーム（本社／京都市）
事業名：オンライン卸売市場アプリ「ラクーザ」
インターネット上に農家が出品した農作物を買い手（スーパーや飲食店）が入札で競り落とすサービス。既存の規格や出荷ロットにとらわれず、農家自身が入札者と直接価格交渉が出来る

会社名：エムスクエア・ラボ（本社／静岡県牧之原市）
事業名：農作物の共同配送「やさいバス」
オンラインで注文が入ると、農家は「バス停」に指定された青果市場や直売所へ野菜を持っていく。やさいバスがバス停を巡回しピックアップ、購入者に指定されたバス停で野菜をおろし、購入者は受け取る。特定ルートを巡回することでコストを削減

資料：「週刊ダイヤモンド」2019年3月9日号 ©BBT大学総合研究所

えて全店を二四時間営業にしなかったり、災害時には車から電力供給を受けられる電源キットを店舗に常備したりと、独自性の高いサービスを提供している（図21右）。

8. 流通業界にも及ぶ デジタルシフトの影響

「自産自消」＝「自分でつくって自分で食べる」ことのできる社会を目指し、体験農園や農業学校の運営、農産物の生産、流通販売事業等に取り組むマイファームは、オンライン卸売市場アプリ「ラクーザ」を提供している（図22左）。これは売り手となる農家が買い手（スーパーや飲食店）と直接交渉して価格決定ができるサービスだ。

また、農業の課題解決に取り組むエムス

クエア・ラボは、「やさいバス」という青果流通の仕組みを静岡県で提供している（前ページ図22右）。飲食店や小売店から注文が入ると、農家は最寄りの「バス停」と呼ばれる青果市場や直売所へ出荷。すると、「やさいバス」がバス停を巡回しながらそれらを集荷し、購入者が指定したバス停までそれを届ける。特定ルートを巡回することでコストが削減できるというわけだ。また、取引はすべてオンラインで行われる。

未来の小売りはどうなるか

これまでの小売店は、店舗を構えてテレビやラジオといったブロードキャスティングに広告を出し、あとは顧客が来店するのをじっと待っていた。しかし、こういう店はもうもたない。

それに代わって出てきたのが、顧客属性を絞ってマーケティングを行うナロウキャスティングだ。ＧＰＳとＬＩＮＥなどを利用して、店から五〇〇メートル圏内にいる人だけに、「いまから三時間限定で、この画面を保存して店に来た人のみ三割引き」というように、条件にあてはまる人だけを対象とするのだ。また、その際はダイナミック・プライシング（商品やサービスの価格を需要と供給の状況に合わせて変動させる価格戦略）が用いられることが多い。

さらに最近は、特定の個人に対して、その人の趣味嗜好に合致する情報を発信するポイントキャスティングも増えている（図23）。

図23

ポイントキャスティング

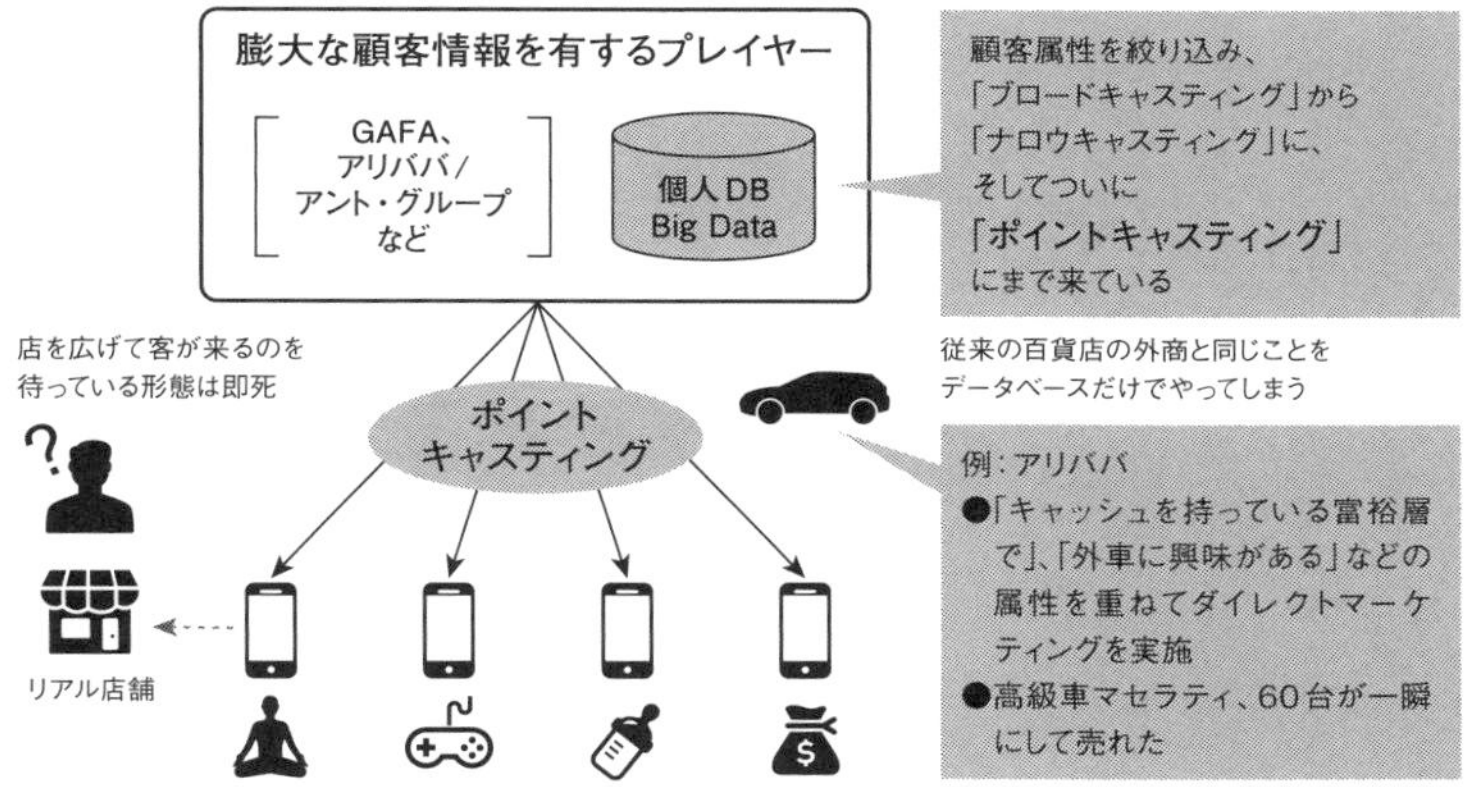
膨大な顧客情報を有するプレイヤー
GAFA、
アリババ/
アント・グループ
など
個人DB
Big Data
顧客属性を絞り込み、
「ブロードキャスティング」から
「ナロウキャスティング」に、
そしてついに
「ポイントキャスティング」
にまで来ている
店を広げて客が来るのを
待っている形態は即死
ポイント
キャスティング
リアル店舗
従来の百貨店の外商と同じことを
データベースだけでやってしまう
例：アリババ
●「キャッシュを持っている富裕層で」、「外車に興味がある」などの属性を重ねてダイレクトマーケティングを実施
●高級車マセラティ、60台が一瞬にして売れた

資料：BBT大学総合研究所 ©BBT大学総合研究所究所

とくに中国ではアリババグループがデータマイニングに力を入れており、膨大な個人情報をデータベース化している。これを使って個別マーケティングを行いはじめたら、もはや敵なしだ。

実際、「キャッシュを十分もっている富裕層」「外車に興味がある」などの属性を重ね合わせて抽出した人たちに向け、「このマセラティのスペシャルバージョンは、あなたのためだけにつくられたものです」というメッセージを送ったところ、なんと六〇秒で六〇台のマセラティが完売したという。こんなことはポイントキャスティングでなければ、絶対に無理だといっていい。

また、中国では、富裕層向けの旅行販売は、ほとんどがポイントキャスティングになっているそうだ。年間に二五〇〇万円以上を家族旅行に使う一〇〇万世帯に対し「すでにモルディブとプーケットを訪れたあなたに、ワンランク上のチャーター機で行くタヒチ旅行を用意しました」といったダイレクトマーケティングを行うと、すぐに売れてしまうというのである。

日本の旅行代理店も同じようなことを始めればいいのだが、顧客リストがデータベース化されていないため、できないでいる。隣の支店とすら情報共有ができていないのだから、赤字になるのもいたしかたない。

新たな価値を生み出す小売りとは

小売業態のポジショニングマップをまとめてみた（図24左）。

デジタルシフトでＥＣが領域拡大する中、小売業界やリアル店舗が生き残るためには、ＥＣにはない「新たな価値」を創出する必要がある。

新たな価値を創出する小売業態の例は次のとおりだ（図24右）。

1．ショールーム＋ＥＣ……リアル店舗は体験型ショールームとし、購入はＥＣでしてもらう（例：Warby Parker など）

2．デジタル体験型店舗……ＤＩＹ機械操作のＶＲ体験や、衣類・靴の３Ｄフィッティングな

図24

小売・リアル店舗は「新たな価値」を創出する必要が

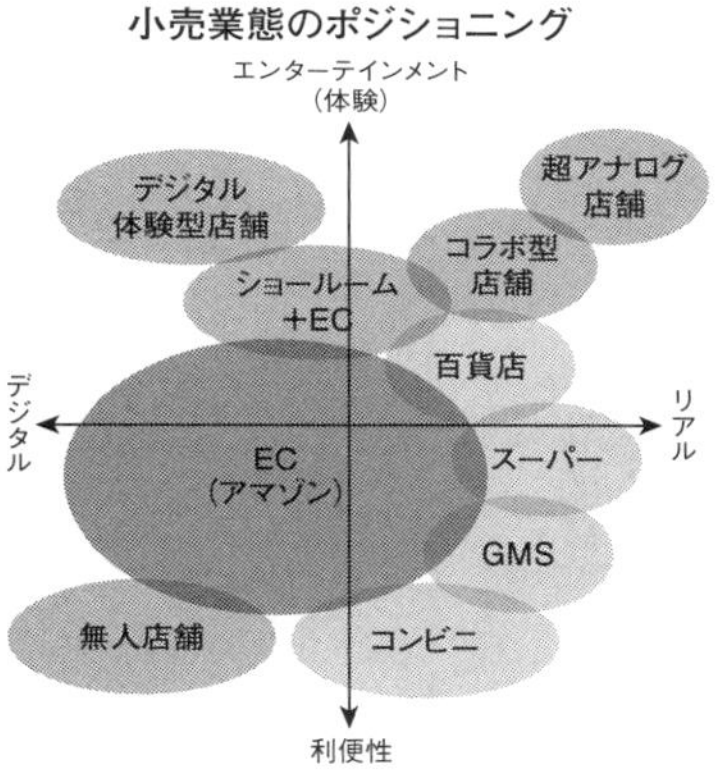

「新たな価値」を創出する小売業態

ショールーム＋EC	リアル店舗を体験型ショールームとして、購入はECで実施（D2C型店舗、メガネ等）
デジタル体験型店舗	DIY機械操作のVR体験や、衣類・靴の3Dフィッティングなど（米DIY企業Lowe's、米New Balanceなど）
無人店舗	レジ無し、キャッシュレスの無人コンビニに代表される無人店舗（Amazon Go、中国コンビニ等）
超アナログ店舗	専門的アドバイス、カウンセリング、ワークショップなどハイタッチなサービスを行う（専門家がアドバイス・ツーリング企画・講習会をする自転車店等）
コラボ型店舗	小売＋体験型サービス グローサリー＋レストランの「グローサラント」など（イタリア食材専門店EATALYなど）

資料：BBT大学総合研究所 ©BBT大学総合研究所

ど（例：Lowe's、New Balanceなど）

3. 無人店舗……レジなし、キャッシュレスのコンビニエンスストア（例：Amazon Go、中国のコンビニなど）

4. 超アナログ店舗……専門的アドバイス、カウンセリング、ワークショップなどハイタッチなサービスを行う（例：専門家が常駐してアドバイスを行う店、ツーリング企画や講習会を行う自転車店など）

5. コラボ型店舗……小売り＋体験型サービス。グローサラント＝グローサリー＋レストラン（例：イタリア食材専門店EATALYなど）

このうち、「ショールーム＋EC型」の店舗が、どのようにして従来型小売店の問題

図25

ショールーム型店舗（ショールーム＋EC）

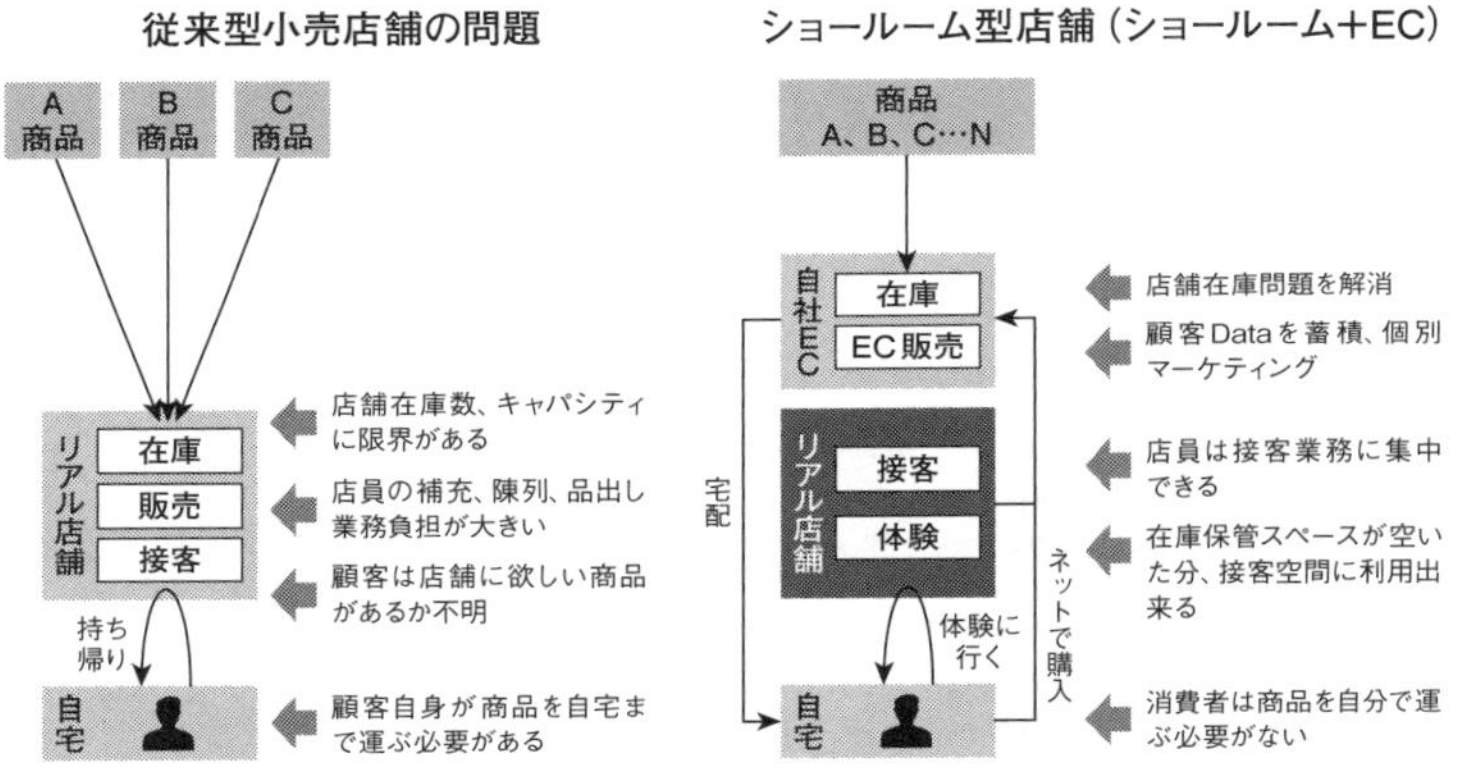

資料：BBT大学総合研究所 ©BBT大学総合研究所

や限界を解消するかをみてみよう。

従来型小売店は、次のような問題を抱えている（図25左）。

・店舗の在庫数やキャパシティに限りがある。
・商品の補充、陳列、品出しといった店員の業務負担が大きい。
・顧客は店舗を訪れるまで、そこにほしい商品があるかどうかわからない。
・顧客は購入した商品を自分で持ち帰らなければならない。

これがショールーム型店舗（図25右）になると、まず店舗在庫問題がなくなる。すると、店員は接客業務に集中できるようになる。在庫保管スペースが空いた分は接客空間に利用可能だ。また、顧客がネットで購

図26

新しい流通・小売業のモデルを“構想”していく必要性

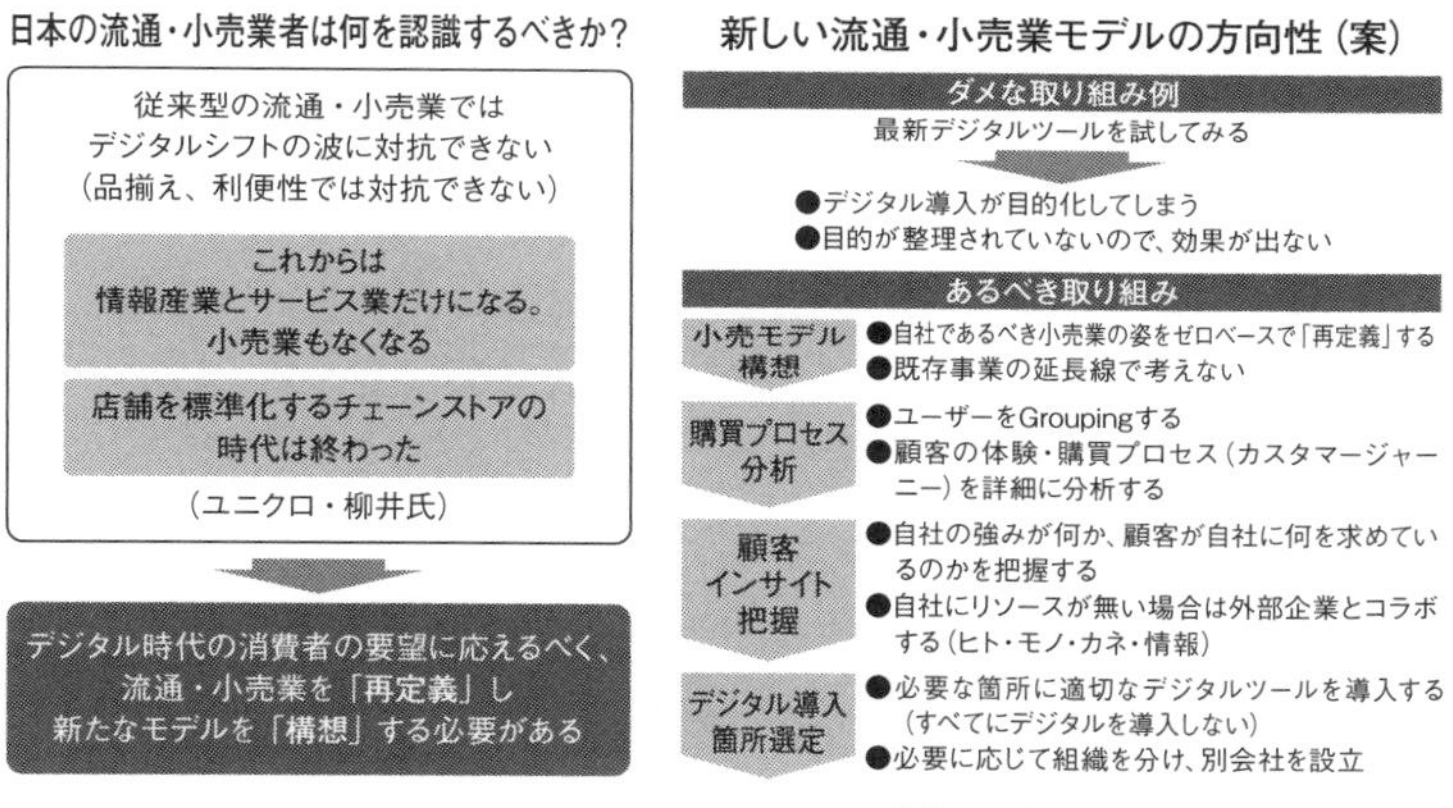
日本の流通・小売業者は何を認識するべきか？
従来型の流通・小売業では
デジタルシフトの波に対抗できない
（品揃え、利便性では対抗できない）
これからは
情報産業とサービス業だけになる。
小売業もなくなる
店舗を標準化するチェーンストアの
時代は終わった
（ユニクロ・柳井氏）
デジタル時代の消費者の要望に応えるべく、
流通・小売業を「再定義」し
新たなモデルを「構想」する必要がある
新しい流通・小売業モデルの方向性（案）
ダメな取り組み例
最新デジタルツールを試してみる
●デジタル導入が目的化してしまう
●目的が整理されていないので、効果が出ない
あるべき取り組み
小売モデル構想
●自社であるべき小売業の姿をゼロベースで「再定義」する
●既存事業の延長線で考えない
購買プロセス分析
●ユーザーをGroupingする
●顧客の体験・購買プロセス（カスタマージャーニー）を詳細に分析する
顧客インサイト把握
●自社の強みが何か、顧客が自社に何を求めているのかを把握する
●自社にリソースが無い場合は外部企業とコラボする（ヒト・モノ・カネ・情報）
デジタル導入箇所選定
●必要な箇所に適切なデジタルツールを導入する（すべてにデジタルを導入しない）
●必要に応じて組織を分け、別会社を設立

資料：BBT大学総合研究所 ©BBT大学総合研究所

入した商品はメーカーの倉庫から宅配されるため、自分で運ぶ必要がない。

日本企業はどうすればよいのか

従来型の流通・小売業では、デジタルシフトの波にはとうてい対抗できない。ユニクロの柳井正氏も「店舗を標準化するチェーンストアの時代は終わった」「これからは情報産業とサービス業だけになる。小売業もなくなる」といっている。

だから、デジタル時代の消費者の要望に応えるべく流通・小売業を「再定義」し、新たなモデルを「構想」するのである（図26左）。

ただし、間違えてはいけないのは、「最新のデジタルツールの導入が目的ではない」

という点だ（前ページ図26右）。

最初に行うのは、あるべき小売業の姿を再定義することである。このとき、既存事業の延長線で考えてはいけない。あくまでゼロベースで構想するのである。

次が、「購買プロセスの分析」である。ユーザーをグルーピングし、それぞれの顧客の体験や購買プロセスを詳細に分析する。

その次は、「顧客インサイトの把握」である。自社の強みや顧客が自社に求めているものを明らかにする。また、自社にリソース（ヒト、モノ、カネ、情報）がない場合は、外部企業とのコラボレーションも視野に入れる。

最後が、「デジタル導入箇所の選定」だ。すべてをデジタル化する必要はない。場合によっては組織を分割したり、別会社を設立したりすることも考える。

とにかく「デジタルで何をするか」「何のためのデジタル化なのか」という視点を忘れないことだ。もちろん「この部分はデジタル化しないでもうまくいく」という手法が見つかったなら、それでもいいのである。

（二〇一九年五月三一日「ATAMIせかいえ」にて収録）

第二章

中国最大のリテイラー・京東集団の巨大な流通システムを支える取り組み

荒井伸二

PROFILE

荒井伸二

Shinji Arai

京東日本 日本業務最高責任者　※講演当時
1989年早稲田大学商学部卒業、同年三菱油化株式会社(現三菱ケミカル株式会社)入社。化成品物流、労働組合専従、産業資材、農業資材の事業に従事し、2009年以降は主に経営企画を担当し、経営計画の策定、M&A、経営改善を行う。2017年8月三菱ケミカルアグリドリーム株式会社植物工場事業部長を最後に退職。同月、京東日本株式会社に入社し、日本業務最高責任者に就任。2019年10月より髙松建設株式会社に移籍、現在 東京本社東京管理本部長兼経営企画部長。

京東集団について

京東集団（ＪＤドットコム）は、日本ではまだそれほど知名度が高くありませんが、「ネット企業」というカテゴリーにおいては、アメリカのアマゾンとグーグルに次いで世界第三位の売上規模を誇る企業です。売上高ベースでは、同じ中国のアリババグループを上回っています。

当社のＥＣサイトを月に一回程度利用するアクティブユーザーは三億人以上います。各年齢層でボリュームが大きいのは、ミドルクラス（中間層）からアッパークラス（上流層）です。

サービスポリシーは「偽物は絶対許さない！」

当社では、ＥＣサイトで注文された商品の九〇％以上を、当日もしくは翌日に届ける物流網を構築しています。

サービスの骨格となっているのは「偽造ブランドを絶対に許さない！」というポリシーです。日本では当たり前のことですが、当社がサービスを開始した二〇〇〇年代当時の中国では、まだそのような考え方は浸透していませんでした。

実際、中国で偽物を売らないというのは、現在でも決して簡単なことではありません。アリババ創業者のジャック・マー氏も「中国だから、偽物が多少出ても仕方がない」と発言しています。しかし、「世界で最も信頼できるブランドを目指す」という目標を掲げている当社にとって、偽物の排除は必ず実行しなければならない絶対的使命なのです。

そのため、当社では流通過程のデータをブロックチェーン化して管理し、さらに抜き打ち検査なども行っています。

小店舗からスタートした京東集団の沿革

当社の前身である「京東多媒体（JDマルチメディア）」の創業は、一九九八年六月です。当時は、北京市内のハイテク地区である中関村《ちゅうかんそん》に設けた広さわずか四平方メートルのリアル店舗で、光ディスクなどのパソコン関連用品を販売していました。創業者の劉強東《りゅうきょうとう》はこのときすでに「本物だけを販売する」というポリシーを掲げていたのです。

二〇〇四年一月から本格的にECに参入しました（当時はJdlaser.com）。二〇〇二年、中国ではSARS（重症急性呼吸器症候群）の蔓延《まんえん》が始まり、店舗にお客様が来なくなって困っていたところ、マネジャーのひとりが「どうもインターネットというものがあるらしい」という情報をもってきました。そこで、劉強東は当時十数店まで増えていた店舗をすべて閉め、一気にECにシフトする決意を下したのです。

すると、次に「物流」という問題が発生しました。当初、商品の配送は業者に委託していましたが、当時の中国には、全国を網羅する配達網がまだ整備されていなかったのです。そのため、ECを開始してから数年間は、多くの社員が物流関係のクレーム処理に追われていました。

このような状況をみて、劉強東は「自分たちで物流まで手がける」ことを決断しました。他の役員、出資者たちの反対を押し切って、二〇〇七年に自前の配送システムの構築を始めたのです。その後、クレームは減り、「本物だけを販売する」というポリシーに頑《かたく》なにこだわり続けたこともプラスに出て、売上は毎年倍々ゲームで増えていきました。取扱い商品も、パソコン関連から総合商品に拡大していきました。

二〇一三年一〇月にJD金融の独立会社化。二〇一四年三月にテンセントと戦略的パートナーシップ締結によるSNSとECを組み合わせた新しいビジネスモデルの発表。同年五月、アメリカのナスダックに上場。二〇一六年六月、ウォルマートと戦略的提携の締結。同年七月、中国のインターネット企業として初めて「フォーチュン・グローバル500」へ選出。以上のような沿革を経て、現在に至っています。

世界最大のモバイルネットユーザーへアクセス

二〇一四年のテンセントとの独占的な戦略的パートナーシップの締結について、もう少し詳しく解説します。

中国人は日本人と違って、テレビCMをあまり信用しません。これまでの経験から、「CMは人を騙す」という刷り込みが頭の中にできてしまっているのです。

そんな彼らが最も信用するのは、自分の家族や知人の意見や感想です。実際にその商品を使っている親や兄弟から「これはいい」と聞くと、安心して同じものを購入するのです。同様に、親しい友人や好きなタレントが推薦しているものにも飛びつきやすい傾向があります。ただし、タレントの場合、最近はあまりにわざとらしいと、さすがにコマーシャルだとばれてしまうようになりました。

そこで、注目されはじめたのがSNSです。なかでもテンセントが開発・運営しているインスタントメッセンジャーアプリ「ウィーチャット」は、一〇億人以上の月間アクティブユーザーを有しており、非常に大きな影響力をもっています。

京東集団はここに目をつけ、テンセントと提携しました。「ウィーチャット」の中に「JDチャンネル」を入れて、より効率よくお客様にリーチできるようにしたのです。

ちなみにアリババも「ウィーチャット」にミニプログラムを搭載することはできますが、アリババのモールに直接つなげることはできません。「ウィーチャット」からダイレクトにつながることができるショッピングモールは、京東だけです。

また、京東はウォルマートや自社の生鮮スーパーマーケットである「7フレッシュ」と提携して、オムニチャネルも構築しています。

京東の物流システムは中国でトップ

京東の物流キャパシティは、中国でトップレベルです。自社で物流を始めた二〇〇七年から徐々にその規模を拡大し、現在では全国五五〇カ所以上に倉庫を保有しています。ちなみに、その総面積は一二〇〇万平方メートルと、東京ドームのおよそ二六〇個分に相当する規模です。

物流センターは、アジア最大級にして最先端のものが二〇カ所、さらに約七〇〇〇の配送ステーションを設けて、個人消費者向けの宅配に関しては、すでに中国の全人口の九九％をカバーしています。

これらの物流インフラによって、午前一一時までに受けた注文は当日中、午前一一時から午後一一時までに受けた注文なら翌日の一五時までに届けるという、「２１１限時達」が可能になりました。実際、商品の九〇％は注文の当日か翌日配達を実現しています。

顧客満足度をさらに高めるために、中国全土に三〇万超のピックアップとサービスセンターを設けました。中国では、日本以上に共働き夫婦が多く昼間は不在の家が多いため、いつでも荷物を受け取れる場所があると助かるのです。

また、物流の種類としては、中小型、超大型サイズ、コールドチェーン、Ｂ２Ｂ、越境、クラウドソーシングに対応しています。

中国は国土が広く、さまざまな場所に人が住んでいます。このような中国で人口の九九%をカバーするということは、簡易ワイヤーでできた橋の先にある家や、砂漠を歩いていった先に住む人たちにも、荷物を届けなくてはならないことを意味します。このような場所にも配送することは、物流コストを考えたら明らかにマイナスですが、それでもお客様がいるかぎり、責任をもって配達すべきだと私たちは考えています。

実は、これは創業者である劉強東の意向でもあります。彼は江蘇省の地方都市の出身で、必要なものを手に入れるためには遠方の店まで出向かなければならず、しかも、苦労して入手したにもかかわらず、偽物をつかまされたという経験を何度もしてきました。そのため、どこにいてもちゃんとした買い物ができる仕組みをつくることに、並々ならぬ情熱を抱いているのです。

最先端物流技術でイノベーションを創出

物流に関して、京東は最新テクノロジーの活用に力を入れています。

1. ドローン輸送

江蘇省の宿遷《しゅくせん》、陝西《せんせい》省の西安《せいあん》などで、すでにドローン配達を実施しています。ドローンは基本的に自動操縦で行われるため、オペレーターは目的地のボタンを押すだけです。オペレーターひとりで約二〇機のドローンを操作しています。

京東がドローン配送の開発に着手したのは、二〇一五年一〇月です。そこから数千回にわたる試験飛行を行いました。試験飛行はヒマラヤ登頂のベースキャンプのような悪条件下でも行っていますが、事故の報告はほとんどありません。ドローンの機体にはプロペラが少なくとも六個ついているので、急に墜落するようなことはないのです。

配送にドローンを導入する目的は、複雑な地形と交通インフラが不十分であるため通常の配達手段が困難である地域への対策です。二〇一七年五月の段階で、北京市、江蘇省、陝西省、四川省に約六〇のドローンルートを構築しています。たとえば陝西省では、半径三〇〇キロメートル以内に、基地を含む数百のドローンルートがあります。

ただし、中国でもドローンで個人宅へ荷物を運ぶことはできません。村の空地のような場所に荷物を降ろし、そこから当社と契約している各村のプロモーターが個々の家まで運ぶ仕組みになっています。

現在は一トン以上の荷物を運べる「重量ドローン」も開発中です。将来的には六〇トンぐらいの荷物もドローンで輸送できるようにしようと考えています。

このサービスの背景には、創業者である劉強東の「内陸部の人たちも豊かになってほしい」という強い思いが反映されています。ドローンを使えば地方の特産品を新鮮な状態のまま都会に直接運べるため、付加価値が高まってより高い値段で売れるようになります。そして生産者の利益が増えれば、今度は彼らが都会の工業製品をたくさん買ってくれるようになるという好循環が生まれるわけです。

2. 無人配送車

それから、北京にある中国人民大学や清華大学で、無人配送車を運用中です。湖南省の長沙《ちょうさ》市や内モンゴル自治区のフフホト市でも、自動配送車のステーションを設置しています。

3. アジアで最も先進的物流設備

京東のスマート物流倉庫「亜洲1号」は、アジアで最も先進的な物流設備です。AS／RS（自動倉庫）、仕分け機、包装機、AGV（無人搬送車）、垂直搬送機、コンベヤといった先進的な機器がほぼすべて実装されており、入口から出口までフルオートメーション化を実現しました。現場にはオペレーターがひとりいるだけで、中は真っ暗です。人間が働いているわけではないので、明かりをつける必要がないのです。

これらの機器を動かすソフトウェアはすべて内製です。優秀なプログラマーを育成するため、アメリカのシリコンバレーに一〇〇人単位で社員を派遣しています。

4．高級配達員によるブランド品デリバリー

お客様が指定した時間に、タキシードに白手袋をした配達員が、高級セダンの電気自動車で、ブランド品をお届けするというサービスも行っています。ただ届けるだけでなく、アフターサービスやメンテナンスも付随しています。現在のところ、上海、北京、広州、成都、深圳《しんせん》、西安、武漢、瀋陽《しんよう》の八都市で展開しています。

正直にいうと、私自身はこのサービスにそれほどのニーズがあるとは思っていませんでした。ところが、実施してみると意外に好評のようなので、おそらく今後は他の都市にも広げていくと思います。

全方位カスタマイズしたサービスモード

京東は業界をリードする物流サービスを提供するために、全方位をカスタマイズしたサービスモードをもっています。

まず「在庫共有モード」です。当社は小売りでも約七兆四〇〇〇億円の売上があります。こ

の膨大なお金の動きを滞らせないためにも、在庫は極力圧縮しなければなりません。そこで、京東の店舗在庫も当社の在庫も一元管理できるようにしています。在庫共有をサポートすることで、在庫比率を下げることができるからです。

それから「マルチプラットフォームモード」は、当社以外のプラットフォームの顧客在庫も併せて管理できる仕組みです。

もうひとつが「仮想セットモード」です。たとえば、シャンプーとリンスの価格が両方とも一〇〇円なら別々に買えば二〇〇円ですが、シャンプーとリンスをセットにして少し安くして一九〇円で販売することもできます。しかし、新たにシャンプー・リンスセットという商品にしたら在庫が増えてしまいます。そのような場合、当社の「仮想セットモード」を利用すれば、在庫を増やす必要がなくなるのです。

ブロックチェーンで全ルートの物流追跡を可能に

日本の物流会社も、集荷から配達まで荷物の追跡サービスを提供していますが、京東はさらに細かく、注文した荷物が現在どこにあるのかを、買い物をした瞬間からお客様がリアルタイムで把握できるようになっています。ＥＣのプラットフォームから物流まですべて自社で行っているから、それが可能なのです。

また、物流プロセスをすべてブロックチェーンで管理しているのは、倉庫を出た商品が途中で偽物にすり替えられるのを防止するためです。日本ではそこまで行う必要はないのかもしれませんが、中国で「絶対に本物しか売らない」と宣言するためには、ここまで徹底しないといけないのです。

京東との倉庫共同運営モデル

従来は商品をメーカーの倉庫から京東の倉庫に納品し、京東の在庫にしてから注文を受けるというやり方をしていました。しかし、これだと受注できるようになるまで一日かかってしまいます。

そこで、メーカーの倉庫に当社のシステムを組み込んで、オペレーションはそれまでどおりメーカーが行うものの、商品がメーカーの倉庫に納品された時点で京東の在庫としてカウントできるようにしました（中国国内限定）。生産即在庫を実現させたのです。

しかしながら、中国は国土が広く納入業者もトラックの数も多いため、メーカーから京東の倉庫に納めるのに一日は優にかかってしまいます。ここを短縮するためにメーカーと京東の倉庫を統合した共同倉庫を立ち上げ、注文を受けた商品はここから直接京東の配送センターに移動し、そこからすぐに出荷できるようにしています。

自社在庫は災害時の救援物資に転用可能

京東は、自社でも商品を買って自社倉庫で保管しています。そして、この倉庫の商品は、災害時には現場の判断で、救援物資として被災地に提供することが認められています。

豊富な自衛商品と救援物資を配備し、タイムリーな自己完結型物流システムで災害に対応できるようにしておくのは、企業の社会的責任だと考えているのです。

京東が目指すボーダレス・リテールとは

中国でECが発展した理由はいくつか考えられますが、まとめると次の五つになります（図1）。

1. 巨大な消費市場

二〇一七年、中国全土のEC取引量は二九兆一六〇〇億元（約五〇〇兆円）に達しました。前年と比べると一一・七％の増加です。

図1

中国におけるEC発展の諸要因

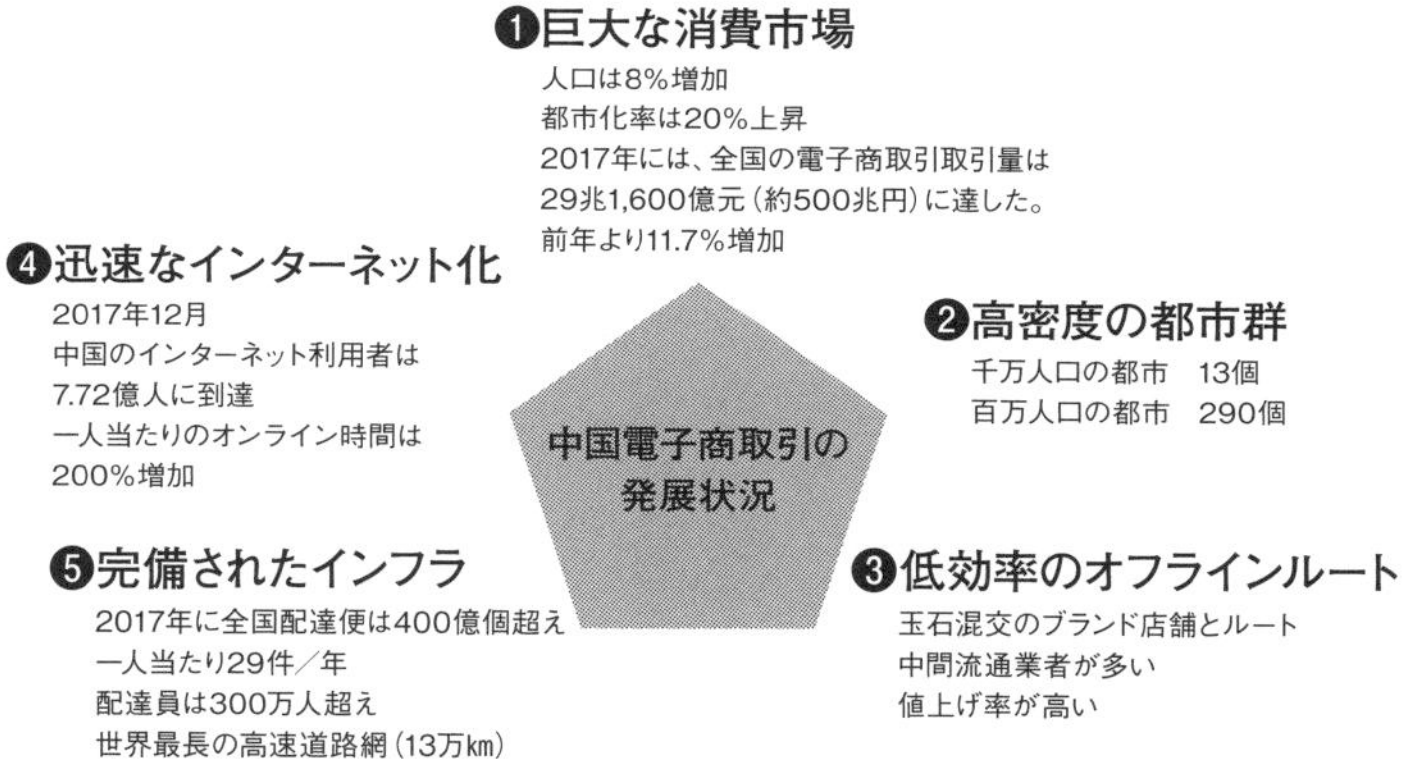

©JD.com

2. 高密度の都市群

中国全土には、人口一〇〇〇万人規模の都市が一三、一〇〇万人規模の都市が二九〇あります。

3. 低効率のオフラインルート

中国では、リアル店舗で偽物をつかまされるリスクがあります。メーカー自体に偽物を売る気がなくても、販売店の従業員に不心得者がいて偽物を売るケースは少なくありません。たとえば、数万円する白酒《バイジュウ》の中身が数百円のものに詰め替えられて売られているといったことも珍しくないのです。その点、ＥＣではメーカーは個人と直接取引するため、偽物を売りにくくなっています。ちなみに、白酒の場合、京東は蔵元から直接コンテナ単位で買い、そのコンテナがすり替えられないよう管理しているため、偽物が入る余地はありません。それが広く認知されて、白酒分野ではトップシェアです。

4. 迅速なインターネット化

二〇一七年一二月の段階で、中国のインターネット利用者は七億七二〇〇万人に達しました。現在ではほぼすべての人がスマートフォンを所有しています。

5. 完備されたインフラ

二〇一七年には、全国速達便は四〇〇億個を超え、配達員は三〇〇万人以上います。当社は物流に力を入れていますが、その点は最大手のアリババも同じで、これから一兆六〇〇〇億円をかけて物流を整備するといっています。一方、京東はすでに同じ規模の物流網を一〇数年かけて構築してきました。

というわけで、アリババも京東も物流のハード面においては、将来的に差がなくなると思います。ただし、アリババはコスト重視の方針であるため、物流費を抑えるために委託配送が中

図2

第四期リテール革命はすでに起きている

	第一期 リテール革命	第二期 リテール革命	第三期 リテール革命	第四期 リテール革命
消費変化	●消費者が集中し購買力が集中している	●仕事のストレスが大きい ●生活リズムが早い	●セルフサービス ●意識の覚醒	●消費者権利 ●個性化を主張
業務種類	百貨店	チェーン店	スーパー	EC
コスト／効率	●大量生産をサポート ●値下げ	●統一化管理及び規模化管理を通して、コストと効率を実現	●現代化ITの応用により、流通スピードと転換効率を向上	●伝統的な複数の分売体制を覆す ●分売コストを下げる
体験	●博物館のような商品陳列 ●買い物がより便利に	●住宅街に近い立地、利便性を増す	●オープン販売、セルフサービスでショッピング体験をより楽しませる	●仮想スペースは物量に制限されず商品バリエーションが豊富

最終的な進化（コスト／効率）

トランザクションコスト 流通コスト（コスト／効率）

見えない 触れない（体験）

ボーダレスリテールは、京東が未来のリテール業に対する終極の目標

心ですが、京東はすべての配送を正社員が行っています。そのぶん配送費は割高になりますが、いつも同じスタッフが配達に行くことで、お客様に安心感を提供することができます。また、配達先で依頼があれば、電球を替えたりゴミ捨てを手伝ったりといったコンシェルジュ的なサービスを行うのも京東の特徴です。

第四期リテール革命はすでに起きている

中国のEC化率は二〇％を超えました。現在では第四期リテール革命により、タイヤや自動車、生鮮食品もネットで買えるようになっています（図2）。

注文も決済もスマートフォンで行われる

ため、容易に利用者を特定することができます。そして、個人データがどんどん蓄積されていきます。これはまさにデータ革命です。

同様に、ボーダレス・リテール（無界小売り）も始まっています。これまでの消費者は、企業がつくったものを買うか買わないか決めるだけでしたが、これからは個人のニーズが先にあり、それに見合うものを企業がつくるようになっていきます。つまり、オーダーメイド化していくのです。これは「生産と消費のボーダレス化」を意味します。

それから、「当社はこれをつくっています」「こんな技術をもっています」というように、ある程度固定していた企業の領域が、消費者の要望に対応するのが普通になると、まったく異なる領域に進出する可能性が大きくなります。これは「商品と産業のボーダレス化」です。

また、従来は買い物といえば、リアル店舗に行くしかありませんでしたが、EC化によってスマートフォンやパソコンで買うことができるようになりました。これは「空間と消費のボーダレス化」だといえます。

京東はすでに膨大な顧客データを保有していますが、それらをひとり占めすることは考えていません。さまざまなブランドと戦略的なパートナーシップを結び、そこでデータを活用することで、多用な価値を創造していこうと思っています。さらに、高度なインフラを提供し、販売のイノベーションを喚起したり、リテールインフラの共同構築を進めたりしながら、さらなる進化を目指していきます。

ボーダレス・リテールの例 「7フレッシュ」

「7フレッシュ」は、京東グループのオンライン・オフライン一体型生鮮食品スーパーです。世界中のビジネスパートナーを通して食材を産地購買し、さらに厳格な品質管理と全工程のトレーサビリティ（追跡）を行っています。

顧客は、注文した食材をその場で料理して店内で食べることができますが、配達先が店舗から三キロメートル圏内なら、三〇分以内に品物を届けるというサービスを利用することもできます。

店舗は、バックヤードを極力小さくして売場を広くするために、在庫は複数店舗共通の倉庫に保管AI（人工知能）で管理し、店舗には必要最小限の在庫だけ置くようにしているのです。また、協業している企業に出店計画があれば、「この商圏にはこのような属性の人が多く住んでいるので、品揃えはこの部分を厚くしたほうがいい」といったデータ分析の結果を積極的に提供しています。

顧客に対しては、「フェイスペイ」や「知能ショッピングカート」「魔鏡・マジックミラー」などの新しい技術を積極的に取り入れて、消費体験をアップグレードする工夫をしています。

「7フレッシュ」は、京東がもつ膨大なユーザーデータを利用して、ユーザー特性、購入習慣、商品嗜好などの精緻な予測、出店場所のスマートな選択を行っています。また、商品予測、在庫管理などの知恵データで、商品運営の効率化とサイクルの短縮を実現しています。

「7フレッシュ」は、商品購買に関して、世界中の商品をセレクトしています。それから、京東の戦略パートナーと連携し、サプライヤー商品倉庫の資源を開拓しています。

物流運輸では、京東の強大な物流機能を利用できるのが強みとなっています。

【質疑応答】

Q1　自社物流網を構築するにあたり、社内では当初、反対意見が強かったというが、それはなぜか。また、EC事業者が自前で物流網をもつ意味をあらためて教えてほしい。

荒井　創業者の劉強東が「自社で物流網をもつ」と宣言したとき、周囲が反対したいちばんの理由はコストです。ただ、中国で本物を売るとなったら、自社配送は不可欠でした。そこで、倒産してもいいくらいの覚悟で自社配送に踏み切ったのです。

結果的にはそれが成功の要因となりました。京東の配送はすべて社員が届けるため、お客様にとっては、配送を委託で行っているアリババよりも安心感が高くなります。それで、「値段が同じならアリババより京東で買う」というお客様が明らかに増えたのです。

Q2　自社の配達員の教育はどうしているのか。

荒井　社内に「京東大学」をつくり、そこでオンラインと集合教育の両方を行っています。

Q3　海外展開はしているのか。

荒井　すでにタイ、ベトナム、インドネシアで、中国と同じビジネスモデルによる事業展開をしています。日本にも進出したいのですが、日本では自社配送に対するハードルが高く、現在は商品サプライヤーの開拓のみを行っています。アメリカやヨーロッパでは「JoyBuy」という別のサイトでサービスを実施していますが、やはり委託配送のため、あまり伸びていません。

Q4　アメリカのパロアルトやケンブリッジに研究員を送っているということだが、なぜ北京や深圳ではないのか。

荒井　もちろん北京や深圳にも派遣しています。ただ、最先端の情報となると、やはりアメリカなのです。

Q5　四年連続赤字で大規模リストラを行ったという報道もあった。現在の業績はどうなのか。

荒井　まず、リストラに関しては「成績下位一〇%の社員は辞めてもらう」というのが、もともと社員と交わしている合意事項なのです。業績は、二〇一七年の売上六兆円に対し、二〇一八年は七・四兆円と二〇%増です。しかしながら、前年は五〇%増で、その前は毎年一〇〇%ずつ伸びていましたから、頭打ち感が出てきたのは事実です。アメリカの業績が厳しいこともあり、コスト削減はかなりシビアに行っています。

Q6　拼多多《ピンドゥオドゥオ》のECサイトが伸びていて、アクティブユーザー数は京東を追い抜いたという報道もある。今後巻き返しのためにどのような対策を立てるのか。

荒井　たしかに拼多多は急激に伸びていますが、扱っている商品に偽物が多いのも事実です。一方、当社には「本物だけを売る」というポリシーがあり、「とにかく利用者数を増やせばいい」という戦略は、おそらくこれからもとらないと思います。将来中国の経済がもっと成熟し、ユーザーの本物志向が高まったとき、当社の優位は間違いないでしょう。

Q7　物流事業だけをみると、売上規模はどれくらいか。また、他社の荷物の扱いはあるか。

荒井　物流部門は、現在「京東物流」という独立会社にしていて、売上規模はおそらく業界内の二、三番手だと思います。外販も行っており、内販と外販の割合はほぼ五対五です。これからは外販にさらに力を入れていく予定です。

Q8　京東の取扱商品の中で、売れ筋にはどんなものがあるか。

荒井　家電、コンピュータ、スマートフォン、この三つがいわゆるボリュームゾーンです。日本からの越境ECでは、ベビーマタニティやコスメなどの割合が大きくなっています。

Q9　業務マニュアルはどの程度守られているか。

荒井　中国人の場合、「楽して多くを手にしたい」というのが行動原理となっており、「マニュアルを守ろう」という意識はあまり高くありません。だから、マニュアルを守らせるためのマニュアルや監視体制が必要になります。

Q10　在庫品以外の予約販売はしないのか。

荒井　一部例外はありますが、基本的に現在在庫があるものだけを扱います。「納期一日」を謳っているため、どうしても在庫があるものにならざるを得ないのです。

Q11　偽物を絶対に出さないための効果的な施策は何か。

荒井　きちんとしたブランドから直接仕入れることです。それができず、卸から仕入れる場合は、必ず授権証のような証拠を取るようにしています。安いからといって、品質基準が曖昧な卸から買うようなことは絶対にしません。

Q12　信用があれば高くても買ってもらえるということだが、中国人のプライシングの許容範囲はどれくらいなのか。

荒井　「本物だから高くてもいい」とは思っていません。逆にＥＣでは値段が誰にでもわかるため、「日本製の紙おむつなら、京東では高くても売れる」というわけではないのです。ただ、価格で他社と競争してしまうと際限がなくなり、儲けも出なくなります。だから、単価の安いものは、今後は徐々に取り扱いリストから外していく予定です。

（二〇一九年五月三一日「ATAMIせかいえ」にて収録）

第三章

物流をもっと簡単、シンプルに

伊藤秀嗣

PROFILE

伊藤秀嗣

Hidetsugu Ito

株式会社オープンロジ 代表取締役社長CEO
明治大学卒業後、ネットエイジを経て定期購読のECサイト「富士山マガジンサービス」創業メンバーとして、営業、マーケティング、事業開発など多岐にわたる領域を担当し、成長に貢献。「拡大するEC市場で生じる物流の課題を解決したい」という思いから、2013年12月株式会社オープンロジを設立。2020年10月にシリーズCで約17.5億円の資金調達（累計で27.5億円）後、「テクノロジーを使い、サイロ化された物流をネットワーク化し、データを起点に物の流れを革新する」というビジョンで、物流業界全体の最適化につながる「フィジカルインターネット」の実現に挑む。TechCrunch Tokyo 2014審査員特別賞（準優勝）受賞、Infinity Ventures Summit Launch Pad 2014 Fall第6位、JAPAN Venture Award（ジャパンベンチャーアワード）2021 中小機構理事長賞を受賞。

EC最大のボトルネックは物流業務

現在では、誰でも簡単にECサービスを立ち上げることができるようになりました。しかし、サービスを立ち上げたからといって、必ずしも望ましい結果を出せるとは限りません。

いったい何がボトルネックになっているのか。その最たるものが物流業務です。商品のピッキング、納品書の作成、梱包作業、段ボールの隙間を緩衝材で埋める作業、梱包資材の用意、保管場所の確保、在庫管理……売上に伴い発生するこれらの物流業務が、企業にとって大きな負担となります。

では、これらの業務をアウトソーシングしたらどうか。その場合、まず物流会社を探して問い合わせ、自社の事業内容を説明して見積もりを出してもらい、それを見て値段交渉などをしたうえで契約を結びます。その後も細部に関する打ち合わせを重ねる必要があるため、実際に利用できるようになるまでに一カ月くらいかかるのが普通です。

たとえば、アマゾンがマーケットプレイス出店者に対して提供している「フルフィルメント by Amazon」（FBA）という物流サービスを利用する場合、次のような手順を踏みます。

①FBAをセットアップ……アマゾン出品用アカウントを作成し、セラーセントラルにログインしてFBAをセットアップする

②商品を出品する……アマゾンカタログに商品を追加した後、FBA在庫に指定する
③商品を準備……アマゾンの梱包ガイドラインと配送・経路指定要件に従い、商品をアマゾンフルフィルメントセンターに安全に発送する準備をする
④アマゾンに商品を納品……納品プランを作成し、アマゾン配送ラベルを印刷した後、商品をアマゾンフルフィルメントセンターに発送する

これら①〜④の作業をアマゾンのホームページ上で行うと、なんと一〇画面一四ステップにもなります。あのアマゾンの物流サービスを利用する場合でも、これだけの手間がかかることを覚悟しなければならないのです。

このように、物流業務のアウトソーシングは、利用者にとって非常にハードルが高いのです。それが不満なら、自分たちで始める以外にありません。

EC事業者の物流をサポートする

昨今、EC事業者数は、ものすごい勢いで増加しています。

とくにB2CのEC化率は、二〇一七年の段階で約六%にもなっています（図1左）。B2B、C2C、越境ECも同様に成長しています。そして、EC売上に占める物流費率は約一二・五

図1

ECの市場環境

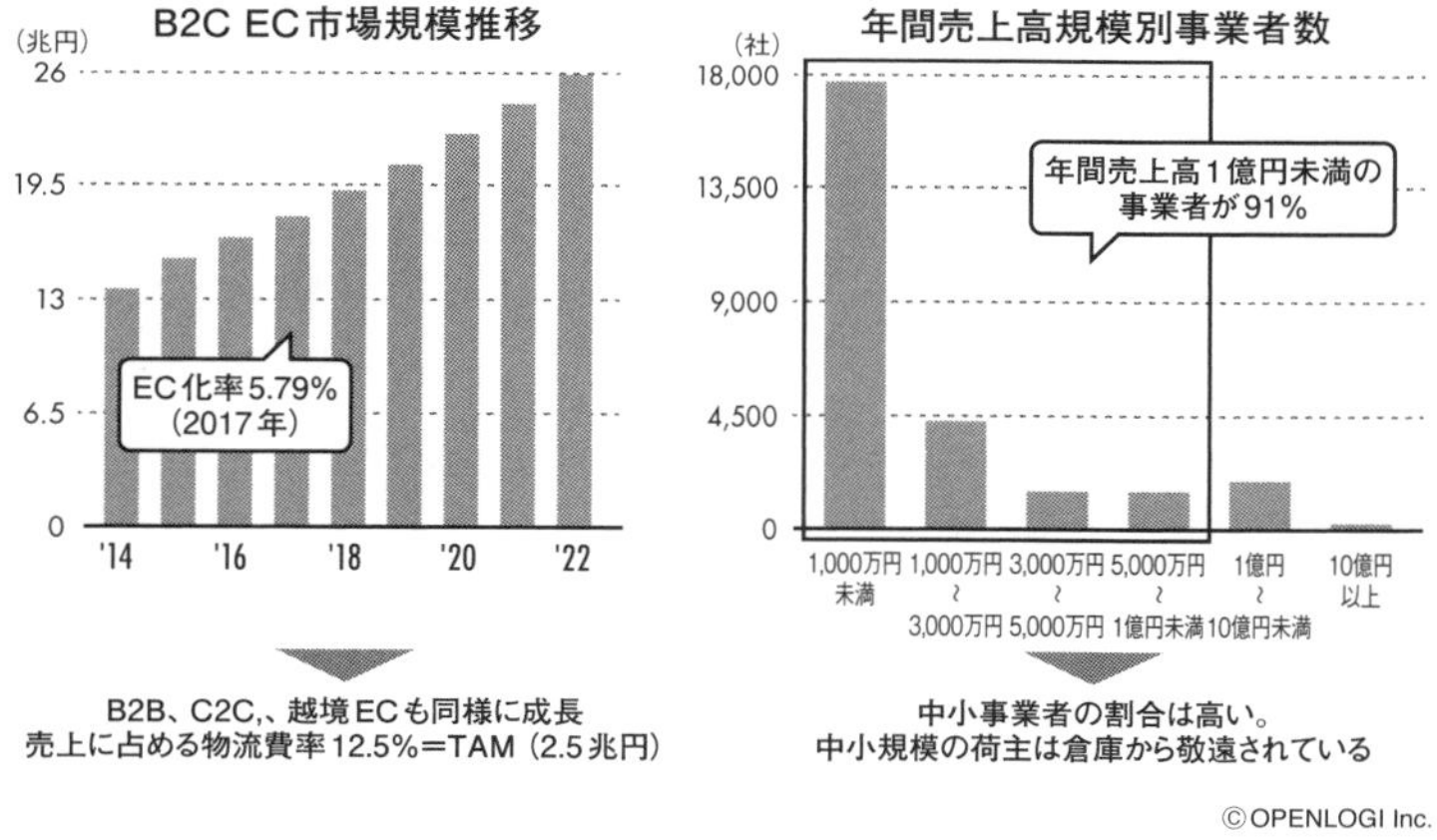

%にもなります。

一方で、EC事業者全体のうち、年間売上高一億円未満の中小事業者が占める割合は九一%です（図1右）。そして、こういった中小のEC事業者が物流業務をアウトソースしようとしても、倉庫会社から断られるケースが少なくありません。

このような現状を踏まえ、私たちは「物流をもっとシンプルにできないか」と考え、物流業務をアウトソーシングしたい中小事業者を含むすべてのEC事業者と物流企業を結ぶプラットフォームを立ち上げました。それが、オープンロジです（次ページ図2）。

オープンロジでは、あらかじめ物流企業と私たちが直接交渉して契約を済ませ、当社のオペレーションシステムを導入していただいているため、EC事業者は規模の大

図2

オープンロジの提供価値・ビジネスモデル

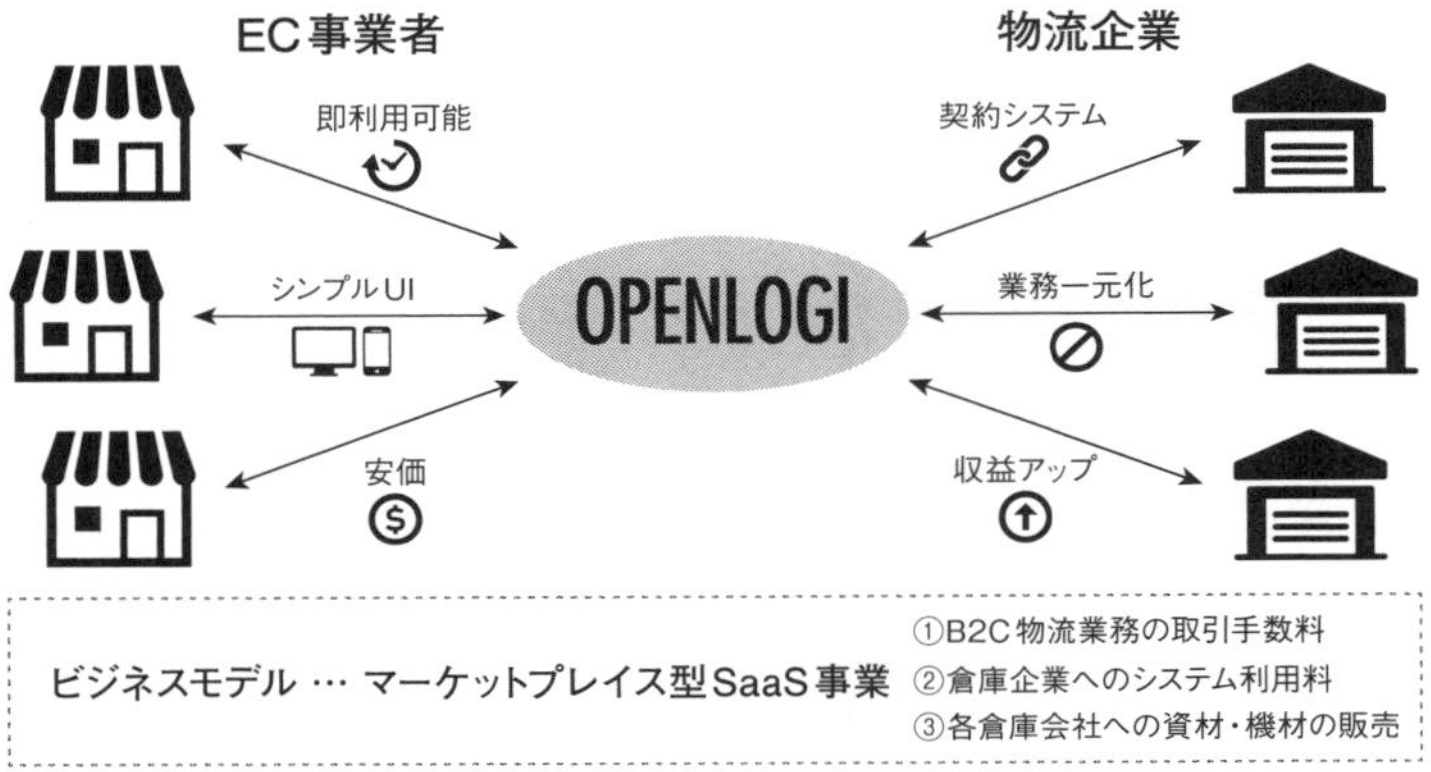

©OPENLOGI Inc.

小にかかわらずオープンロジに会員登録すれば、問い合わせや見積もりも要らず、すぐに当社の提携先のアセット（資産）を使って物流業務をアウトソースすることができます。また、シンプルなユーザーインターフェース（ＵＩ）を採用しているため、物流の知識がなくても簡単に操作できるのはもちろん、オンラインでつながる環境であれば世界のどこからでもアクセス可能です。料金体系もわかりやすく、リーズナブルな金額です。

物流企業のほうも、私たちと契約するだけでよく、自分たちでＥＣ事業者に営業する必要はありません。作業も標準化されているとおりに行うだけでちゃんと収益化されます。さらに、オペレーションが標準化されていて一元管理ができるため、ひとつの倉庫で多数のEC事業者の荷物を効率的に管理することができます。

現在ユーザー数は、EC事業者を中心に約五〇〇〇社です。倉庫会社は海外に一拠点、国内に一三拠点を確保しています。当社は自前の倉庫をもたず、倉庫会社をネットワーク化しています。

私たちはこのビジネスモデルを「マーケットプレイス型SaaS事業」と定義しています。収益は、①B2C物流業務の取引手数料、②倉庫企業へのシステム利用料、③各倉庫会社への資材・機材の販売の三つです。

オープンロジと既存の物流会社の違い

オープンロジと既存の物流会社の違いをもう少し詳しく説明します。

通常、荷主と倉庫会社との間には、商品の追加や修正、検品指示、明細書の発行など、「商品」「入庫」「在庫」「出庫」「支払」の各プロセスに関する、さまざまな業務依頼が発生します。これらのやりとりは基本的にアナログで行われ手間がかかるため、倉庫会社はどうしてもある程度以上の規模の事業者でないと取引をしたがりません（次ページ図3）。また、アナログであるがゆえに請求漏れのようなミスも起こりやすく、それが値下げ要求の口実になることも少なくないといえます。

図3

1対1の荷主と倉庫会社のオペレーションの関係

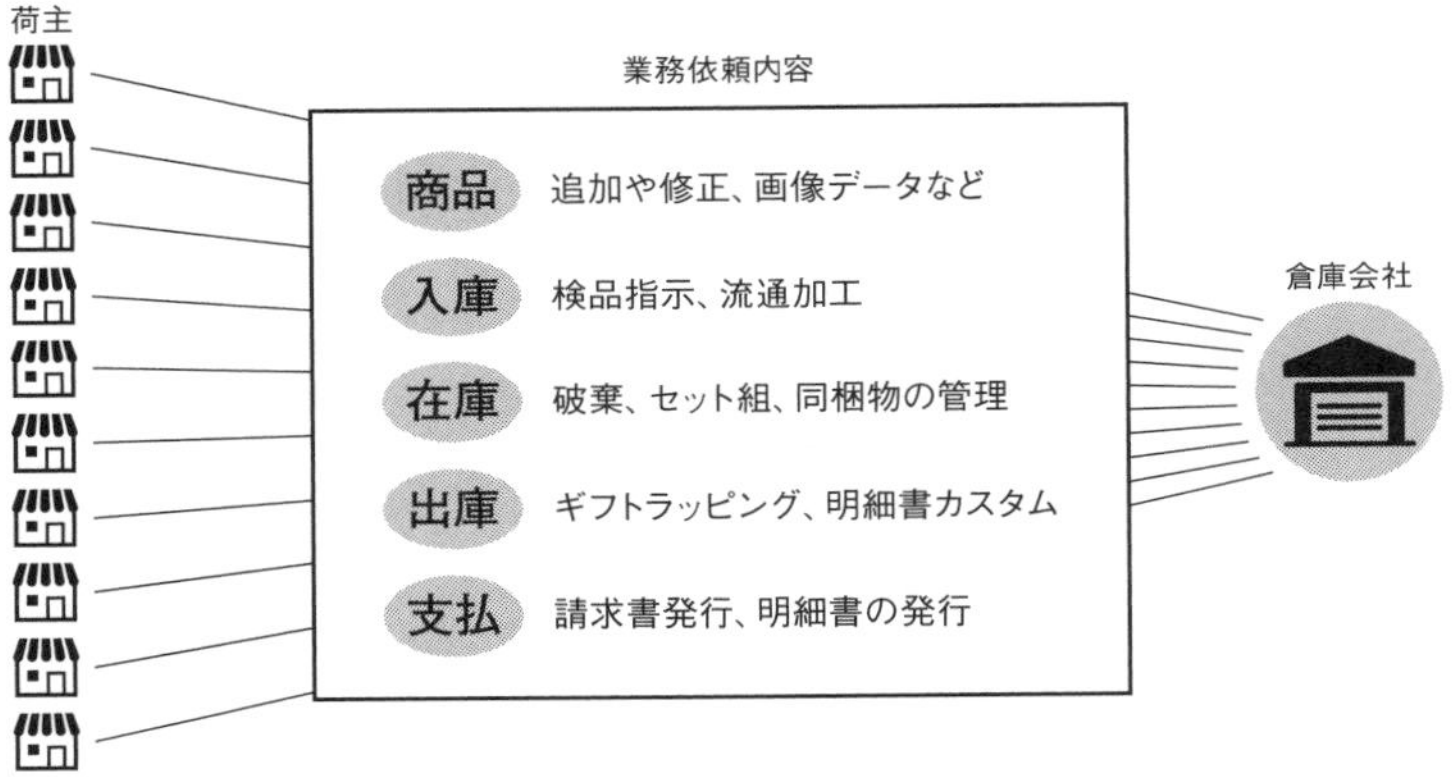

© OPENLOGI Inc.

そこで、私たちは多数のEC事業者の業務依頼をパターン化して処理できるシステムを構築しました（図4）。

たとえば、事業者から「商品A、B、Cを各一〇〇個入庫する」という連絡が倉庫に届き、倉庫側でそれらの検品を行うと、入庫予定のない商品Dが入っていたとします。このような場合、通常は倉庫側から事業者にメールや電話で「依頼のない商品Dが届いたのですが、これはどうすればいいですか」と確認します。

これに対し、事業者は「在庫に入れてください」「返品してください」「廃棄してください」のいずれかの返事を、やはりメールか電話でします。

倉庫側はこれを受け、商品Dに対し「在庫に入れる」「返品」「廃棄」のどのオペレ

図4

多数の事業者と複数の倉庫会社を結ぶサービス

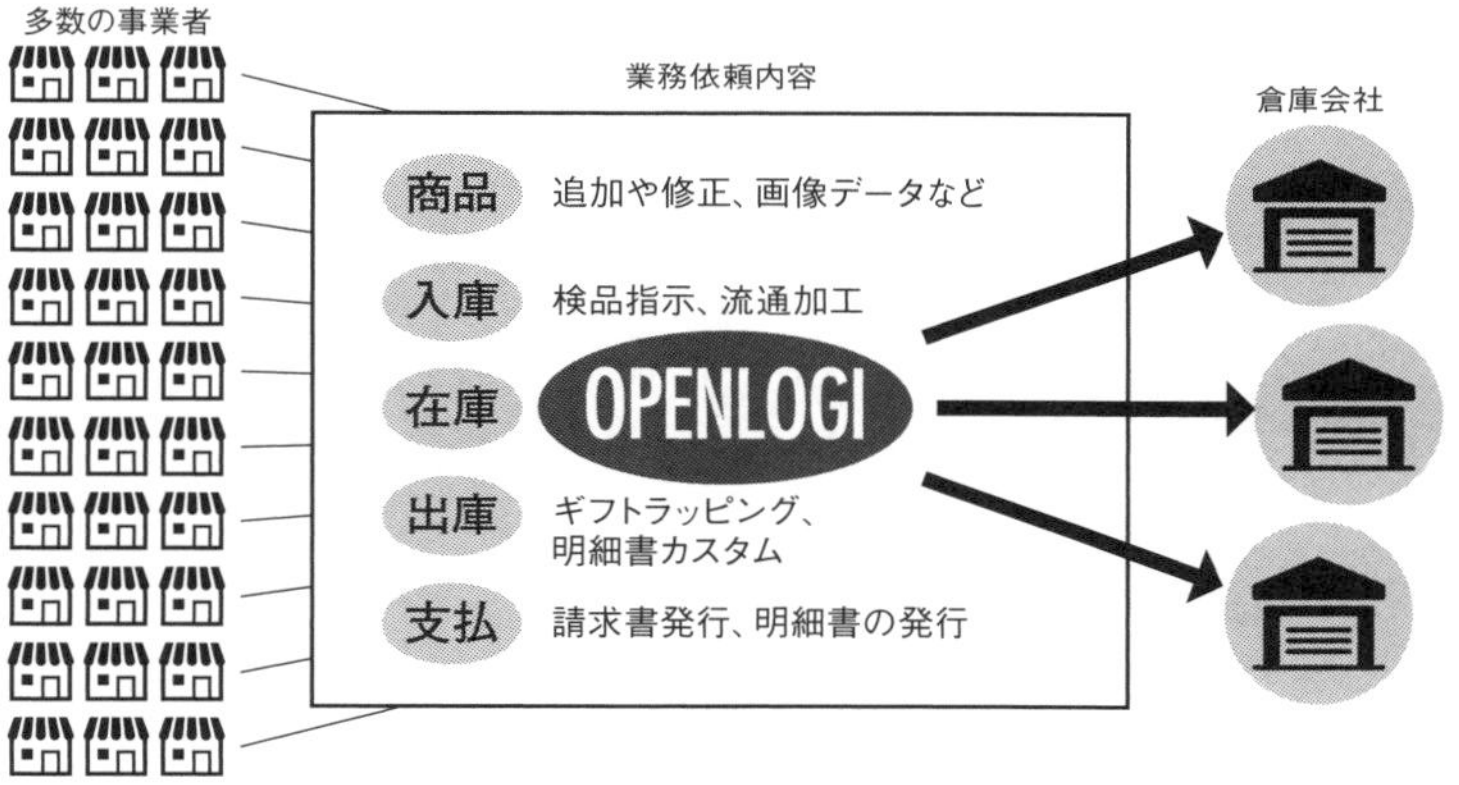

©OPENLOGI Inc.

ーションをするか現場に指示を出します。

これらはさほど難しい作業ではありません。しかしながら、このやりとりが複数の事業者と複数の倉庫間でアナログで行われると、混乱やミスが起こりがちです。

そこでオープンロジでは、これらのやりとりをシステム化しました。

たとえば、入庫予定のない商品Ｄが倉庫に入ってきたときは、倉庫のほうでそれをタブレット端末で撮影してアップロードボタンを押せば、自動的にその画像が事業者のパソコンやスマートフォンに送信されます。

事業者がそれを見て、「在庫に入れる」「廃棄」「返品」のどれかのオペレーションを選ぶと、その指示は倉庫の作業者のＷＭＳ（Warehouse Management System／倉庫管理システム）に反映されます。さらに、作業が終わると、通知が事業者のパソコンやスマートフォンに届き、履歴が残るのです。

あるユーザーは、このオープンロジのシステムを導入したことによって、倉庫設置費、スタッフの管理費や教育費など、合計で六割のコストダウンを実現したということです。

オープンロジの海外展開について

オープンロジは、アウトバウンド、インバウンド、そして海外展開もしています。

まず、アウトバウンドについては、現在越境ECが急拡大していて、日本の商品を海外に出荷するオペレーションがものすごく増えています。日本郵便のEMS（国際スピード郵便）を使った越境EC配送では、当社はトップクラスの出荷実績です。国内外の配送がワンストップでできるというのが、セールスポイントのひとつになっています。

インバウンドも伸びています。オープンロジはアナログのやりとりがなく、ネットで指示が完結するため、海外ユーザーにも使いやすく、それが口コミで広がったのが要因です。

本格的な海外進出に関しては日本国内である程度の基礎ができてからになりますが、独立行政法人日本貿易振興機構（ジェトロ）のインドネシアプラットフォーム事業の実証実験に選ばれ、二〇一八年四月、現地でゼロから物流拠点を立ち上げ、約一年間にわたってプロジェクトを実施しました。海外でもＥＣが伸びているところが多く、ニーズはますます増えるとみています。

起業のきっかけとなった経験と事業選定のポイント

ここからは、そもそも私がなぜオープンロジを立ち上げたのかという、創業のきっかけについて説明していきます。

私の前職は「富士山マガジンサービス」というオンライン書店です。一般雑誌のほかに各種専門誌、業界誌、タウン誌、同人誌など全部で三四〇〇種類くらいを扱っていました。

お客様から注文を受けると、契約先の出版社にメールで発注します。そうすると出版社が自社の倉庫で当該雑誌をピッキングし、梱包してお客様宛てに発送します。そして、一件ごとに販売マージンをいただくというビジネスモデルです。

「富士山マガジンサービス」の設立は二〇〇二年です。すでに雑誌市場はかなり縮小していましたが、定期購読のＥＣは珍しいということもあって、出だしは好調でした。

ところが、しばらくすると問題が発生しました。もともと出版社は「注文を受けて発送する」という業務に慣れていないため、出荷遅延、出荷漏れ、誤出荷などが頻出するようになったのです。在庫管理も同様で、在庫がある状態で受けた注文が翌日キャンセルになるというミスも多発しました。こうなるとお客様の満足度は当然下がります。

そこで出版社と話し合い、雑誌が刷り上がったらまとまった部数を、印刷会社から「富士山マガジンサービス」の倉庫に直送してもらい、倉庫で在庫管理と出荷のオペレーションを一元化するというスキームをつくったのです。もちろん保管料や配送料金などは出版社に請求しましたが、出版社のほうも余計な作業から解放され、費用も自分たちで行うより安く上がるというので、喜んで協力してくれました。

このスキームで出荷や在庫管理に関する問題は解決し、「富士山マガジンサービス」は二〇一五年に東証マザーズに上場を果たします。

私自身は上場の二年前に会社を辞めて、オープンロジを立ち上げました。

成長しつつあるEC市場において、その大部分を占める中小事業者に、物流業務をどのようにしているかお聞きすると、ほぼ間違いなく「自分たちでやっています」という答えが返ってきます。そのため、物流業務のリテラシーが高いとはいえず、現在以上に成長したとき、物流をどうするかといったことも頭にない事業者が多くいました。

そこで、「富士山マガジンサービス」で培った物流のオペレーションをもとに、EC事業者が利用できる仕組みをつくろうと思ったのです。

現在は必要なリソースやサービスがウェブならすぐに手に入り、決済は従量課金が当たり前になったにもかかわらず、こと物流に関しては「問い合わせをしないと価格が出てこない」「利用するまでに何度もミーティングをしなければならない」など、アナログのプロセスがかなり残っていました。これは明らかに時代に合っていません。物流も、インターネットを通じて誰もが簡単に利用でき、使った分だけ料金を支払うようになるべきだとずっと思っていました。

それでオープンロジのアイデアを考えついたのですが、実は起業するにあたって、最初から「これしかない」と決めていたわけではありません。

どんなビジネスで起業するか、そのアイデアが私には一〇〇くらいありました。それらのアイデアを、次の七つの基準で評価していったところ、最も点数が高かったのがオープンロジだったのです。

1. 市場が伸びているか
2. その市場は大きいか
3. 誰もやっていないか
4. 既存の事業者からカニバリはしないか
5. 土地勘があるか
6. 参入障壁は高いか
7. 社会性があるか

オープンロジはサービスをリリースしてから四年半の段階で、従業員数が約一〇〇人になりました。うち三分の一がエンジニアです。二〇二〇年一〇月、ベンチャーキャピタルなどから累計で約二七・五億円の資金調達をしました。

見えてきた物流業界の課題とニーズ

起業は山登りに通じるところがあります。上に登るにつれて、見える景色が変わっていくのです。

起業当初は、立ち上げたプロダクトをお客様に使ってもらえるようチューニングするのがメインの業務で、物流業界の課題にまで考えが及びませんでした。

ところが、物流に関係するいろいろな会社とつきあっていくうちに、ドライバー不足といった物流業界全体の課題が徐々にみえてきました。

それから、事業拡大に伴い従業員が増えてくると、「オープンロジって何を目指すんですか」「倉庫会社と何が違うんですか」という声を社内で耳にする機会が増えてきました。私たちは倉庫のオペレーションはしないので、倉庫会社と業態がまったく違うのですが、従業員はそのように理解していなかったのです。会社の売上は伸びていたものの、「会社には売上だけでなく、ビジョンが必要なのだ」ということに気がつきました。

物流業界は、バリューチェーンのそれぞれの部分に、次のような課題とニーズがあります。

1. 荷主

荷主の課題は、中小事業者の新規参入が多いため、必ずしも物流に長けているとはいえず、自前のリソースではすぐに成長が頭打ちになってしまうということです。また、コストセンターである物流への投資優先度が低く、自己流のまま個別化に陥っている点も、解決すべき課題のひとつだといっていいでしょう。これに関しては、倉庫会社や配送会社と連携して、運用をもっと効率化したいというニーズが高まっています。

2. 倉庫

倉庫の課題は、荷主同様に中小事業者がほとんどということで、デジタル化が進まず、荷主や運送会社からシステム連携を求められても対応できず、アナログ対応中心の非効率な状態が放置されているという点です。そのため、付加価値を付けたソリューション業への脱皮が求められていますが、大半の物流企業は相手の商流に合わせて受託業務化しているため、なかなか標準化できないでいます。

3. 配送

配送の課題は、なんといってもドライバー不足です。現在はEC化率およそ七%、宅配便個数年間四〇億個。これがEC化率一二%になると同年間八〇億個以上になりますが、ドライバーを現在の二倍に増やすのは至難の業です。そのため、国土交通省も、ITやテクノロジーを導入して配送ネットワークをもっと効率化するよう提唱しています。

このように、物流チェーン全体では、「荷主は自分たちの売上しか頭にない」「倉庫は荷主の依頼を受けて業務をこなすのに手いっぱい」「配送会社は日々の荷物を集荷し配送する工程をいかに回すかといった喫緊の課題に取り組んでいる」というように、各プレイヤーが分断化されているという問題があります。分断化されたままでは、物流業界全体の効率化を図ろうにも、うまくいかないのは当たり前です。

オープンロジが考える物流業界の三つの未来

私たちは、物流業界には三つの未来があると考えています。

1. 二極化

大企業の商流に合わせて物流をカスタマイズし、テーラーメイドで個社対応する大手物流プレイヤー。それから、当社のように業務を標準化することでさまざまな中小事業者を一元化、さらに倉庫をネットワーク化して拡張性の高い物流モデルを築くプラットフォーマーの二つに分かれるとみています。そして、これからは確実に、プラットフォームの存在がより大きくなるはずです。

2. 装置産業化

今後、倉庫内の物流業務を行うロボットの低廉化が進むと、中小企業の物量でもコスト的に見合うようになります。省人化が可能になると、次に必要になるのは、多数の荷主をひとつのオペレーションで受け入れられるプラットフォームです。したがって、それをつくるソフトウェアが重要になってきます。

3. 物流から商流へという流れ

これまでは「商流に合わせて物流を設計する」という順番が当たり前でしたが、これからは逆転します。川上から川下まで連携が完成し、情報がデータ化されると、そのデータを保持するプレイヤーが主導権を握って商流を変えていくのです。

ミッションは「物流の未来を、動かす」

二〇一九年二月にできあがった当社のミッションは「物流の未来を、動かす」です。そして、「物流の未来」を具体的にした姿が「テクノロジーを使い、サイロ化された物流をネットワーク化し、データを起点にモノの流れを革新する」です。これがオープンロジが掲げるミッションで、五～一〇年で実現したいと考えています。

さらに、以下の三つのコンセプトを掲げました。

1. 「悩まない物流」……荷主や倉庫が物流に関して悩まなくてもいい状態をつくる
2. 「無駄のない物流」……配送ネットワークを効率化し、無駄の少ない効率的な物流網を構築する
3. 「物流から商流へ」……物流データを起点とした新しい商流網を構築する

オープンロジは、二〇一四年一〇月から二〇一八年にかけて物流サービスのEC化に取り組んできました。これにより、EC事業者がAPI連携をすることで、シームレスに注文から物流業務までが自動化されます。さらに、二〇一九年四月からは倉庫のネットワーク化を拡大していくことで、提携倉庫数が四五拠点に増え、EC事業者のフェーズやニーズに合わせてサービスを提供することができるようになりました。

そして、これからは、無駄な物流をなくし「物流から商流へ」という課題への取り組みを始めています。二〇二〇年にメルカリと共同で商品開発した「あとよろメルカリ便」は代表的なサービスです。これを使うことで、メルカリユーザーは段ボールに荷物をまとめ、指定の倉庫に発送するだけで、メルカリで売れた場合に自動的に倉庫から出荷発送されるというサービスです。モノを倉庫に送ったら自動で発送されるという、まさに物流から商流を生んだ事例だと捉えています。「無駄のない物流」とは、たとえば、次のようなものです（次ページ図5）。

・配送効率①「在庫分散」……在庫を関東と関西の拠点にうまく分散し、配送先の住所に近い倉庫から送るというオペレーションをすでに行っています。

・配送効率②「積載効率」……トラックの積載率は、二〇年前は約六〇％でしたが、それが現在は約四〇％まで下がっています。これはECの普及によって荷物の小口化が進み、これまでように小売店舗にまとめて送ればそれで終わりとならなくなったのが原因です。そこで、当社

図5

無駄のない物流の例

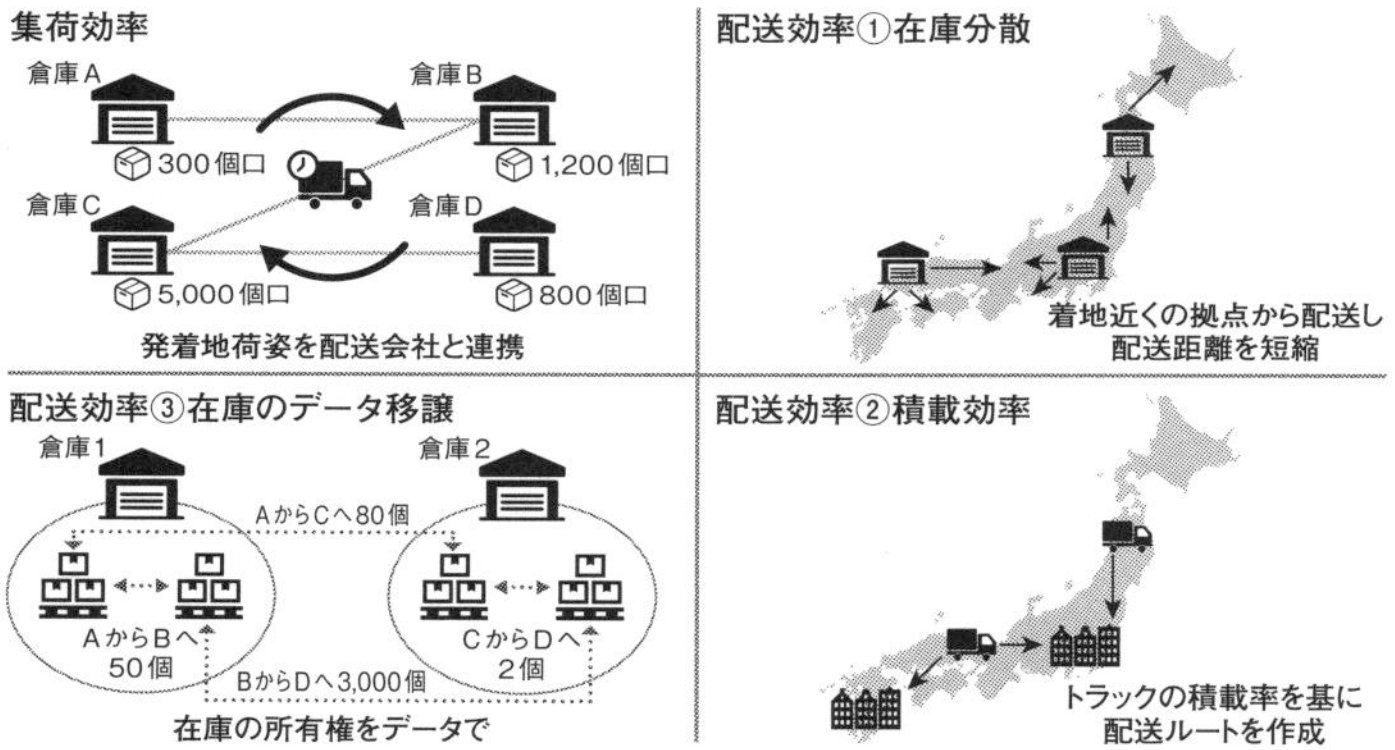

©OPENLOGI Inc.

では、各トラックにIoTを搭載し、どのトラックがどれくらい積んでどの場所にいるかを見える化し、倉庫のデータと連携して、積載率を基に配送ルートを作成するオペレーションに、今後取り組んでいこうと思っています。

・配送効率③「在庫のデータ移譲」……A倉庫からB倉庫に在庫を横持ち移送するというのは、割とよく行われています。私たちはこれを、デジタルで所有権を移動することで、実際に在庫を動かすという無駄が省略できると考えています。

・「集荷効率」……アナログで行われている集荷のやりとりをデジタル化し、さらに配送会社と連携することで集荷効率を上げることができます。

【質疑応答】

Q1　現在の課題の中で解決が難しいと感じているのは何か。

伊藤　いくつかあります。たとえば、倉庫のオペレーションの品質向上は、実際のオペレーションを行うのが倉庫会社の雇用した社員やアルバイトであるため、現場のマネジメントを含めたコントロールが難しく、まだ完全に解決しきれていません。

ただ、倉庫の拠点数が増えて、現場の作業ミスや事故などを可視化することで、倉庫ごとの現場を比較評価できるようになります。さらに提携倉庫は自社の評価の位置づけがわかり、さらに他倉庫で発生したミスや事故について、再発防止策を含めた内容が倉庫間で共有されるため、ナレッジ共有になり、全体で質が底上げされるようになっています。

Q2　倉庫業のコンサルティングなどを今後行っていく予定はあるか。

伊藤　倉庫会社はあまり横のつながりがなく、また現場の力が強いため、自分たちのやり方が正しいと思い込んでいるところが大半です。でも、もちろんそれが正解というわけではなく、倉庫をネットワーク化している当社だからこそ、それがわかるといえます。そこで、倉庫会社の評価基準をつくり、それをもとにコンサルティングを実施していくことは計画に入っています。同時に、荷主の評価も行って、ブラックな荷主の情報を提供するといったこともできるようになると、倉庫会社がより気持ちよく仕事を受けられるようになると考えています。

Q3　海外進出にあたって難しいのはどんなところか。

伊藤　やはりオペレーションです。海外では、従業員が作業中のアパレル商品を身に着けてそのまま出ていくといった、日本では考えられないようなことが起こります。また、オペレーションの品質を高めるための教育も課題のひとつです。オペレーションは極力簡素化して、誰でも簡単に操作できるようにすることが重要だと思っています。

Q4　倉庫会社と契約を結ぶにあたり、どのようにして信頼を勝ち取るのか。

伊藤　私たちは倉庫会社を「下請け」という目で見ていません。「業界を一緒に変えていくパートナー」として向き合っていることをまず相手に伝えます。

それから、当社のシステムを導入すると、収益性がどれくらい改善するかということを、具体的なデータで示すようにしています。

Q5 今後アマゾンがUX（ユーザーエクスペリエンス）やUI（ユーザーインターフェース）を改良し、フルフィルメント事業をより使いやすくした場合、貴社に対する脅威となるか。

伊藤 その心配はあまりしていません。アマゾンは競合ではなくパートナーだと思っています。事業者がアマゾンで売る場合、アマゾンのフルフィルメントは最適なサービスであり、私が荷主でも利用するでしょう。ただ、現在はアマゾンだけで売る時代ではありません。楽天でも売るし、自社でもECをやる、越境ECもやりたいとなると、アマゾンのフルフィルメントサービスでは対応できないのです。というわけで、当社はアマゾンと連携して納品のオペレーションをやらせていただいていますが、アマゾンができない部分は当社の物流業務を利用していただけるのです。

Q6　固定単価によるサービス提供は、ユーザーにとってはわかりやすいが、一方で物流はボリューム変動の幅も大きい。今後はダイナミックプライシングといったことも取り入れていくのか。

伊藤　現在は、荷物一個口につき従量課金でお支払いしていただいていますが、これからは月額固定、使い放題のサブスクリプションのようなかたちもあり得ると思いますし、需要と供給をみて、ダイナミックプライシングも可能になると考えています。

Q7　創業時にどんなマーケティングを行ったのか。

伊藤　小資本でのスタートアップだったので、マーケティングコストはほとんどかけられません。それで、新奇性をアピールしてメディアで取り上げていただくというＰＲ方法をとりました。

Q8　ラクスルの物流シェアリングプラットフォーム「ハコベル」をどうみているか。

伊藤　「ハコベル」は物流全工程中の配送レイヤーにあたる事業で、私たちのオペレーションでも利用しています。ただ、配送サービスには競合が多いので、これからが勝負だと思います。

Q9　トラックの積載率を上げる効果的な方法は何か。

伊藤　二つあります。宅配便のような小口のお客様の場合、現在は集荷のときに配送会社が「発地」「荷姿」「着地」という三つのデータを取得していますが、これでは積載率は上げられません。倉庫会社と配送会社のシステムを連動させ、ITなどのテクノロジーを利用して、どのようにして集荷し配送すればいちばん効率がいいかを計算するのがひとつ。倉庫をネットワーク化し、いちいち在庫を動かさなくても所有権をデータで移動できるようにするというのがもうひとつです。

Q10　荷主から倉庫までの輸送は誰がやるのか。

伊藤　いわゆる入庫に関しては荷主にお願いしています。メーカーの工場から直接トラックやコンテナで運んだり、宅配業者に依頼したりと形態はさまざまです。

Q11　サブスクリプションも考えているということだが、固定費比率が高いということか。

伊藤　そうではありません。変動費率が高いのですが、現場の稼働をデータ化すれば、利益を出せる余地はあると思っています。

（二〇一九年五月三一日「ATAMIせかいえ」にて収録）

第四章

月額制で世界中のブランドバッグがあなたの手に

児玉昇司

PROFILE

児玉昇司

Shoji Kodama

ラクサス・テクノロジーズ株式会社 代表取締役会長CEO
広島市出身。1995年早稲田大学入学半年後に最初の起業。会社売却などを経て、2006年にラクサス・テクノロジーズを創業。2015年2月に月額制で高級バッグを使い放題できるサブスクリプション・サービス「Laxus（ラクサス）」を開始。

「ラクサス」サービスの概要と提供する価値

「ラクサス」は、ブランドバッグのシェアリングエコノミーです。「エルメス、シャネル、ルイ・ヴィトンなどのバッグを無限に使い放題」というサービスを、延滞料や送料は一切不要で月々六八〇〇円（税別）で提供しています。

「ラクサス」のシンプルな価値は「値段が高すぎるものを安くする」です。おしゃれな人たちの「ブランドバッグは高すぎて自由に買えない」というストレスから解放するのが「ラクサス」です。

ブランドバッグを貸し借りする「ラクサス」のプラットフォームの特徴は、次の三点です。

1. SAVE MONEY（お金を節約）……バッグを使うとき
2. MAKE MONEY（お金を稼ぐ）……バッグを貸すとき
3. FREELY（そして自由に）……ファッションを開放します

月々六八〇〇円で平均価格三〇万円のバッグが使い放題。しかも在庫は三万種類以上ですから、毎月新しいバッグをひとつずつ借りるとしても、すべて借り終えるのに二五〇〇年かかる計算になります。つまり、月々わずか六八〇〇円で生涯にわたって新しいバッグを使い続けることができるのです。

「ラクサス」はシェアリングサービスですから、新たに貸し出す際にそれまで貸し出していたバッグが戻ってくるというシステムです。同業者は同じ作業を正社員二〇人くらいで行っているようですが、当社はアルバイト二人だけで発送を行っています。なぜそれが可能かというと、すべてのバッグにICタグを埋め込んで、IoT（モノのインターネット／さまざまなモノがインターネットに接続され、情報交換することにより相互に制御する仕組み）による在庫管理をしているからです。そのため、商品に直接触らなくても箱の外からスキャンするだけで、三万種類のバッグを識別できるのです。

「ラクサス」を利用するには、まず無料会員登録をしていただきます。このとき四〇日間無料で使えるポイントが手に入ります。新規登録一〇〇人のうち、課金ユーザーになるのは八〇人強です。その後九カ月を超えると、継続率は九八％以上になります。

おかげさまで二〇一五年二月のサービス開始以来、会員数は三〇万人を突破しました。四年間の継続率は九一・六％ですから、ほとんどのユーザーはいまだに「ラクサス」を使い続けていただいていることになります。

売上はサービス開始以来二七カ月で一〇〇億円、そして五一カ月で三五〇億円を突破しました。半分の期間で二倍の成長を果たしたということです。

特徴①「SAVE MONEY（お金を節約）」

「ラクサス」のプラットフォームの特徴の一番目「SAVE MONEY」について説明します。

「ラクサス」のビジネスを始めるにあたって、アンケートをとりました。

女性社員を二グループに分け、高額のルイ・ヴィトンから手ごろな価格帯のケイト・スペードまで、たくさんのブランドバッグを用意した部屋に順番に入ってもらって、「これらのブランドバッグを月々六八〇〇円で借りたいと思うか」、それぞれのグループに尋ねたのです。

最初のグループは「ヴィトンの三〇万円や四〇万円するバッグはもうダサい。ましてやそれを借りて使おうとは思わない」「ケイト・スペードのような四～五万円のバッグは、借りるより安く手に入れたほうがいい」と否定的な意見が続出し、最終的に「借りない」という結論に至りました。私は少なからずショックを受け、次のグループの意見を聞く前に「なら、この企画はやめよう。ここにあるバッグをひとつずつ持って帰っていいよ」と彼女たちにいったのです。するとさっきまで「ヴィトンなんかダサい」といっていたのにもかかわらず、みんなそのヴィトンのバッグに真っ先に手を伸ばしたのです。

その光景を見て、私は、彼女たちの言葉を額面どおり受け取るのは早計だと考え直しました。そして、次のグループに対しては「あなたの友人や知人だったら、ここにあるバッグを借りると思いますか」と質問を変えたのです。すると、「私は借りないけど、友人の〇〇さんならきっと借りる」「私の知り合いにも借りる人はいる」などと、なんと全員が「イエス」だったのです。

次に、私は日本のベンチャーキャピタル各社を回って、投資家の意見を聞きました。そうしたら「ブランドバッグは所有することに意味がある、借りようなんて人はいない」という意見がほぼ一〇〇%でした。

現在の「ラクサス」の状況をみれば、日本の投資家の判断は誤っていたことになります。その理由として、たぶん男性は所有欲が強いのでしょう。たしかにフィギュアなどのコレクターや資格マニアは圧倒的に男性が多い気がします。つまり、所有とは男性にとって自己承認なのです。これに対し、女性は他者承認欲求が強いといえます。他人から「素敵なバッグですね」と褒めてもらうことが大事なのであって、それが自分の所有物であるかどうかはそれほど重要ではないのです。

ちなみに、同じ質問をマンハッタンの投資家にしたところ、「ブランドバッグは所有しなければ意味がない」という反応をする人は、ひとりもいませんでした。

当社はグローバル戦略を展開しています。現在世界三八カ国で、ニューヨークのマンハッタン、シンガポール、パリ、ロンドンといった都市でアプリをローンチし、黒字化がみえたところから始めるようにしています。ですからリスクはほとんどありません。パリで失敗したら、その在庫をもってバルセロナに行けばいいだけなのです。

マンハッタンでは事前登録開始からわずか一週間で二〇〇〇万円以上の購買がありました。

ちなみにニューヨークではバレンシアガが日本に比べかなり高い値段で売買されています。ただし、「だからアメリカ人はバレンシアガが好き」ということではなく、単純に広告量の差だと私はみています。バレンシアガは戦略的にマンハッタンに広告費をたくさんかけているのです。「ブランドバッグの中古品は、日本からしか出ない」というのも、私たちが海外進出する理由のひとつになっています。アメリカの場合、中古市場があるのはネックレスや時計などで、バッグは人にあげたり、教会に寄付するのが普通だからです。

AIで継続率を高める

ＫＰＩ（重要業績評価指標）である継続率がなぜ高いのか。それは「ラクサス」が二つのＡＩ（人工知能）を実装していることが関係しています。

一つは、「好き嫌い」など直感で選ぶ心理テストのような質問を行うものです。たとえば、朝日が昇る絵が好きな人はシャネルが好きなので、アプリがシャネルを薦めるとかなりの確率でシャネルのバッグを借りてくれます。逆に朝日が好きでない人はグッチが好きということもわかっています。そういう人にＡＩはシャネルのバッグの写真を見せません。

もう一つは、ユーザーのデータをＡＩが分析して、そのユーザーが好きそうなブランドを提案するというものです。具体的に説明すると、ミュウミュウとバレンシアガが好きな人はプラダも

図1

テクノロジーでユーザーの動向、正確な住居を把握

ユーザーの動向、住居を正確に把握（利用している路線なども把握可能）

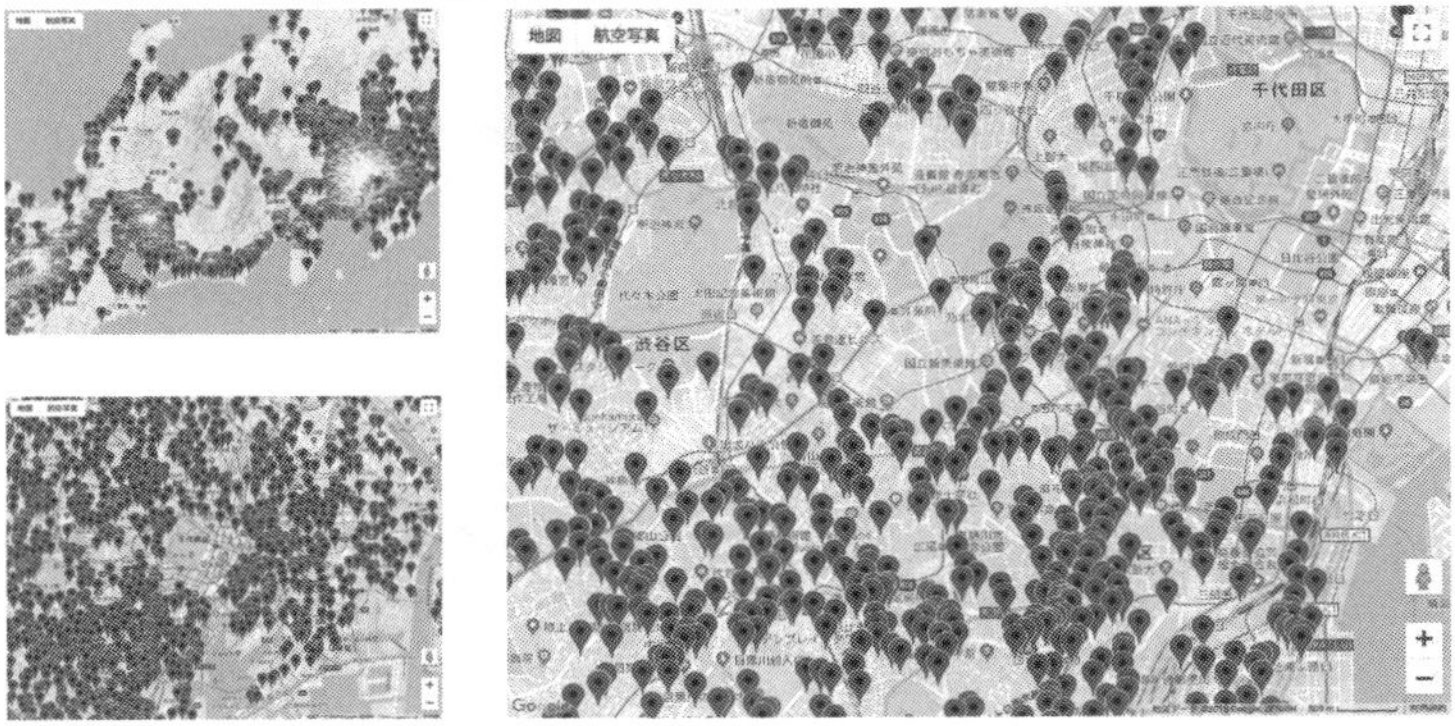

©Laxus Technologies Co., Ltd.

好きなのです。そういうお客様にＡＩはプラダのバッグの写真を見せます。

私たちは二つの企業価値をもっています。

まず、ＥＣ企業としての「ＬＴＶ（顧客生涯価値）×会員数」、次に、データ企業としての「ＧＰＳデータ×会員数」です。

図１は、当社のユーザーがどこにいるか、その分布を地図上で示したものです。これは、次のように使うことができます。

「ラクサス」のユーザーがシャネルのブティックに入るのを確認したら、そのユーザーのスマートフォンに「あなたはいまシャネルのお店にいらっしゃいますね。シャネルのバッグはまだラクサスにたくさんありますよ。本当に買いますか」といった内容のプッシュ通知を送るのです。さらに、帰宅してアプリを開くと、特集ページに自動

的にシャネルのバッグが紹介されているといった具合です。

アプリでGPSデータ収集を許可したユーザーの場合、休日の朝八時三〇分に琵琶湖周辺の家を出て電車で京都に向かい、一一時から一三時までにホテルオークラでランチをし、その後一五時から一六時三〇分までルイ・ヴィトンやティファニーのブティック巡りをしたというようなデータを取れます。ちなみにGPSのオン率は六〇%と、半分以上の人がオンにしています。自分の情報を提供することに対し、四〇代以上の人は抵抗感が強いようですが、若い世代はあまり気にしていないみたいです。

また、「ベネフィットを与えると、ユーザーは情報を開示するようになる」ということもわかっています。たとえば、買い物のレシートをスキャンしてアップロードするようアプリから求められたら、ちょっと怖いと思って拒絶する人は多いと思います。しかし、そのレシートの内容から「こういうものを購入していると、糖尿病になるリスクが高まりますよ」とアプリが教えてくれるなら、それを価値と感じてレシートをアップロードするユーザーは増えるはずです。「ただポイントをつけるからアップしてください」では効果はありません。

特徴②「MAKE MONEY（お金を稼ぐ）」

「ラクサス」のプラットフォームの特徴の二番目「MAKE MONEY」について説明します。

図2

ラクサスのビジネスモデル

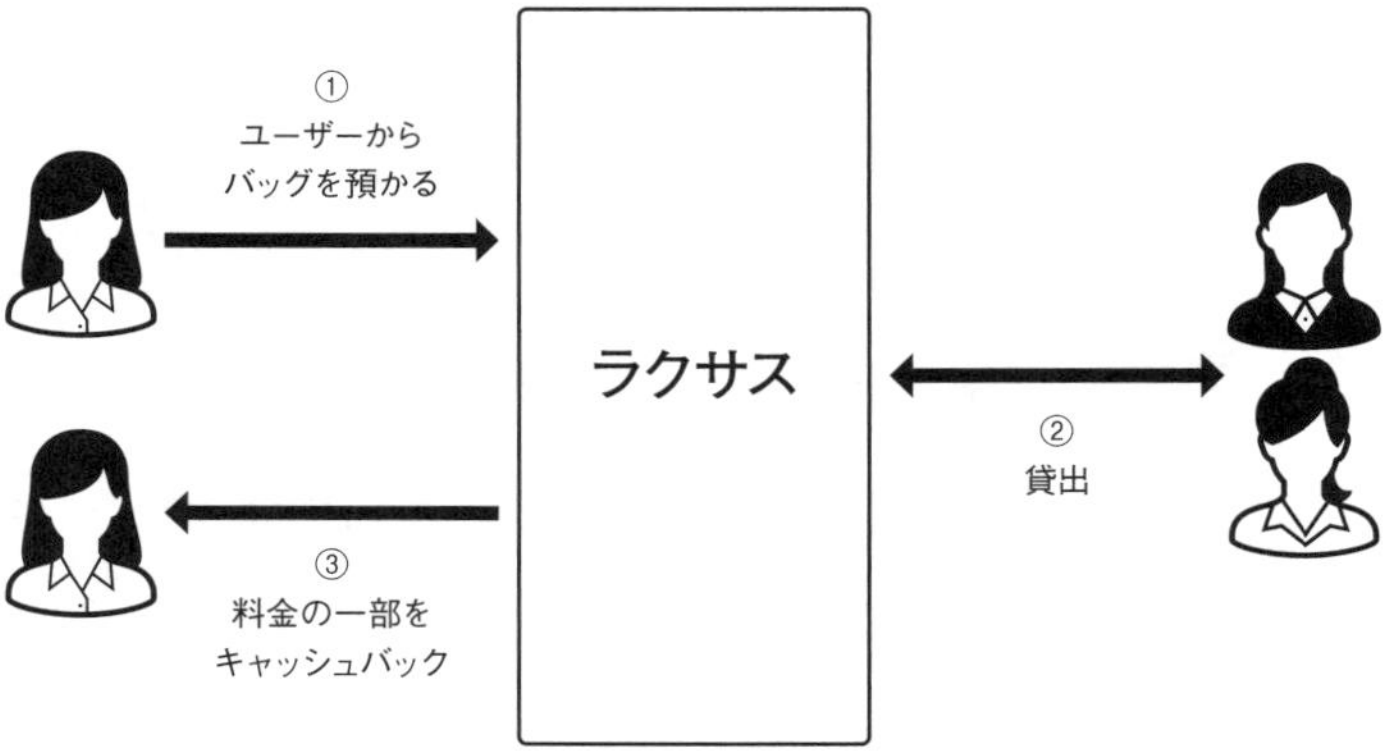

ⒸLaxus Technologies Co., Ltd.

「ラクサス」は借りるだけではありません。ユーザーは、家で使っていないバッグ（＝遊休資産）を誰かに貸して収益を得ることもできます（図2）。

この場合の商流は、「①ユーザーからバッグを預かる」→「②誰かに貸出す」→「③料金の一部をキャッシュバックする」になります。

たとえば、主婦の方が一〇万円で買ったバッグが八カ月で約六万円の収入を生み出したケースもあります。年利九〇％ですから、非常に効率のいいビジネスだといえます。

儲かるだけではありません。当社がユーザーから預かったバッグは、プロが無料でメンテナンスします。角の擦れた部分の色を補正したり、染み抜きをしたりするので、預ける前よりむしろきれいになります。

家にある使われていないバッグを預けることで、部屋がすっきりするというメリットもあります。当社では適温的湿度でプロが管理するので、手元に置いておくよりはるかにいい状態のはずです。

自分たちが所有しているバッグを貸すB2C、それからユーザーの所有するバッグを私たちが預かって貸すC2B2Cに加えて、私たちがもうひとつ考えていることがあります。

それは、「ラクサス」が所有するB2C用のバッグを、利回りが発生している状態で個人投資家に売却するというビジネスモデルです。利回りに加え、値段が一〇万円以下なら償却可能なので節税対策にもなります。

ブランドバッグというと、これまでは女性しかビジネスの対象になりませんでしたが、資産運用ということなら、男性も対象になるというわけです。

特徴③「FREELY（そして自由に）」

最後に「ラクサス」のプラットフォームの特徴の三番目「FREELY」について言及します。

ブティックの棚の前で「こっちのバッグとあっちのバッグ、どっちがいいかな」と女性が悩んでいる光景は珍しくありません。

でも、バッグはほとんどの女性に似合うようにつくられているので、悩んだら両方買えばいいのです。それでも悩むのは、予算が限られているため、どうしても「失敗したくない」という心理が強く働いてしまうからでしょう。

そうすると、冠婚葬祭で使いにくい赤より黒いバッグのほうが無難となり、さらに、ものがたくさん入ったほうがいいとなって、最終的に黒い大きなバッグが選ばれる確率が高くなります。こうなるとファッションはほとんど関係なくなってしまいます。

もっとファッションを自由にしたい。それがラクサスの目指す「FREELY」という考え方なのです。

自己紹介と起業の経緯

ここで自己紹介をさせていただきます。

私は一九七六年九月に広島で生まれました。一九九五年に早稲田大学に入学し、半年後に最初の起業をします。以後、会社の売却などを経て、二〇〇六年に現在のラクサス・テクノロジーズを創業しました。ちなみにこれが四回目の起業です。創業メンバーは四人で、私を含めたそのうち三人がプログラマーです。

当初は洋服のシェアリングエコノミーを考えており、ベンチャーキャピタルから資金調達の目途も立っていたのですが、最終的にバッグを商材に選び、二〇一五年二月に、月額制で高級バッグを使い放題できるサブスクリプション・サービス「ラクサス」を開始します。

洋服を選ばなかった理由は、クリーニングの問題や、季節、サイズなど変数が多すぎて、私にとっては難度が高すぎると感じたからです。

資金はアメリカのパロアルトにあるベンチャーキャピタルＷｉＬ（伊佐山元ＣＥＯ）を中心に約二〇億円を調達しました。

ローンチ後二〇カ月で、日本国内における認知率と利用率は、エアビーアンドビー、ウーバーに続き第三位にランクされました。なお、女性に限ると利用率は第二位です。

サブスクリプションのKPIは「継続率」の向上

ＬＴＶ（顧客生涯価値）の最大化。これがサブスクリプション・ビジネスの課題です。

では、サブスクリプションのＫＰＩ（重要業績評価指標）は何か。前述したとおり、それは継続率です。私たちは常に、どうすれば継続率が上がるかを念頭に行動しています。

継続率を上げるポイントは次の三つです。

1．X回目を使わせる

無料ユーザーを課金ユーザーに転換させないと、チャーン（退会）がなくなるところまでいきません。

当社の場合は、二カ月使うと三カ月目以降の継続率が一気にアップすることがわかりました。ということは、二カ月使っていただくことが重要だということです。

そのため、会員登録時に一万円分のポイントを付与するようにしました。会費が月々六八〇〇円ですから、最初の月の料金をポイントで支払うと、お客さんの手元にはまだ三二〇〇円残ります。そこで解約しても損をするわけではありませんが、多くの人は「残りの三二〇〇円分を使わなければもったいない」という気になり、自分で三六〇〇円を足して二カ月目も継続します。

そうやって二カ月間利用すると、ラクサスの価値がわかってくるので、そのまま使い続けていただけるのです。

同じような例が、あるタクシー会社にもあります。この会社は配車アプリの初回登録時に二五〇〇円分のクーポンをプレゼントします。ただし、一回でその金額ではなく、最初が一〇〇〇円で、二～四回目が各五〇〇円です。一回目のクーポンはアプリを使わせるためのもの、そして二回目以降が継続率を上げるための施策でしょう。おもしろいのは「金額の高いクーポンの有効期限がいちばん長い」という点です。このタクシー会社は「一カ月の間に四回使うと、ロイヤルカスタマーになってもらえる」ということを知っていたのです。

2．ユーザーを教育して、コアバリューを理解させる

以前、サブスクリプションの継続率を上げるには、契約していることを忘れさせる「レ点ビジネス（主に携帯電話やスマートフォンなどの契約時に、販売店が通常の契約と抱き合わせるように有料のオプションサービスなどの契約を勧める販売手法。購入者の同意を得た証拠として、契約書類のチェック欄に〝レ〟形のマークを記入することからこう呼ばれる）」が効果的だといわれていました。でも、ユーザーに契約を忘れさせて継続させるというのはダークサイドのビジネスです。そんなことはやりたくありません。

そこで当社では、ユーザーを〝教育〟し、コアバリューを理解していただくことに力を入れるようにしました。

「新しいものをどんどん使ってください」。これが当社のコアバリューです。データをみても頻繁にバッグを交換する人のほうが高い継続率を占めてしまいます。

もっとも、交換の度に発生する送料は当社の負担となるので、利益だけを考えたらひとつの商品をずっと借り続けていただいたほうがいいのです。しかし、それではローン（貸付）と同じなので、ユーザーの満足度は上がりません。それで、無料期間中にスタンプラリーのような施

策を用意して、交換を促しているのです。

他社の例で説明すると、有機野菜をインターネットで販売している会社は、最初はその会社の用意したお試しセットしか選べないようにしています。じゃがいもだけを注文した人が、それをカレーに入れてしまったら、じゃがいもの本当の美味しさがうまく伝わりません。そこで、初回はにんじんやトウモロコシなど、さまざまな野菜が入ったお試しセットを選ばせて、生で食べてもらうのです。そうして「甘くて美味しい」というコアバリューを理解してもらうことで、継続率を上げているのです。

3.継続可能な価格設定

サブスクリプションで大事なのは、「ユーザーがその金額を払えるか払えないか」ではなく、過去に経験したことのある数字以下かという点です。

私たちが決めた月額六八〇〇円という金額は、誰もが使っている携帯電話の通信料を基準にしました。これを超えなければ継続率は高まると踏んだのです。

実をいうと、当初この金額では採算が取れませんでした。それは、無茶なクレームをつけてくる人や常識外れの使い方をするユーザーがいたために、コストが上がっていたからです。でも、よく調べたら、そのような人たちは全体の一％程度にすぎないことがわかりました。そこで、その一％のユーザーを排除したところ、月額六八〇〇円で成り立つようになったのです。

もうひとつ大事なのは、ユーザーのどのようなアクションが退会の予兆となっているかを見つけることです。これを調べ、退会しそうなユーザーに対しては「大丈夫ですか」と声をかけるなど、先回りしてケアするようにしています。


繰り返しになりますが、サブスクリプションで重視すべきは継続率です。たとえ原価やＣＰＡ（Cost Per Acquisition、コンバージョンを獲得するためにかかった費用）が二倍になっても、継続率が一％上がれば一気に取り返すことができます。

そのためには、「お得なのか」「使いやすいのか」「美味しいのか」「とっかえひっかえなのか」といった、自社のプロダクトサービスの価値をユーザーに理解してもらうことです。

【質疑応答】

Q1　一％のクレーマーをどうやって排除したのか。

児玉　その人のアプリから、借りられるバッグが見えなくなるようにしました。

Q2　ユーザーがGPS情報取得を「ラクサス」に許可するメリットは何か。

児玉　衝動買いによる余計な出費を防げるという点です。それから、必要な情報が届くため、アプリの中身がどんどんパーソナライズされていくというのもあります。

Q3　六五〇〇円や七二〇〇円ではなく、なぜ月額六八〇〇円にしたのか。

児玉　七〇〇〇円までもう少しというところで決めました。

Q4　これまで値上げをしたことはあるか、また価格変更の予定はあるか。

児玉　サービス開始以来、値段はずっと据え置きです。三〇％値上げしても三〇％の退会がない限り、配送コストが減る分、収益率は上がります。しかし、スタートアップということもあって売上高が求められるので、しばらくは値上げをしない予定です。

Q5　一物二価を導入する予定はあるか。

児玉　扱っているバッグにはエルメスもグッチもあって、それらを全部ひっくるめて月額六八〇〇円にしていますから、すでに一物二価だと思っています。

Q6　ユーザーの不正や盗難対策はどうしているのか。

児玉　最初に自費であえてリスクをとって、いろいろなケースを経験してデータを取りました。それをもとに、偽造免許をチェックするシステムや、特定の地域に不自然な伸びがあるとアラートが鳴るシステムなどを開発したので、被害はほぼ防げています。

Q7　最初にユーザーを集める有効な手法は何か。

児玉　「バッグ借り放題」「レンタルＯＫ」「バッグのシェアリング」といった広告は全然ダメでした。効果があったのはＰＲのほうです。一〇〇人ぐらいのフォロワーがいる人とコミュニケーションをとって、その人が「ラクサスはいい」と自分のフォロワーに発信すると、一気にその一〇〇人に広がります。地味ですが、そういう方法がいちばん効率はよかったと思います。

Q8　なぜバッグの価格帯によって、六八〇〇円、一万六八〇〇円、二万九八〇〇円というようにコースを分ける戦略をとらなかったのか。

児玉　とくに男性がプランをつくる場合、携帯電話会社が料金をギガ数ごとに定めるように、価格を分けたがるのですが、そうやって複雑化するとたいていダメになります。「ビジネスはできるだけシンプルなほうがいい」というのが私の持論です。

Q9　「ラクサス」のようなサービスがさらに広がると、人はものを買わなくなっていくのか。

児玉　「これからは〝買う〟から〝借りる〟の時代になる」という人がいますが、私はそんなことはないと思います。目的はあくまでも使うことですから、手段はたくさんあっていい。ものをまったく買わなくなる社会は想像できません。一九九五年にウィンドウズ95が発売されてインターネットやeメールが一般的に使われるようになったときも、「新聞は一〇年後になくなる」といわれましたが、二五年経った現在もなくなっていません。

Q10　「この商品が、この時期に、これくらい出るから、これだけ仕入れる」ということも、AIの分析で読めるのか。

児玉　実は、バッグには流行がほとんどありません。デパートでも売れているバッグの八割はトラディショナルなもので、新作は一部の富裕層にしか売れないのです。

Q11　会員になるのは、もともとブランドバッグを所有している人か。ブランドに興味がない人が会員になることもあるのか。

児玉　「ブランドに興味がない」という会員も一定数いますが、そういう人もシャネルは知っています。だけど、高すぎて買えないとか、「そっちの世界に行かないほうが幸せなのだ」と自分に言い聞かせて制御しているとか、「ブランドに興味がない」というのはそういう人たちなのです。だから、ブランド品の良さを一度味わえば会員になっていただけます。それよりもスマートフォンのアプリですから、入会するかしないかはその人のITリテラシーに大きく依存しているといえます。

Q12　ICタグはバッグのどこについているのか。また、バッグの修理に特別のノウハウはあるのか。

児玉　ICタグはものすごく小さくて巧妙に張り付けてあるので、私にもわかりません。修理に関しては、年にひとつしか直さない街の鞄修理店よりも、一日一〇個直す当社のほうが、ノウハウの蓄積も含め、技術的には上だと思っています。

（二〇一九年六月一日「ATAMIせかいえ」にて収録）

第五章

小売業界のゲームチェンジを地域コネクティッドで勝ち抜く

富山浩樹

PROFILE

富山浩樹

Hiroki Tomiyama

サツドラホールディングス株式会社　代表取締役社長兼CEO

1976年札幌生まれ。札幌の大学を卒業後、日用品卸商社に入社。福島や東京での勤務を経て、2007年株式会社サッポロドラッグストアーに入社。2015年5月に社長就任。2016年春からは新「サツドラ」ブランドの推進をスタートし、インバウンドにも力を入れる。また2016年8月にはサツドラホールディングス株式会社を設立し、代表取締役社長に就任。

サツドラグループの概要

当社は北海道を中心に展開するドラッグストア「サツドラ」の運営に加え、地域マーケティング事業などを行っている東証一部上場企業です。前身は私の父が創業したサッポロドラッグストアーで、私は二代目になります。二〇〇七年に入社し、二〇一五年に社長に就任、その翌年にサツドラホールディングスを設立しました。

事業の中心は祖業であるドラッグストアですが、ここ数年は地域マーケティング、教育関連、POSシステム開発など、多角化を進めています。

当社は自社が狙う市場を、北海道（リージョナル）、日本（ナショナル）、アジア（グローバル）の三つでみており、事業ごとに市場が異なります（次ページ図1）。

すべての事業は「サツドラ」と「北海道」からスタートし、そこで育てたものを商品化したら、よりマーケットの大きいところへ外販・輸出することで成長するという戦略をとってきました。

事業取り組みの背景となる三つのトレンド

以上説明した事業取り組みの背景として、次の三つがあります。

図1

サツドラグループが狙うマーケット

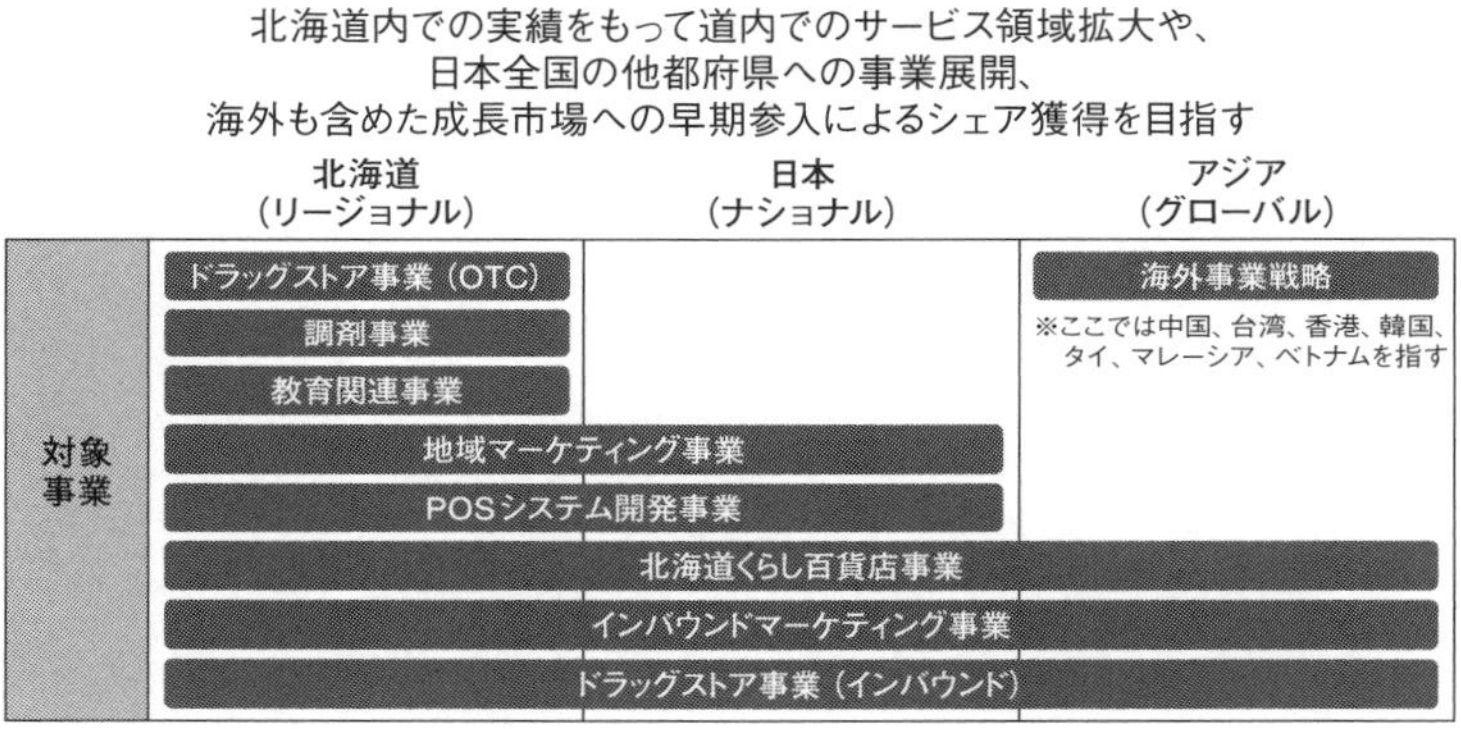

1. 店舗を取り巻く環境の変化

北海道のドラッグストア市場で、当社は全国でもシェアトップのツルハに次ぐ第二位で三〇%超のシェアを有しています。ちなみに道内ではツルハと当社の上位二社が八五%のシェアを占める寡占状態が続いています。というわけで、北海道における当社の知名度は高いのですが、全国ではまだ一八位にすぎず、シェアも一・二%程度しかありません。

ドラッグストア業界は現在、シェア上位企業同士の合併や連携が盛んに行われており、寡占化が進行中です。

また、日本の人口は、一〇年後に現在より五%、二〇年後には一一%減少すると試算されていますが、北海道では、一〇年後

図2

北海道は世界の課題先進地域

は八・一％減、二〇年後は一七・九％減と、人口減少の速度が全国平均を上回っています。さらに、北海道では全人口の約四割が札幌市とその周辺に集中しており、札幌市以外の地域は、二〇年後に現在の人口の約四分の一が減少するとみられています。

2. 地域／北海道が抱える課題

人口減少が進むと、行政サービスの低下や学校の統廃合など、さまざまな社会課題が発生し、それが人口減少をさらに加速させるという悪循環が生まれます。

日本はよく「課題先進国」といわれますが、北海道の現状をみると、まさに〝世界の課題先進地域〟といわざるを得ません（図2）。

図3

消費者の購買行動の変化

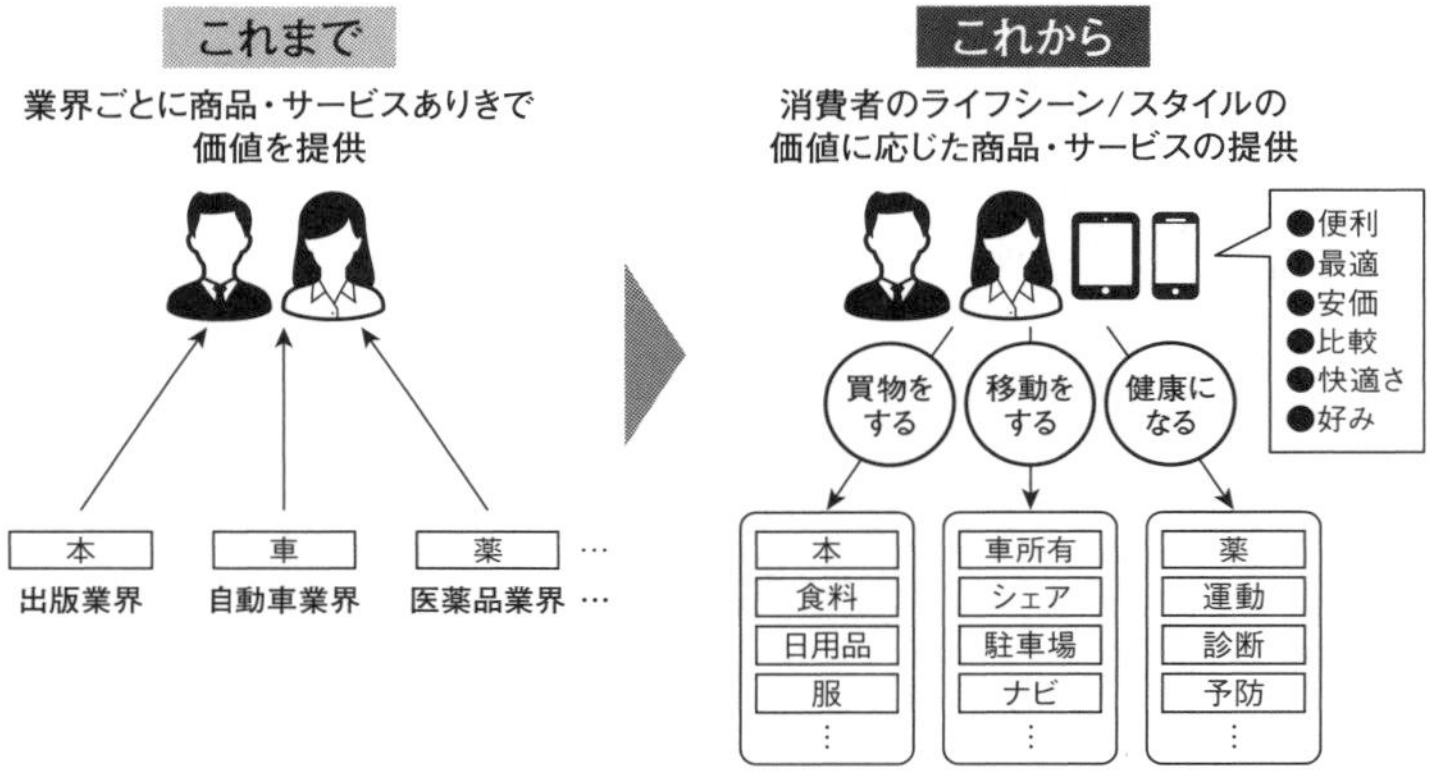

©SATUDORA HOLDINGS CO.,LTD.

その一方で、各種魅力度ランキングや一次産業の占める割合も一位となっています。課題を抱えながら魅力にもあふれていてポテンシャルが高い。それが北海道なのです。

3. 世の中の動き

これまで、「本を出すのは出版業界、車を売るのは自動車業界」というように、業界ごとに提供する商品やサービスは決まっていました。しかし、これからは、消費者のライフシーンやスタイルが起点となり、それらに応じた商品やサービスが提供されるようになり、「業界の壁」というものは徐々になくなっていきます（図3）。決済方法も、技術開発や新たなプレイヤーの出現によって日々進化し続けています。

たとえば、トヨタ自動車は「自動車会社」の枠を超えて、人々のさまざまな移動を助ける会社（モビリティ・カンパニー）になると宣言しました。

アマゾンも、ECから「アマゾン・ゴー」でリアル店舗に進出、さらに、社内の課題解決のためにつくりあげてきた仕組みを「AWS（アマゾンウェブサービス）」として外販するなど事業の多角化を進め、電子書籍サービス「キンドル」のような新たな商材の開発に余念がありません。

富士フイルムも、主力商品であった写真フィルムが衰退する中で多角化戦略に舵を切り、現在ではヘルスケア・メディカル分野が利益の半分を生み出す企業へ変革を遂げました。反対にライバルだったコダックは変化を起こせず、経営破綻しています。

既存の事業者は、現在「自分たちの資産をどのように活用し、事業転換を図るか」を求められているのです。

サツドラホールディングスの役割「北海道から日本や世界を変える」

では、人口が減り市場も縮小する中で、当社はどのような戦略をとるのか。北海道第二のシェアをもつドラッグストアの経営を引き継いだとき、私はまさにこれを決める必要性に迫られました。そして、それに対する私の回答は、次のようなものでした。

一つは、小売り以外、あるいは異業種でも稼ぐ事業展開と、一人当たりのシェア拡大。そして、もう一つは、北海道で成功事例をつくり、それを道外や海外市場に拡大していくことです。

とくに、北海道は〝課題先進地域〟ですから、ここで課題解決の成功モデルを確立し、それを日本や世界で展開するのが、当社の役割だと思っています。

従来のチェーンストアの役割は、どこでも誰でも必要な商品が同じ価格で買えるようにすることで、経済格差や地域格差を解消することでした。当社が利尻島にも出店して札幌と同じ商品を同じ価格で販売しているのは、まさにチェーンストアのこの役割を果たすためです。

しかし、これからの時代のチェーンストアは、商品だけでなくサービスも提供する場にならなければならないと思っています。

具体的には、「人口減少によって、行政や銀行の窓口サービス、学校などがなくなる」といった社会課題を、デジタルを駆使してビジネスで解決していくのです（図4）。

さらに、北海道でそのためのイノベーションを起こしたら、今度はそれを日本の他の地域や海外に展開する。そうして「北海道から日本や世界を変える」のが、サッドラグループの役割なのです。

中期経営計画テーマで掲げた二つの成長戦略

図4

サツドラグループの役割

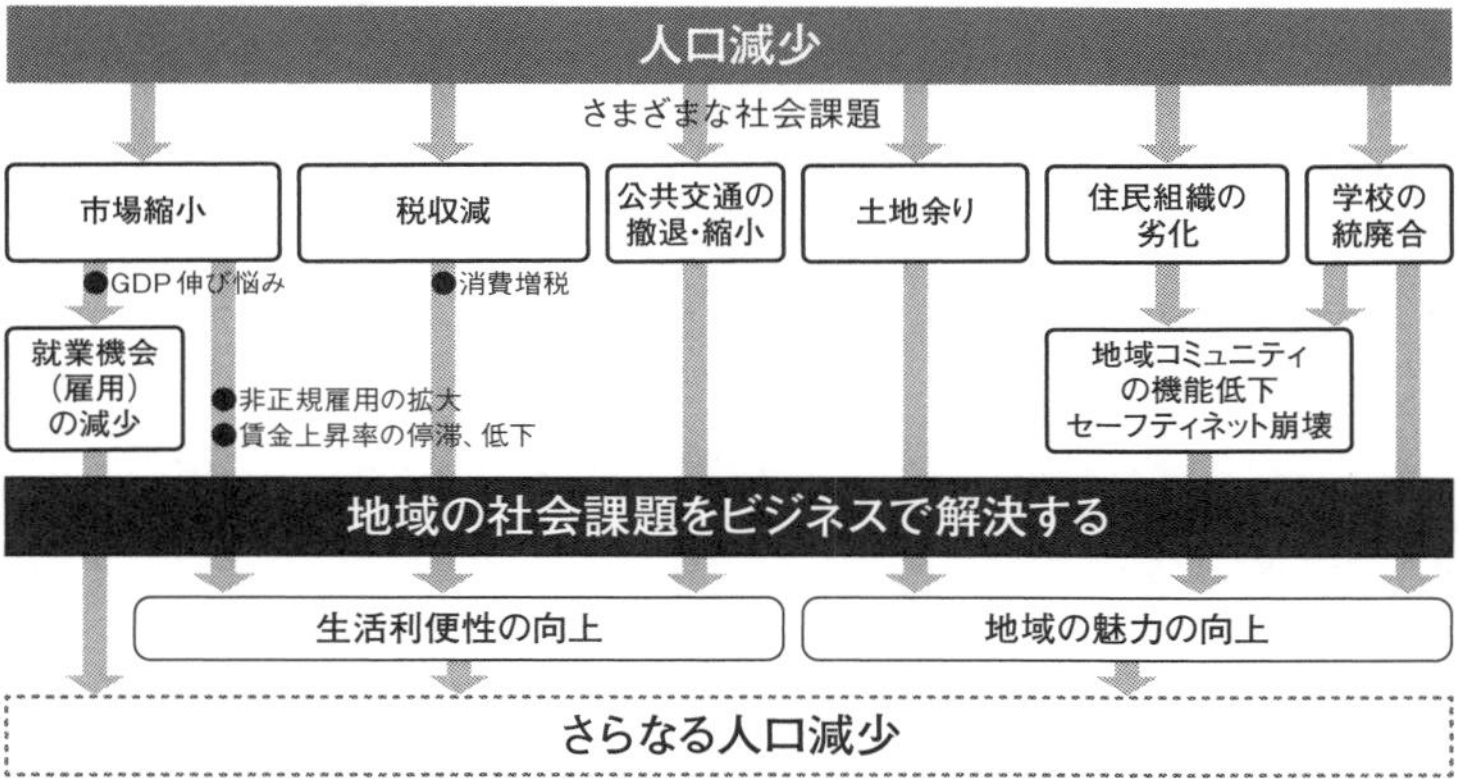

私たちの中期経営計画のテーマは「北海道の深掘り」と「次の成長への基盤づくり」です（二〇一九年講演当時。現在は「新中期経営計画」を策定）。

まず、「北海道の深掘り」とは、第一創業期からここまで大きく育ててきたドラッグストア事業と地域マーケティング事業を、「北海道」というフィールドを変えずに、さらに進化させることです。

次に、「次の成長への基盤づくり」とは、第二創業期においてはこれまでの事業に加え、そこで培ったノウハウを梃子に、日本全国やアジアで事業を大きく展開させる準備を行うことです。

中期経営計画では、具体的に次の二つの成長戦略を掲げています。

1．強固なリージョナル・チェーンストアづくり

北海道の流通市場はこの一〇年間に、ドラッグストアとコンビニエンスストアの二つの業態が成長する一方で、百貨店やホームセンターは伸びていません。

また、当社はドラッグストアですが、食品の売上構成比が四〇％近くまで伸びています。つまり、業種の壁を越えたシェア争いが起こっているのです。

私たちは自社の店舗を「H＆B（ヘルス＆ビューティ）を核とした『生活便利ストア』」と位置づけ、冷凍食品を充実させたり、アンダーウェアを取り揃えたりして、品揃えを強化しています。また、地域の生活者が週に一回は買い物に来たくなる「ウィークリーストア」を目指しています（図5）。ちなみに、当社にとってコンビニエンスストアは一日に何度も訪れるデイリーストア、ニトリのような専門店やホームセンターはマンスリーストアという位置づけです。

当社はもともと札幌でナンバーワンのドラッグストアを目指していたことから、「サッポロドラッグストアー」というブランド名をつけていました。また、「サッポロドラッグストアー」のロゴは赤ですが、同業のツルハやサンドラッグも赤なので、レジで間違えて他社のポイントカードを出すお客様も少なくありませんでした。つまり、これまではドラッグストアとして認識されていても、ブランドによる差別化はできていなかったのです。

そこで、あえてドラッグストアを名乗るのをやめ、固有名詞で勝負できるようになるために

図5

店舗コンセプト“小商圏フォーマット”

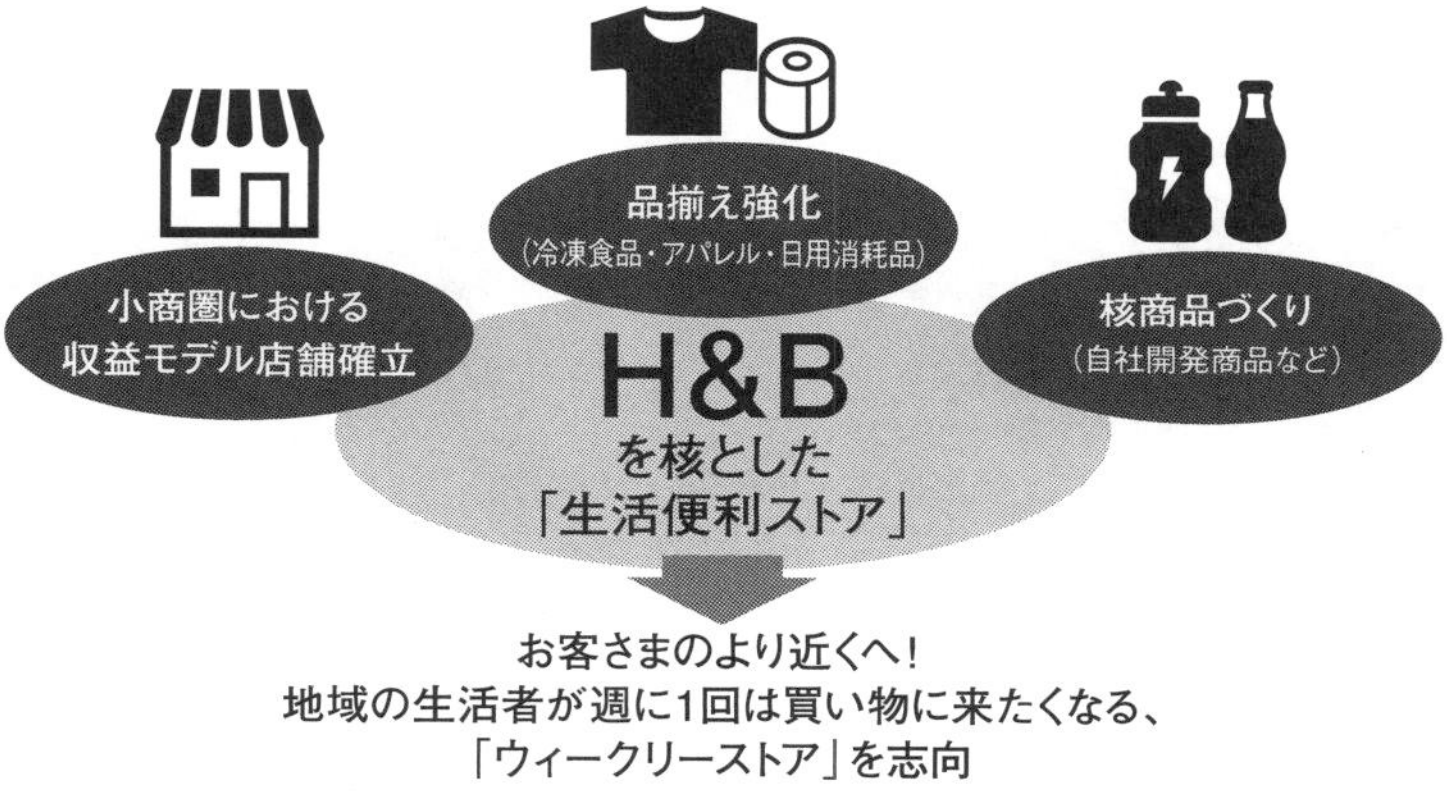

リブランディングを行い、ブランド名を「サッドラ」に変えたのです。

新たなブランドコンセプトは「北海道の『いつも』を楽しく」です。店舗もそのブランドコンセプトに沿ったデザインにし、生鮮食品も扱うなど品揃えの拡充を図っています。

店舗が将来の地域・市民の健康維持・改善を担うことで、その地域におけるプレゼンスの向上を目指すというのも、戦略のひとつです。具体的には、調剤薬局を店舗に併設し、ワンストップで予防から医療までをカバーする、地域包括ケアを強化していきます。

また、その一環として、店舗におけるパーソナルトレーニングジム展開も開始しました。これを導入することで、健康食品の

図6

店舗機能の拡大

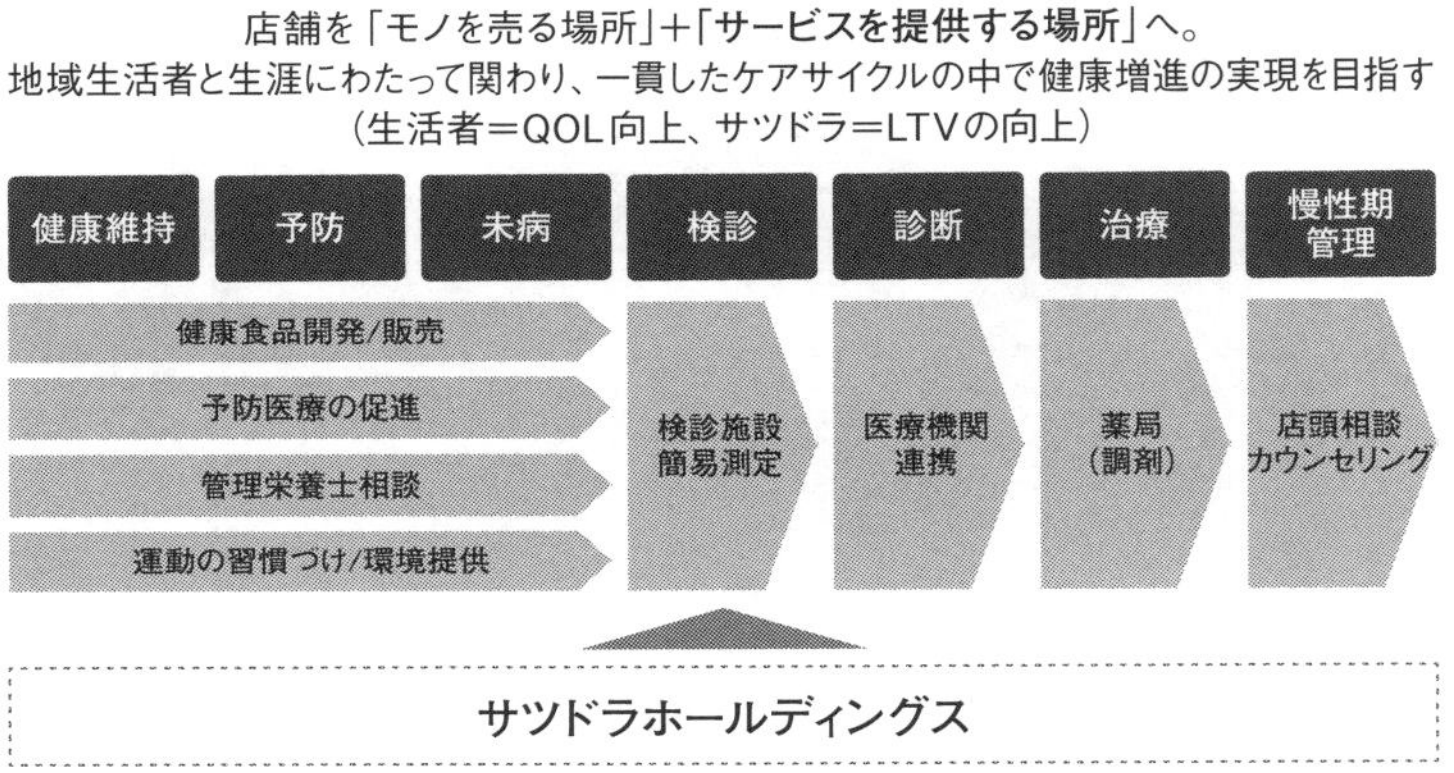

販売や健康相談の増加などのシナジー（相乗効果）が生まれることを狙っています。

トレーニングジム以外にも「健康」を軸として病院や自治体などと連携し、店舗にそれまでの「モノを売る場所」機能に加えて、「サービスを提供する場所」機能をもたせ、健康ハブステーションにしていこうと考えています（図6）。

2. リージョナル・プラットフォームづくり

二〇一三年に　株式会社リージョナルマーケティングを立ち上げました。これは当社にとって小売り以外の最初の事業で、北海道共通ポイントカード「EZOCA（エゾカ）」の運営が軸になっています。

実は、その数年前から複数の大手カード会社から自社のグループに加わらないかというお誘いを受けており、ある会社とは契約寸前までいっていました。しかし、途中で「顧客データはいちばんの資産である」と気づき、自分たちで始めることにしたのです。

ただし、単なるポイントカードでは意味がありません。地域をコミュニティ化していくことが必要なのではないかと考えて打ち出したのが、リージョナル・プラットフォームをつくり、ポイントカードやメディアを中心に、企業と北海道民のハブとして機能するという「EZO CLUB（エゾクラブ）」構想です。

二〇二一年五月末の段階で「EZOCA」の会員数は一九六万人超です。世帯普及率でいうと約七〇％ですから、北海道民の三人に一人以上が所有していることになります。

道内の一二四社・六七九店舗に提携していただき、年間関与売上は四〇〇億円以上になります。これにサツドラの売上も加えると、「EZOCA」の経済圏は一〇〇〇億円を優に超えます。

「EZOCA」の会員構成は、女性比率が約七割です。とくに三〇〜六〇代の女性に支持されており、ママ層の利用が多いという特徴があります。

「EZO CLUB」の活動のひとつに、コミュニティ事業があります。現在は、道内にある約二八〇のコミュニティを支援しています。これに関しては採算度外視です。

それからメディア事業です。冊子をつくり、道内の提携店や幼稚園などに一四万部を配布してきましたが、現在はSNSを活用し、EZOCAのお得な情報やママ向け情報などをタイムリーに配信しています。

サッドラとリージョナルマーケティングは、サッカーチームの北海道コンサドーレ札幌、バスケットボールチームのレバンガ北海道、バレーボールチームのヴォレアス北海道、十勝を本拠地とするサッカークラブの北海道十勝スカイアースをサポートしています。単なるスポンサー契約だけではなく、ポイントプログラム提携を行うなど、マーケティング領域における業務提携も実施しています。

具体的には、「コンサドーレEZOCA」「レバンガEZOCA」「ヴォレアスEZOCA」「スカイアースEZOCA」を利用してお買い物をすると、購入金額の〇・五％分が支援する団体に還元されるという仕組みです。ユーザーの「応援したい」という気持ちが、ポイントを通してチームに届くというわけです。

同じスキームで利尻・礼文の自治体にもサービスを提供しています。

とくに利尻では、狭い島にもかかわらず自治体同士の連携がほとんどできていませんでした。それが、当社の「EZOCA」のサービスが入ってからは、役所の若手を中心に積極的に協力し合うようになったそうです。

利尻・礼文で実施し好評だった「EZOCA」商店街活性化還元モデルは、今後全道の地域・自治体に広げていく予定です。

地域・自治体との取り組み例としては、北海道と「包括的連携協定」、それから札幌市とは

「さっぽろまちづくりパートナー協定」、江差町と「包括協定による協働事業の実施に関する協定」、東川町と「オフィシャルパートナー協定」、利尻町と「包括連携による協働事業の実施に関する協定」をそれぞれ結んでいます（二〇二一年五月時点）。

地域でプラットフォーム事業をつくるというのは、一企業が単独でやろうとしても、たぶん割に合わないでしょう。ナショナル・グローバルサービスのほうが効率いいはずです。

それでも「EZOCA」のサービスがうまくいったのは、「最初はお金にならなくても、つながりができるだけでいい」「最終的にはリアルな小売業のところでマネタイズできる」と割り切ることができたからです。それから企業に対しても、「大手の代理店を使うより安いし、お客様には確実にリーチできます」と当社だからいえたことも大きかったと思います。

リージョナル・プラットフォームづくりの事例

これまで手がけてきた地域事業の事例をタイプ別に紹介します。

1．プラットフォームを「自らつくる」

リージョナル・プラットフォームづくりのうち、地域で事業やプラットフォームをつくるという事例には、小学生向けのプログラミングスクールを開校、パーソナルトレーニングジムをサツドラ店内にオープン、それから株式会社コンサドーレと合弁で電力会社をつくり、再生可能エネルギーを北海道民に提供するようにしたエゾデンがあります。

2．プラットフォームを「外に広げる（売る）」

地域の事業やプラットフォームを外に広げるという事例には、北海道くらし百貨店があります。これは北海道をテーマにしたライフスタイルショップです。

北海道には魅力ある素材がたくさんあります。ところが、これまではそれらを流通に乗せたりブランディングしたりすることにあまり力を入れてきませんでした。

そこで、そういったものを日本や世界に届けるプラットフォームとしてつくったのが、「北海道くらし百貨店」です。

3．プラットフォームと「つなげる」

地域の事業やプラットフォームをつなげる事例もあります。

「どさんこしまんちゅプロジェクト」は、北海道と沖縄が単に連携するだけでなく、地域の共通な課題を解決する「日本の地方創生モデル」をつくろうという意気込みで立ち上げました。これにはすでに双方の地域を中心に約三〇社が参加しています。

北海道の強みをアジア・グローバルへ発信

北海道には観光資源という強みがあり、インバウンド市場が拡大してきました。残念ながら、現在は新型コロナウイルスの影響で、訪日外国人観光客の激減により、市場も縮小してしまいました。ニセコの地価上昇率が全国一位になったのも当時、強みを生かしてインバウンドをうまく取り込めたからです。

サツドラはインバウンド需要に対応するため、北海道内ではニセコ、札幌狸小路、登別温泉などに出店してきました。また、道外では沖縄・那覇市の国際通りをインバウンド・マーケティングの強化地域とみて、力を入れてきました。

インバウンド対策としては単に出店するだけでは不十分と考え、二〇一七年にインバウンド・マーケティングを行うVISIT MARKETING株式会社（現在は株式会社リージョナルマーケティングに吸収）を設立し、サツドラでの実績やノウハウを、すべてこの会社に移管しました。

インバウンドは新しいマーケットなので、多くの事業者が「何をしたらいいかわからない」「これは本当に効果があるのだろうか」と悩んでいました。VISIT MARKETINGはそういうところと代理店契約を結び、信頼できる情報やサービスを提供していたのです。

リージョナルマーケティングはゲートウェイ（決済代行）事業も行っています。五年前には中国の大手ネットプラットフォーマーであるテンセントと提携して、同社のモバイル決済「ウィーチャットペイ」を扱えるようにしました。さらに、アリババともパートナー契約を締結したので、「アリペイ」の決済も可能になっています。

また、PayPay、LINE Payといった国内ＱＲ決済事業者とも提携を進めるなど、道内モバイル決済経済圏を確立し、さらに拡大させてきました。

私たちが行っているのは、加盟店舗や端末数の拡大だけではありません。地域や企業と組んで交通手段などのインフラの環境構築も進めています。

たとえば、バスの乗車券の決済の仕組みをつくり、実証実験を行っていました。車内に整理券の何番がいくらと料金が表示されていても、外国人観光客にはわかりません。だから、どうしてもトラブルが起こります。そういうオペレーション不全を改善し、さらにそこにマーケティングも組み合わせるようなサービスを展開しています。

沖縄でも、株式会社リージョナルマーケティング琉球を立ち上げました。これは琉球インタラクティブ社との合弁で、リージョナルマーケティングで培ったモバイル決済の導入やマーケティング支援のノウハウと、地域のコネクションや既存事業の強みを生かし、沖縄での地域マーケティング事業を展開しています。

図7

デジタルトランスフォーメーションの課題と背景

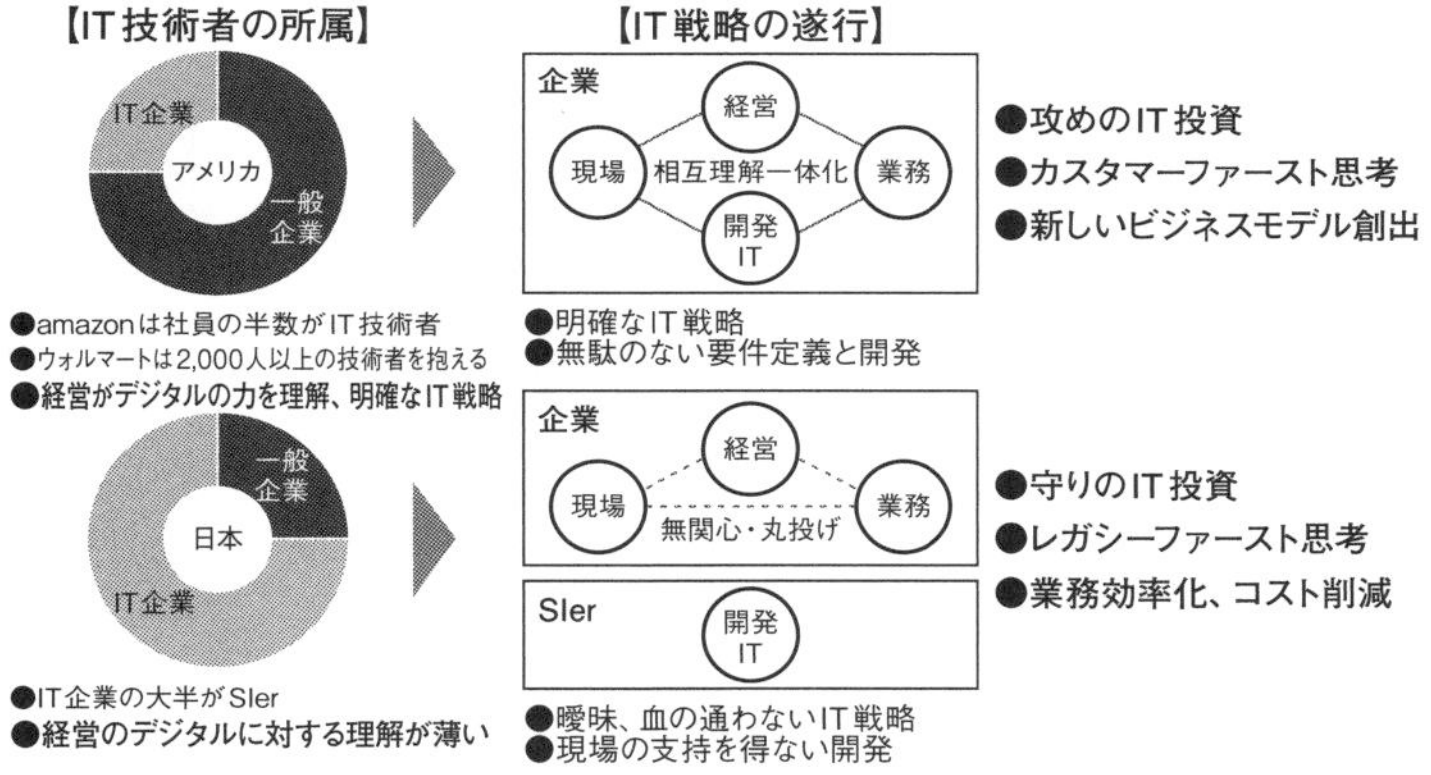

DX（デジタルトランスフォーメーション）の推進と日本企業の課題

私たちのような事業会社でも、DX（デジタルトランスフォーメーション）の導入は急務だといえます。その際、日本企業にはクリアしなければならない課題があります（図7）。

アメリカの場合、IT技術者は全体の約七割が当社のような一般の事業会社に所属しており、IT企業で働いているのは残りの三割程度です。これに対し、日本では、IT技術者の大半がIT企業のシステムインテグレーターで、普通の事業会社にITエンジニアはほとんどいません。社内でITリテラシーがなかなか育たないのはそのためで、せっかくＩＴ戦略を立てても実務は「ＩＴ会社に丸投げ」というケースが多くなってしまうのです。

そこでＤＸを導入するにあたっては、それを推進するための文化づくりと組織体制が重要になってきます。

文化づくりに関しては、まず私自身がプログラミングスクール「テックキャンプ」に参加し、一週間でサービスをつくることのできる技術を身につける「イナズマ」コースを受講しました。どうやったらＤＸを推進できるかを考えるためには、「経営者自らがデジタルの共通言語や価値観を知り、理解を深めなければならない」と考えたのです。もちろんこれには、「会社として本気でＤＸに取り組む」ということを社員に示すためのパフォーマンスという意味合いもありました。

小売業におけるＤＸの実践とシステムの自社開発

それから、当社のような小売業の現場には、パートの方たちもたくさんいて、スマートフォンが決して当たり前ではないし、ペーパーレス化に抵抗がある人も少なくありません。しかし、この最も基礎となる部分がアナログのままでは、いくらＤＸ推進の旗を振っても社内の賛同を得られないでしょう。そこで、チャットの導入や給与明細のペーパーレスといったところから変えていきました。

現在、サッドラホールディングスの中に、ＡＩソリューション開発を行うＡＷＬ株式会社（二〇一九年九月、株式譲渡により、現在は連結子会社からは除外）と、ＰＯＳや基幹システムをつくっているGRIT WORKS株式会社があります。

現実問題として、小売業がＡＩエンジニアを採用した場合、文化が明らかに違うので、彼らがラフな服装で出社するのを他の社員が快く思わないといった問題は必ず起こります。そこでグループ内に別会社をつくって、お互いの文化をすり合わせながら少しずつ距離を縮めていくといったことが必要になってくるのです。

「ＥＺＯＣＡ」をスタートする際、それまでのハード依存から脱却しようと、自分たちでクラウドＰＯＳを開発しました。そのクラウドＰＯＳを製品化するために、二〇一七年五月に設立したのがGRIT WORKSです。

全国のチェーンストア向けに販売を開始し、すでに大手外食チェーンやホームセンターなどの導入実績も出てきており、サッドラのＰＯＳ台数を抜くのも時間の問題です。

最終的には、「私たちのクラウドＰＯＳを日本のＰＯＳ業界のデファクトにする」というのが目標です。

ＡＷＬは、小売チェーンストアに特化したＡＩソリューション開発会社です。既存の防犯カメラをＡＩカメラ化し、店内の監視だけでなくマーケティングや従業員の働き方の最適化などにおいて、多様な価値を創出しています。目標は日本および東南アジアのチェーンストアでナンバーワンのＡＩカメラシェアを達成し、社会の進化に貢献することです。

エンジニアが「このソリューションは使えるか」「どれくらいコストダウンできるか」といったことを、実験レベルではなく実際の店舗で検証できるのが、ＡＷＬの最大の強みだといえます。

ＡＷＬは二〇一七年一〇月、北海道大学内にＲ＆Ｄ（研究開発）拠点を開設しました。東京にいるスタッフはビジネスサイドに限定し、エンジニアは北海道に集中させました。新しい技術開発はほとんど北海道で行っています。

ＡＷＬ社内には、約六〇人のＡＩ人材がいて、その半分以上が外国人です。インド、ナイジェリア、韓国、中国と国籍が多様であるため、公用語は英語です。海外ＡＩ人材の採用に関して、職場が北海道というのはまったくハンディキャップにはなりません。

小売店のＩＴ化で必ず問題になるのは、「データが一元化されていない」という点です。ＩＴベンダーからソリューションが提供されても、現場のオペレーションや販売活動となかなか一致しないのです。

その点、私たちには「世帯カバー率が約七割」という「ＥＺＯＣＡ」のデータがあるので、有利だといえます。

さらに、いま私たちが取り組んでいるのがカメラなどのさまざまな手段で店内外のデータ化を進め、それらを通じて店舗の売上向上と業務効率化を図る、店舗のウェブ化とメディア化です。

また、グーグルなどの協業メーカーにデータを開示し、共同で研究・実験を行っています。たとえば、サツドラの店員による商品の宣伝を、ユーチューブで北海道のある属性のところにだけ流し、どれくらいのアクセス数があり、そのうちの何％が来店し、さらにそこから何％が売り場に寄ったかを可視化するといったことです。

二〇一七年一〇月に、チェーンストアと地域の未来を創るオープン・イノベーション・プラットフォーム「SATUDORA INNOVATION INITIATIVE（現在はR×R Innovation Initiative株式会社に機能を移管）」を立ち上げました。買い物だけでなく、健康、働き方、金融・通貨、移動などに関する研究を、北海道のサツドラ店舗を実験台に一緒にやりませんかと、いろいろな企業に呼びかけてきました。具体的にはトヨタ自動車とモビリティをテーマにしたナビアプリの実証実験、札幌市と健康ポイント事業、パナソニックやPUXとAIカメラを活用した店舗内のデータ化・分析などの取り組みを行ってきました。

サツドラの「店舗」やチェーンストアという「規模」に耐え得るソリューションやシステムを、IT会社ではつくれません。裏を返せばそこに当社の強みがあります。

今後は、小売り向けAIソリューションやリアルタイムクラウドPOSなど、私たちがその強みを生かして育てたものを商品化し、さらにマーケットの大きなところに外販・輸出することで、私たちはさらなる成長を目指していきます。

ドラッグストアビジネスから地域コネクティッドビジネスへ

当社のミッション「健康で明るい社会の実現に貢献する」は、一九七二年の創業以来変わっていません。非常に普遍的なものだと思っています。

そして、これをこの時代で実現するために「ドラッグストアビジネスから地域コネクティッドビジネスへ」と定義づけました。

地域コネクティッドビジネスの中に、「ライフコンシェルジュ構想」があります。これからの店舗の役割は、単にモノを売るだけでなく、「モノ×サービス」の提供へと変わっていきます。お客様に何かを案内したり、コミュニティの場になったりと、新たなサービスを追求していきます。

健康を軸とした「健康プラットフォーム化構想」や、「どさんこしまんちゅ」のように地域の事例を他の地域とくっつけて新たな競争力を生み出すこともやっていきます。「EZOCA」という共通ポイントプログラムを軸にした北海道のプラットフォームづくりの先には、地域通貨も見据えています。

最近は「スマートシティ構想」のように、テクノロジーを軸に新しいことをやろうという動きが盛んになってきていますが、私はそこにコミュニティとそこに生きる人の感情を掛け合わせることが重要だと思っています。

地域のあらゆるヒト・モノ・コトをつなぎ、地域をつなぎ、日本と世界の未来を変えていく。それがサツドラホールディングスのコンセプトです。

【質疑応答】

Q1　北海道ではどれくらいのユーザーがサツドラとつながっているのか。

富山　「EZOCA」は世帯普及率約七〇％で、ユーザーの六〜七％に毎月サツドラで買い物をしていただいています。

それから「EZOCA」はあえて単体でブランディングをしていないので、サツドラが運営していることを知らない人もいます。プラットフォーマーとして、それは望ましい傾向です。

Q2　「EZO CLUB」に同業が二社入っていても問題ないのか。

富山　クリティカルマス（グループの意思決定に影響力を及ぼすことが可能な量）が三〇％といわれているので、同業であってもシェア合計が三〇％になるまでは入ってもらってかまいません。

ただし、私たちは加盟店同士の交流を大事にしていますから、一緒に何かをやれる経営者かどうかという基準もあります。

Q3　サツドラでECはやらないのか。

富山　以前やったことはありますが、全国向けのECは方向性が少し違う気がして、現在はやっていません。

当社は店舗での体験を重視しているので、店舗で買った商品に宅配機能をつけるような発想で、サービスをつくり直しているところです。

Q4　CSR（企業の社会的責任）にも取り組んでいるのか。

富山　それほど大きな利益を上げているわけではないので、CSRだけでは続きませんから、「いかにそこにビジネスを結びつけられるか」という視点で考えています。

Q5　DXに舵を切るとき、エンジニアの採用などは何年間に何人体制にするといった大きなガイドラインを最初につくったのか。それとも個別に積み上げていったのか。

富山　たとえばPOSの内製化を決めたとき、最初からエンジニアをそろえて全部自分たちでつくろうとしたわけではなく、いちばん重要な要件定義や設計の部分は自分たちでしっかりやるために人を採るが、残りは外部に出すというようにしていました。

Q6　大手のポイントカードでは、「コスト負担の割にメリットが少ない」といって脱退する加盟店が増えている。「EZO CLUB」でそういうことは起きていないのか。

富山　「EZO CLUB」は中小企業を対象としているので、利用しやすいよう最初から大手の半額くらいの手数料で提供しています。ですから、コストを理由に脱退するような話はほとんどありません。多いのは「ポイントやデータの生かし方がわからない」といった声のほうで、これに対しては共同販促のようなウェットな対応を惜しまないようにしています。

Q7　介護事業はやっているか。

富山　「EZOCA」の会員には介護事業者やデイサービスもあり、そういうところを店舗とつなぐことはすでにやっています。

（二〇一九年六月一日「ATAMIせかいえ」にて収録）

※数字情報や事業内容などは一部、二〇二一年五月時点のものに更新しています。

第六章

「料理人向けEC」のラストワンマイルを変革する

松田雅也

PROFILE

松田雅也

Masanari Matsuda

八面六臂株式会社 代表取締役

1980年生まれ。大阪府出身。京都大学法学部卒業後、2004年4月UFJ銀行（現三菱UFJ銀行）に入社。2005年10月独立系ベンチャーキャピタル入社後、取締役パートナーを経て、2007年5月、エナジーエージェント株式会社（現八面六臂株式会社）を設立し、代表取締役に就任。2009年6月、第2種通信事業（MVNO）を行うG-モバイル株式会社の取締役に就任し事業拡大に貢献。2010年9月、同社取締役を辞任し、2011年4月より、料理人向けEC事業「八面六臂」サービスを開始。

図1

八面六臂の事業内容

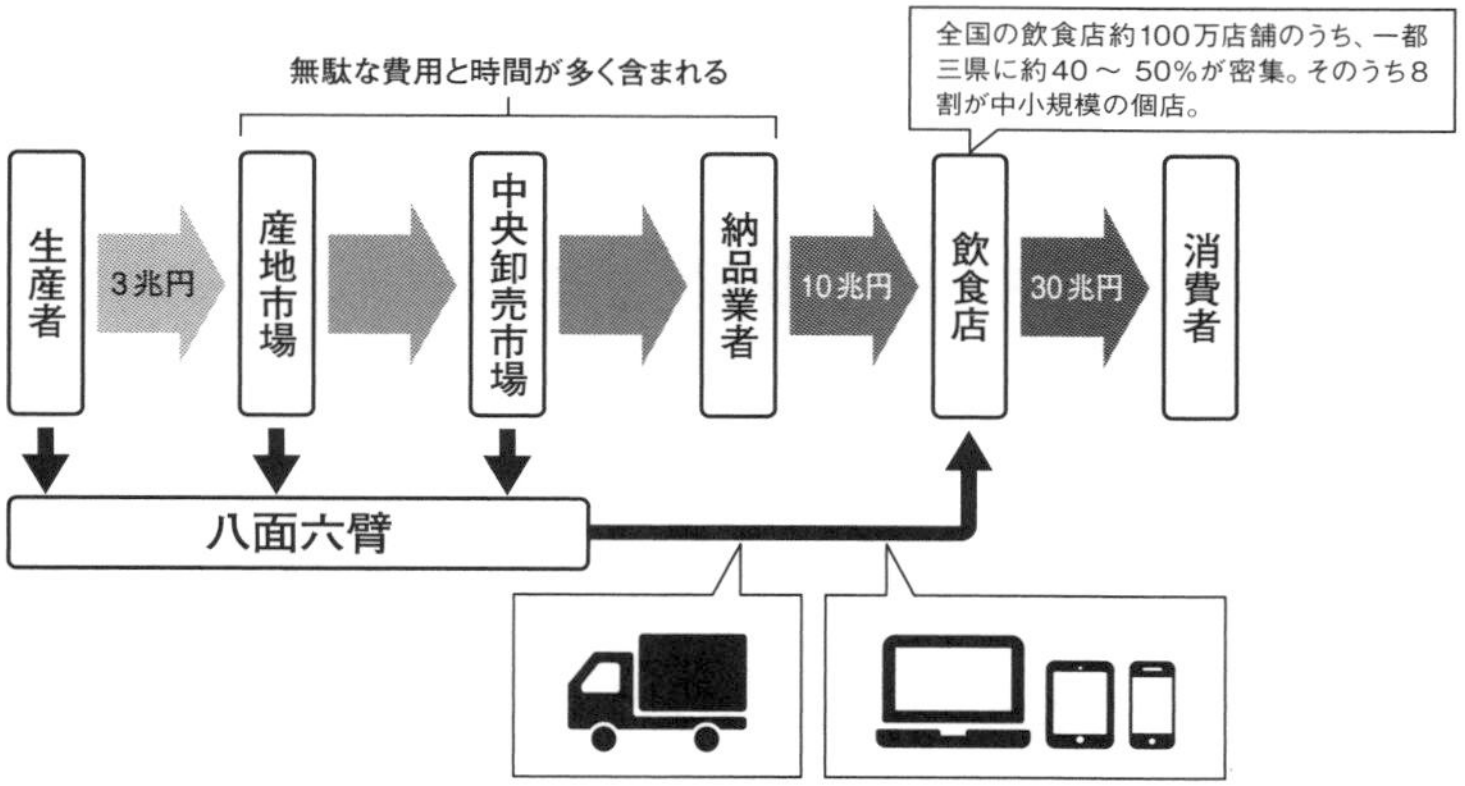

「八面六臂《はちめんろっぴ》」の事業紹介

私たちの事業を一言で説明すると、料理人向けのEC事業になります。豊洲市場や大田市場などの中央卸売市場経由の仕入れに加えて、全国各地の産地市場や生産者、商社などからの仕入れも組み合わせて、お値ごろ価格で高品質な食材を豊富な品揃えで提供しています（図1）。

食材という商品は、お客様にインターネットからダウンロードしていただくようなことはできませんので、誰かがお客様のところへ配達しなければなりません。したがって、物流をどう構築するかが非常に重要になりますが、私たちの事業ではそれを一〇〇%自主物流網で展開しています。

対象エリアは東京都、神奈川県、埼玉県、

千葉県の一都三県で、顧客対象層は飲食店のみに絞っています。お客様からの受注については、一〇〇%ウェブからの注文としており、最近の傾向では、注文の約八〇%はスマートフォンから発注をいただいています。

ちなみに、なぜ社名を「八面六臂」にしているのかというと、「多方面に活躍する」という四字熟語としての意味合いもありますが、この「八面六臂」というテキストを聞いたときに、既存のなんらかの事業やサービスがお客様の頭の中に存在していないので、当社がこのテキストでサービス展開することで、お客様にこの「八面六臂」というテキストでサービスを一度覚えてもらったら、この言葉から当社以外の何かをイメージすることがなくなるという点がポイントです。ベンチャー企業として漢字の社名はちょっと渋い印象があるかもしれませんが、料理人というお客様特性上、「グローバルフード」のようなカタカナ社名はあまり受けが良くなかったので、漢字で考えたという経緯もあります。

事業コンセプトと食品流通業界の課題

当社の事業コンセプトは「good food, good life.」というフレーズで表されます。その内容は、「自分たちが食べに行きたい飲食店のお客様へ、自分たちが食べたい商品を販売する」というものになります。

食品流通業界では、「自分たちが食べに行きたくない飲食店」をお客様としている会社や、「自分たちが食べたくない商品」を販売している会社が、本当にたくさんあります。それはなぜかというと、「自分たちが食べに行きたい飲食店」となると、大型チェーン店というよりは中小飲食店で、顧客単価の高いところはもちろんのこと、安くても食事が美味しく、そして楽しくいただけるお店となるわけですが、こういった顧客層は、規模が小さい割に非常に気難しく、また営業やマーケティング、与信管理上でもたいへん手間がかかるので、大企業はなるべく相手にしないようにするからです。

また「自分たちが食べたい商品」となると、規格化されて味わいよりも価格が優先された冷凍商品よりも、旬に応じたさまざまな生鮮食品となるわけですが、そういった商品は少量多品種で、賞味期限管理も難しいため、これまた大企業はなるべく取り扱いたがらない傾向にあります。

しかしながら、一消費者としてマーケットを見た場合、飲食店の八割以上が中小飲食店であるという市場規模の大きさに鑑み、この顧客軸と商品軸の難しさを乗り越えた先に、ビジネスとしての未来があるのではないかと考えたわけです。また、これまで複数回、事業の失敗をしてきた経験があるのですが、ひとりの人間として、この事業コンセプトが自分に対して嘘をついておらず、自分や家族、社員に対して正直になれることができそうだということも、この「good food, good life.」を事業コンセプトにした大きなポイントでした。

当社の顧客層についてもう少しわかりやすく説明すると、たとえば、会社の同期と久しぶりに五人ぐらいで集まって「ちょっと晩ご飯でも食べに行こうか」となったときに訪れる店が私たちのお客様のイメージです。そういったシチュエーションの際、おそらく廉価チェーン店は選ばないだろうし、一方で、銀座の一等地にある高級店のような格式高いところも選ばないと思います。和洋中は問いませんが、一人三〇〇〇～四〇〇〇円くらいで美味しく食べられる飲食店、そんなお店が当社のお客様になります。

ただし、そういうところをお客様にすると問題が発生します。

まず、営業やマーケティングが非常に困難です。チェーン店なら本部と交渉すればいいだけですが、中小飲食店は一軒一軒営業して、お客様を獲得していかなければなりません。

それから、商品の配送についても、チェーン店の場合は中央センターに一括納品すればよかったりしますし、何よりもひとつの店舗からまとまった注文をいただくので、配送コスト率を低くすることができます。しかし、中小飲食店の場合、まずそもそもいつ注文をいただけるかどうかもわからないので、配送ルートを組むのが難しいし、受注する商品が少ないと配送費が見合わなくなることも多々あります。

他にも、飲食店への配送の難しさについては、商品特性上から、既存の宅配便などを使えないという問題もあります。たとえば、水産物は底面に穴が開いた発泡スチロール箱に氷を入れて運ぶのが通例ですが、これだと配送中に水が漏れるため、宅配便業者だけでなく、普段ドライ品を運んでいる運送業者も嫌がって取り扱いをしてくれません。ブリやカツオなどの大型商品であったり、そもそも冷凍品と冷蔵品の温度管理が必要という点でも、どういった配送方法をとるのか、多くの課題が尽きません。

さらに、商品代金の決済も簡単ではありません。一般的な通販のようにクレジットカード決済でやればいいではないかと単純に思われがちですが、飲食店の仕入れは、繁盛店だと月に一〇〇万円を超えることも頻発しますし、通常のお取引でも一店舗で月間二〇万〜三〇万円ぐらいとなるため、継続的なお取引を前提とすると、クレジットカード決済は現実的ではありません。では、単純に掛け売り販売にすればよいかというと、やはり業界的には与信リスクや資金回収コストが大きくなりやすいため、下手をすると債権焦げつきで大きな痛手を負うことになります。

中小飲食店への商品販売につきまとうこれらの難点を、どう構造的にクリアしているかについては、後述させていただきます。

工業製品と一八〇度異なる生鮮品の特徴

創業当時は水産物の取り扱いからスタートし、その後、青果や精肉といった生鮮三品へ品揃えを広げてきました。現在は非生鮮食品の拡充にも力を入れており、調味料や資材、チーズやフォアグラなどの輸入食材など、飲食店の食材仕入れなら当社でほとんどまかなえるぐらいのラインナップを用意しています。

先ほどお話ししたとおり、水産物や青果などの商品は、少量多品種であるだけでなく、規格や相場が日々変動しますし、供給も不安定です。賞味期限も短いものが多いので、工業製品を売るのとまったく違う性格のシステムとオペレーションが求められます。

チェーン店と中小飲食店で分かれる市場環境

現在日本には、飲食店が約一二〇万店舗あり、そのラストワンマイル流通の市場規模は約一〇兆円です。そして飲食店の半分は一都三県に集中しており、その市場規模は約五兆円になります。この五兆円のうち、チェーン店が占める割合が約二～三割で、残りの部分が中小飲食店への流通高になりますが、ポイントは、その中小飲食店への流通業界において、大手企業が存在していない点です。

また、チェーン店と中小飲食店への食材流通業者は、構造的にきれいに分かれています（図2）。チェーン店と中小飲食店では、まず使う食材の性質が異なります。「属人的でない食材を属人的でないシェフが扱う」というのがチェーン店の意義なので、そのようなチェーン店が仕入れる食材は、必然的に規格化された食材が多く、そういった食材の供給においては、規模の経済性を追求できる大企業がしのぎを削っているというかたちです。

図2●

飲食業界の市場環境

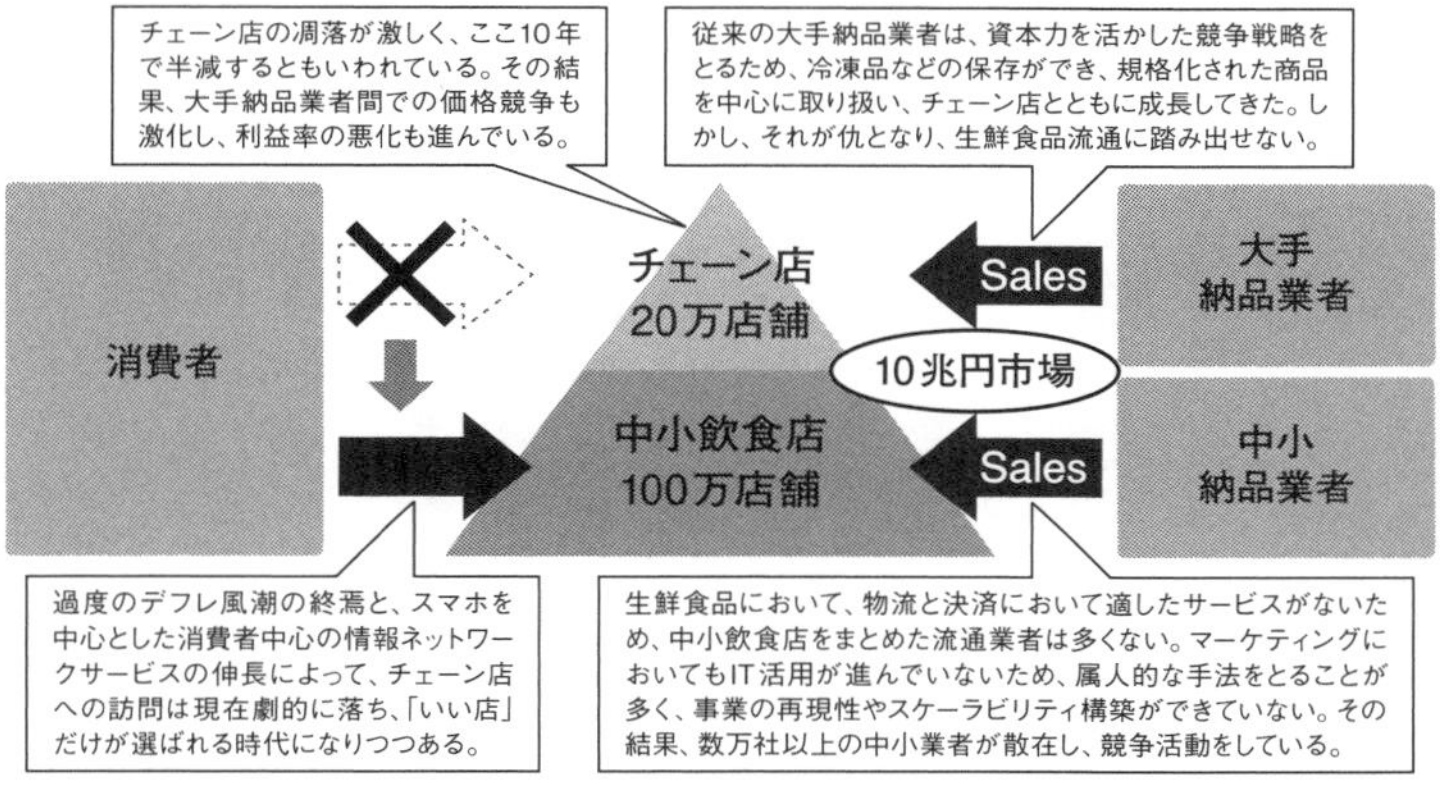
チェーン店の凋落が激しく、ここ10年で半減するともいわれている。その結果、大手納品業者間での価格競争も激化し、利益率の悪化も進んでいる。
従来の大手納品業者は、資本力を活かした競争戦略をとるため、冷凍品などの保存ができ、規格化された商品を中心に取り扱い、チェーン店とともに成長してきた。しかし、それが仇となり、生鮮食品流通に踏み出せない。
消費者
チェーン店
20万店舗
中小飲食店
100万店舗
10兆円市場
Sales
Sales
大手
納品業者
中小
納品業者
過度のデフレ風潮の終焉と、スマホを中心とした消費者中心の情報ネットワークサービスの伸長によって、チェーン店への訪問は現在劇的に落ち、「いい店」だけが選ばれる時代になりつつある。
生鮮食品において、物流と決済において適したサービスがないため、中小飲食店をまとめた流通業者は多くない。マーケティングにおいてもIT活用が進んでいないため、属人的な手法をとることが多く、事業の再現性やスケーラビリティ構築ができていない。その結果、数万社以上の中小業者が散在し、競争活動をしている。

© Hachimenroppi Inc.

一方、中小飲食店への食材供給については、先述した物流や決済をまとめ上げていくプレイヤーがいなかったことで、結果として、数万社以上の中小納品業者が属人的な事業を展開することで、その任を負ってきました。しかし、競争相手数が多いということから、バブル以後、需給が逆転してからは価格競争が激しくなり、非常に利ざやの薄い商売を展開しているところが増えていきました。また商品特性上の問題から、業務オペレーションのシステム化がしづらいということで、業務効率が悪く、それが価格や品揃え、品質に反映されてしまったりと、適切なサービスが発展することができませんでした。

ちなみに、一九八〇年代から九〇年代はチェーン店が全盛でした。まだインターネットが普及していなかったこともあって、消費者が飲食店情報をそれほどもっておらず、「よく知っているから」とチェーン店が選ばれることが多かったのです。ところが、最近はみなスマートフォンを使ってさまざまな飲食店について簡単に調べられるし、調べなくてもSNSなどで情報が勝手に集まってくるため、人々がチェーン店を選ぶ比率はかなり小さくなってきています。そして、そのしわ寄せが大手の納品業者にいっているのです。

では、これから大手納品業者が中小飲食店のほうに進出してくるかというと、それはありません。チェーン店と中小飲食店では、食材の性質も、使っている業務システムも、まったく異なるため、大手納品業者は参入してこられないのです。

今後は、チェーン店の来客者はさらに減り、「いい店」だけが残るようになるでしょう。そして、そこに大手納品業者は容易に参入することができません。ゆえに私たちに勝機があるというわけです。

食材ECにおいて、デジタルは本質ではない

では、全国に一〇〇万店舗ある中小飲食店にどんな戦略で入っていくか。もちろんデジタルが武器になりますが、それは一義的には、本質ではありません。料理人が食材を買うときに判断するポイントは「価格」「品質」「品揃え」の三つだけです。ここが優位であれば、ITだろ

うが、電話だろうが、ＦＡＸだろうが、注文の手段は別に何でもかまわないのです。

逆にいえば、ＩＴを使って勝てるならＩＴを使うべきですが、「ＩＴを使いさえすれば勝てるわけではない」ということを肝に銘じないといけません。

飲食店は古いマーケットですが、古いなりにいい仕入れをして安く売っている既存業者もたくさんあります。いくらＩＴを活用しても「価格」「品質」「品揃え」で勝てなければ、料理人から選ばれることはないのです。そこに気づかず二〜三年であえなく撤退していったベンチャー企業を、私もこれまでずいぶん見てきました。

たしかに、どんな品揃えかをＦＡＸで送られるより、スマートフォンで好きなときに閲覧できるほうがいいに決まっています。だから、その部分も決して無視できない要素ではあるのですが、それ以前に「価格」「品質」「品揃え」に優位性をもたせることのほうが大事なのです。もう一歩踏み込んでいうと、ＩＴを使うことで「価格」「品質」「品揃え」の向上につながるから、そのＩＴを使うのだということです。

ビジネスの要諦は「目標設定」と「可視化」

当社は正社員が約一五名で、あとはアルバイト約三〇名と契約ドライバー約三〇名からなる組織です。

私には金融事業などの職歴がありますが、それと比較して食品流通事業というのは、本当に手間暇がかかり、利ざやも薄いビジネスだと思います。しかし、ビジネスである以上、本質はどちらも同じで、つまるところ「お金を使って、お金を効率的に稼ぐこと」が大事になります。そのためには、お金をどう集めてきて、どこにどう使い、どれくらいのパフォーマンスを上げるかを計画し、その後、定点観測しながら、うまくいっていないところがあったらチューニングすることが大事になります。

だからお金を使う活動については、なるべくすべてにおいて指標を決め、計測する仕組みをつくる必要があると考えています。

たとえば、当社の場合、商品を仕入れるバイヤーには大きな業務権限がありますが、その一方、どういった期間の中でどういった数値結果を出すのかについて、細かく目標設定されており、その結果数値については、月次だけでなく、週次や日次で全社的なダッシュボードを通じてリアルタイムで共有されています。

また、バイヤーなどの高い役職の人員だけでなく、フルフィルメントセンターなどでピッキングなどをするアルバイトについても、彼らの業務内容に応じて、パフォーマンスの目標設定や数値管理のルールなどを定めており、可視化されるようになっています。とくにセンターのアルバイトの場合、人数も多いので、動かす金額が大きく、一方で「人間」という不確定性の高い要素を、いかに想定どおりにコントロールするかは、とても大事です。創業当時などは、気合と根性など、情といった感情的なものを鼓舞しながら、多くのアルバイトを管理するといった手法をとる管理者もいましたが、人数も増えてくると、やはり性悪説の立場に立った「ドライ」な管理が必要になるものです。

たとえば、同業他社のセンターなどで、「よく遅刻するアルバイトがいて困る」という話を聞きますが、そういった場合、どう対処するかについて聞いてみると、「遅刻常習犯が遅刻の癖が直るまで、根気強く注意して励ましていきます」みたいなことをいう人もいますが、それで果たして結果が出るでしょうか？　当社では、フルフィルメントセンターのアルバイトについては、理由のいかんを問わず、月三回の遅刻や欠勤があれば即、雇用を打ち切るというルールを徹底させています。また、ピッキングなどの業務についても、すべて電子的なログを取得するシステムになっており、想定される作業スピードよりも遅い場合、一定回数の警告を踏まえて改善がなければ、その場合も雇用契約の更新はしないと決めています。厳格な運用かもしれませんが、そういったことを徹底していくことで、想定したかたちで、「フルフィルメントセンターの運営」というお金の使い方が効率的になっていきます。

また、マーケティングや営業などの活動も同様に考えています。当社が手がけている「物販」という事業は、「①仕入れる」→「②販売する」→「③届ける」→「④代金を回収する」というシンプルな構造です。それぞれの工程で、出していきたい結果に対して、「もっと資金効率の高い方法はどれなのか」をコツコツとトライアンドエラーを繰り返しながら、より良いかたちに仕上げていっています。たとえば、「販売する」という工程で、当社は現在、ＥＣサイトという形態をとっていますが、別にそれがＦＡＸだろうが、飛び込み営業だろうが、手段はどれでも良いわけです。ただ、当社の事業領域において最も費用対効果が高いものはどれかを検証していく中で、現在のかたちになったということです。

当社の強みとデジタル化への対応

当社にはいくつかの明確な強みがあります。

1．決済管理

一〇年以上にわたる飲食店との取引実績データを背景に、株式会社ラクーンと提携し、中小飲食店向けの独自決済インフラを構築しています。飲食店というのは、一般的に与信管理しづらいと考えられていますが、中小飲食店かつ短期債権という観点でみると、実は相対的にはデフォルト率が非常に低い優良債権になります。ですから、その取引実績データを踏まえて、株式会社ラクーンを通じ、当社債権を金融市場にバルクで売却し、流動化するという仕組みを考案しました。

これによって、売掛債権の現金化が早まるので、流通業でありながら、経常運転資金が一切いらない事業構造になり、資金効率がきわめて高い貸借対照表になります。

2. ロジスティクス

当社事業領域におけるロジスティクスは、「集荷」「フルフィルメント」「配送」の三つのポイントがありますが、その中で、とくに「配送」に関しては、先述したとおり、既存の宅配業者が不得手とする「水まわり品を含む即日クール便」の配送網を自社で構築していることが大きな強みです。物販では、いかに安くていい商品でも、配送コストが高く、納品が遅ければ、お客様から選ばれることはないわけです。中小飲食店および食料品という領域を絞り、また配送エリアも絞ることで、配送時間や配送コストを管理することができるようになりました。

また、「フルフィルメント」についても、ドライ品や冷凍品を扱うセンターはたくさんありますが、冷蔵品、とりわけ鮮魚などの水が出る商品のフルフィルメントセンターは、そう多くはありません。センターというハード面だけでなく、センター内オペレーションが特殊であるということが背景なのですが、やはりこの部分を自社運営にすることによって、コスト管理だけでなく、商品品質や品揃えなど多岐にわたる面で、事業上の優位性を構築しています。

3. 商品力

物販である以上、やはり良い商品をいかに安く仕入れられるかが、最も大事なのですが、一〇年以上の事業実績を背景に、現在では市場構造の中心部から非常に有利な条件で商品を仕入れることができています。創業したばかりのときは、お客様も少なく、買いつける力も実績もないため、仕入先からまったく相手にされませんでした。「そのときそのときの商品力に応じた顧客をコツコツと獲得し、それによってさらなる商品力を得て、また新たな顧客層を開拓していく」ということでしか大きくなれないのが生鮮食品業界の特徴です。その点で、すでにその実績があるということが、新規参入してくる競合他社と比較して、当社がやはり強い側面となっています。

また仕入れの価格面だけでなく、決済サイトについても、長年の取引実績を背景に、一般的な生鮮食品の決済サイトと比較して、かなり長いサイトにすることができており、先述したキャッシュフロー経営という点では見逃せないポイントになります。

4. システム開発

物販に伴う「仕入れる」「販売する」「届ける」「代金を回収する」という各工程で発生してく

るオペレーションを、いかに効率的に処理するかという点で、システム開発は重要なポイントになります。人手をかけずに、大量の情報を速く正確に処理することで事業構造コストを安く抑え、それによって商品価格を合理的に安く設定し、さらに顧客を獲得していくという流れはシステムなしではあり得ません。

ただ、生鮮食品流通においては、市販されているパッケージソフトでそのまま使えるものはないといっても過言ではなく、自分たちで仕様を考え、要件定義しながら制作してきたわけですが、これも一〇年以上かけてつくり上げてきたシステム群全体が、当社の強みです。ＥＣサイトのショッピング機能を管理する機能だけでなく、顧客管理システム、商品データベース、入出庫を管理するＷＭＳ、決済管理システム、配送管理システム、マーケティングシステム、従業員管理システムなど、そのシステムは多岐にわたります。

ちなみに、現在、「クラウド」という名のもとで、いろいろなＳａａＳ製品がありますが、業務の一部だけをデジタル化するのではあまり意味がないという点で、当社では利用については否定的です。事業全体の設計を見て、なるべく自社の仕組みに合ったものを、外注ではなく、自社でつくれるよう、組織を整えるべきです。そのほうが結果的に、コストや時間の面で有利だと考えています。

5. マーケティング

販売手法をECサイトに絞ったことで、CPA（顧客獲得コスト）やチャーンレートが下がっただけでなく、「営業職」という属人的な要素から解放されることで、再現性をもったマーケティング活動を安いコストで展開できるようになりました。

既存の競合他社は、いわゆるセールスドライバーというかたちで、顧客数の増加に合わせて営業職という固定費を積み上げつつ、一方で、従業員の退職や採用といった悩ましい管理コストにも対応を迫られた経営をしているわけですが、時代の変化によって、お客様のほうでも、営業職が来てくれるサービスよりもECサイトで欲しい商品が安く購入できるサービスのほうを選択するようになってきたことで、当社の販売手法が追い風になっています。ましてや、旧来のFAXといった前近代的な情報提供手段を使っている会社は、早晩、市場から駆逐されていくと考えています。

お客様が欲しい商品を、なるべくお値ごろな価格で、豊富な品揃えで、いつでもご覧いただくことができるようにし、潜在的な需要に対しても、データ分析を武器に、システムが自動的に商品提案をするということがマーケティング活動としてできることは大事です。

中小企業でＩＴ化が進まない理由と経営者の役割

少々余談になりますが、なぜ中小企業でＩＴ化が進まないのかという話をします。

たとえば、「ＩＴ化していないこと」の象徴として、ＦＡＸというものがありますが、そもそも、会社の中にＦＡＸがあって、事業上のなんらかのオペレーションで利用されているうちは、到底ＩＴ化は望めないでしょう。そのような背景の下、仮に、ある会社のシステム部長がＦＡＸをなくそうとしたところ、営業部長（大体の場合、システム部長よりも立場が強い）が飛んできて「ＦＡＸがなくなると、お客様が商品を注文できなくなるではないか！」と文句をいい出して、結局、ＦＡＸをなくしきれないという話をよく聞きます。

デジタル（ＩＴ化）というのは、すべて一％でもアナログが混入してしまうと、アナログになってしまうという性質があります。一通のＦＡＸでの受注があるために、そこに記載されている情報を読み解き、受注と処理するための人間を配備しなくてはいけませんし、それはすべてコストとして跳ね返ってきます。

ＩＴ化を進めるための難しい一面は、ＩＴ化によって一部のお客様を切り捨てることができるかということです。事業全体を見れば、ＩＴ化に大きなメリットがあるとわかりながら、ＩＴ化についてこれない一部のお客様に引きずられて、ＩＴ化を成し遂げられないわけです。

さらに、もうひとつの難しい一面は、ＩＴ化によって事業全体が効率化しているにもかかわらず、社内の人員を減らすことができない（人件費を下げることができない）ことがある点です。不要な人員をカットする、または配置転換させるという判断は、通常の正社員や役職者にはしんどいことです。

つまるところ、中小企業のＩＴ化が進まない理由というのは、上記のようなお客様を切り捨てたり、不要な人員を切り捨てたりするという経営判断を社員まかせにして、最高責任者である社長が実行していないからということに尽きます。極論をいえば、「どういったＩＴ化をするのか」という仕様設計や要件定義という仕事は、システム開発部がすることではなく、経営者そのものがやらなければとダメだと考えています。

経営指標に関する考え方、中期的な資金投資戦略

繰り返しますが、「お金を使って、お金を稼ぐ」のがビジネスの本質です。そして、それをどうやって実行するかを、常に経営者の視点で考えることが重要だといえます。

それには、「資金を投下したら売上が上がるのか、原価率がよくなるのか」「投資した分は何年で回収できるのか」といったことを計算し、本当にそうなるのかどうかをキッチリ見ていく必要があります。

会社で使う一円単位で、その一円は、どれだけのパフォーマンスを期待されていて、結果、そ

のパフォーマンスはどうだったか、そして今後どうすればさらに効果的になるかを考えるということを、社長だけでなく、社長以下、すべてのメンバー（アルバイト含む）が、それぞれの権限の範囲内で考えられるようになるといいです。そのためには、なるべくルールや目標を言語化し、そしてそれらを計測できるシステムを用意することが肝要です。そして、つくるだけでなく、それらがちゃんと動いているかについてチェックをし続けるということが、何よりも大事です。

今後の成長戦略と「食のコンツェルン」

約一〇兆円規模の飲食店向けラストワンマイル流通市場において、私たちがターゲットとしている関東圏の中小飲食店の市場規模は三〜四兆円です。そこに資金を投資しながらＩＰＯ（新規株式公開）の準備も進め、気がついたら三〇〇〇億〜五〇〇〇億円くらいの、「食のコンツェルン」をつくり上げていきたいという青写真を描いています。

これからも基本は物販ですが、物販をしているとさまざまなデータが蓄積されますので、それらを利用した周辺事業も展開していこうと考えています。

たとえば、飲食店を裏口から見ていると、料理人の良し悪しは割と的確に判断できます。「この店つぶれるな」ということはすぐわかるし、逆に「この人が店をやれば流行る」ということもわかります。ただ、いい料理人でもお金がないと、「腕はいいけど、結局雇われ料理人」で終わってしまう人も少なくありません。

だから、そういう人に開業資金を融資し、食材も買ってもらうというビジネスはできると思います。「流通」のうえに、「人材」と「金融」という事業の柱を立てるということです。

なお、現在の事業展開エリアは一都三県ですが、国内でこれ以上エリアを広げる予定はありません。もし広げるなら海外です。すでに香港で一部始めています。

事業を行う場所が香港でも、東京の八王子でも、考え方は同じです。現地に物流と決済の仕組みをもたないと展開できませんから、IPOで調達した資金を使って、国ではなく町単位で攻めていき、最終的には「食のコンツェルン世界版」ができあがることを思い描いています。

目指すは、プロフェッショナルな組織

ビジネスで最も大事なことは何かといったら、それは最終的にはやはり利益です。「売上高が大きいのに利益が少ない会社」があるとしたら、経営が下手だと思って間違いありません。

ベンチャーで勢いがあるうちは当座の利益が無視されがちですが、やっぱりビジネスは利益を出すために行っているのですから、「当社は三年後にこれだけ利益を出していきます」ときっちりコントロールできているのが当たり前です。そうでないと、ビジネスではなく、単なる博打

になってしまいます。

また、経営者なら「見栄を張らない」ということを厳しく心に期すべきでしょう。成長速度は事業の種類によって違います。ところが、起業家の中には、一〇年かかる事業なのに「三年でこれだけ利益を出す」などと見栄を張って、投資家からお金を集める人がいます。この場合、うまくいけばいいですが、現実的には三年後に係争が起きるのは当然です。

ベンチャーは、売上高が小さかったり、成長に時間がかかったりすると、投資家にそこを指摘されることが多いので、つい見栄を張ってしまいがちです。実は、かつての私もそういうところがありました。しかし、いまはそういう虚栄心が抜けて、事実を隠さず、そのまま伝えるようにしています。投資家の中には、三年間で投資金額を回収したい人ばかりではなく、一〇年かかってもボラティィリティ（株価変動率）が低いほうがいいと考える人もいるのですから、根気よくそういった方を見つけて理解してもらえればいいと最近は考えています。見栄がお金を生むことはありません。

最後に、当社の人事に対する考え方にも触れておきます。

周囲のベンチャー企業をみていると、顧客対応についてはものすごく努力しているのに、自社の社員に対してあまり気を遣っていないところが多いようです。

私は、社員というのは、「社内にいるお客様」だと最近考えています。給料が安かったり、仕事が面白くなかったり、嫌な上司がいれば、いまの時代、どんどん辞めていきます。もっと良い職場が他にあるのだから、仕方がありません。昔と違い、情報は溢れかえり、お客様が価格や品質を見比べて商品を購入するように、社員も会社を選ぶ自由と権利があるわけです。ですから、求人に対しても適切にマーケティングを行い、適切な価格設計と職務内容、人事査定をきちんとしてあげないといけません。

当社でも、創業当初は人事制度がなかったため、組織としては非常に不安定な時期がありました。採用時に前職の給与などを基準に採用してしまい、社内の給与水準で不公平が発生してしまうと、そういった「誰がいくらもらっている」という情報はあっという間に広まります。そして「なんであいつがあの仕事であんなにもらっているのか」という不満が溜まり、組織としてのパフォーマンスが大いに下がりました。

現在はきちんと人事考課のルールを整備し、ホームページにも求める人材像や、入社後の処遇などをすべて載せています。飲食店のお客様に対して、一物一価でわかりやすく販売しているのと同様、社員の誰に対しても公平で、中途採用でも前職の給与をベースに上積みするようなことはしません。

ちなみに、評価は数字をもとに行うので、巷でよくいわれるモチベーション管理は一切行いません。いってしまえば、結果さえ出してくれればモチベーションが低くても別にかまわないと私は思っていますし、モチベーションが上がらなければ結果が出せないという人間は、プロフェッショナルではないので、当社では不要です。

年齢も、性別も、国籍も関係ありません。実力のある人間がどんどん上がっていくようになっています。

このようなことを明示しておくと、広告費用が高い求人媒体に出稿しなくても、優秀な人が自分でしっかりその情報を調査し、自然と応募してきてくれるので、最終的に採用コストは下がります。その結果、そのコストを給与水準のアップということに還元できれば、さらに好循環につながります。

ちなみに、当社でもそうでしたが、人事考課ルールがなかった会社が人事考課ルールをつくり、その内容に基づいて組織を精査していくと、大半の社員が退職することになるかもしれません。導入期は経営者としては非常にしんどい時期ですが、その死線をくぐり抜け、プロフェッショナルな組織がつくり上げられると、とても統率力がとれた戦闘力が高い組織に仕上がり、経営がしやすくなります。

【質疑応答】

Q1　貴社で内製したシステムの外販はしないのか。

松田　先ほど、外部のクラウドサービスはお勧めできないといいましたが、それと裏表でして、仮に当社のシステムを販売しても、それをそのまま使える会社はないと思います。当社のシステムは、当社の事業オペレーションに即してつくられているので、事業オペレーションの速度が遅い会社だったり、デジタルデータでの経営ができない会社では使いこなせないわけです。

Q2　安く仕入れて安く売るのではなく、安く仕入れてサービスなどを充実させ、利益を最大化するプライシングというのも考えられるのではないか。

松田　短期的な利益と中長期的利益という観点があります。短期的な利益を重視するならば、目先の利益を最大化すればいいわけですが、中長期的な利益を重視するならば、多少、短期的な利益を犠牲にすることもあると考えられます。

Q3　チームで仕事をしていたら、個人の貢献度を数値化するのは難しい。そういうデータを取りにくい部分はどのように評価するのか。

松田　その難しい問題をロジカルに考えて答えを出すのが経営者の仕事です。たしかにチームプレイでデータにするのが困難な場合というのはありますが、それでも目標やデータを取れる仕組みを考えるべきでしょう。そうしないと誰がどう頑張ったかわからなくなるし、そうなると、大体の場合において、頑張らない人間が出てきてしまい、組織のパフォーマンスも悪くなります。

Q4　お客様の声の聞き取りはどうしているのか。

松田　自社サービスのクオリティを測るためにお客様の声を聞くのは、バイヤーの最重要ミッションのひとつです。また経営者である私自身にとっても最重要なものなので、定期的に行っています。

ただ、これに関しては、デジタルデータを分析するのもいいのですが、結構アナログなかたちが効果的だったりします。具体的にはアンケートをとったり、定期的に電話をして「何か悪いところはないですか」と聞いたりしています。大事なお客様だと、訪問してヒアリングしたり、ＬＩＮＥのグループを個別につくって、気軽にクレームやご要望をいっていただけるようにしています。とくに、理由がわからない状態で発注頻度が落ちたときは、店の改装や休業など、お客様理由での発注停止ならいいのですが、当社が認識していない当社の不手際が原因の場合もあるので、すぐに電話をかけてそのあたりを確認し、フォローするのが鉄則です。

（二〇一九年六月一日「ＡＴＡＭＩせかいえ」にて収録）

パート2
サブスクリプション・ビジネス編

第一章　**大前研一**
（株式会社ビジネス・ブレークスルー 代表取締役会長、
ビジネス・ブレークスルー大学 学長）

第二章　**佐川隼人**
（テモナ株式会社 代表取締役社長、
一般社団法人日本サブスクリプションビジネス振興会 代表理事）

第三章　**高梨 巧**
（株式会社favy 代表取締役社長）

第四章　**三枝幸夫**
（株式会社ブリヂストン Nest Lab.フェロー）※講演当時

第五章　**佐別当隆志**
（株式会社アドレス 代表取締役社長）

第六章　**小川紀暁**
（ななし株式会社 取締役）

第一章

サブスクリプションが変革するビジネスモデル

大前研一

サブスクリプション・ビジネスとは

商品・サービスを都度購入して使用するのではなく、一定の料金を支払うことで一定期間サービスを受け続けることができるサブスクリプション・ビジネスが注目を集めている。ただし、これは別に新しいサービスというわけではない。

たとえば、新聞の定期購読を思い浮かべてもらいたい。私たちは読みたい記事があるときだけ代金を支払って新聞を届けてもらっているのではない。毎月の購読料を支払うことで新聞が毎日届くというのは、まさにサブスクリプション・モデルである。

電気やガス、水道も、その都度ではなく従量課金に基づいて一カ月単位で料金を支払っている。これもサブスクリプション・モデルだ。

では、サブスクリプションとレンタルが異なる点は何か。これはいたって明確で、課金形態の違いである。利用時だけ代金を支払う都度課金がレンタルである。これに対し、定額制や従量制で恒常的にお金を支払う継続課金がサブスクリプションだ。

「従来型の売切り」「レンタル」「サブスクリプション」三モデルの違いを図式化すると、図1左のようになる。

図1

「所有」から「利用」への流れが加速

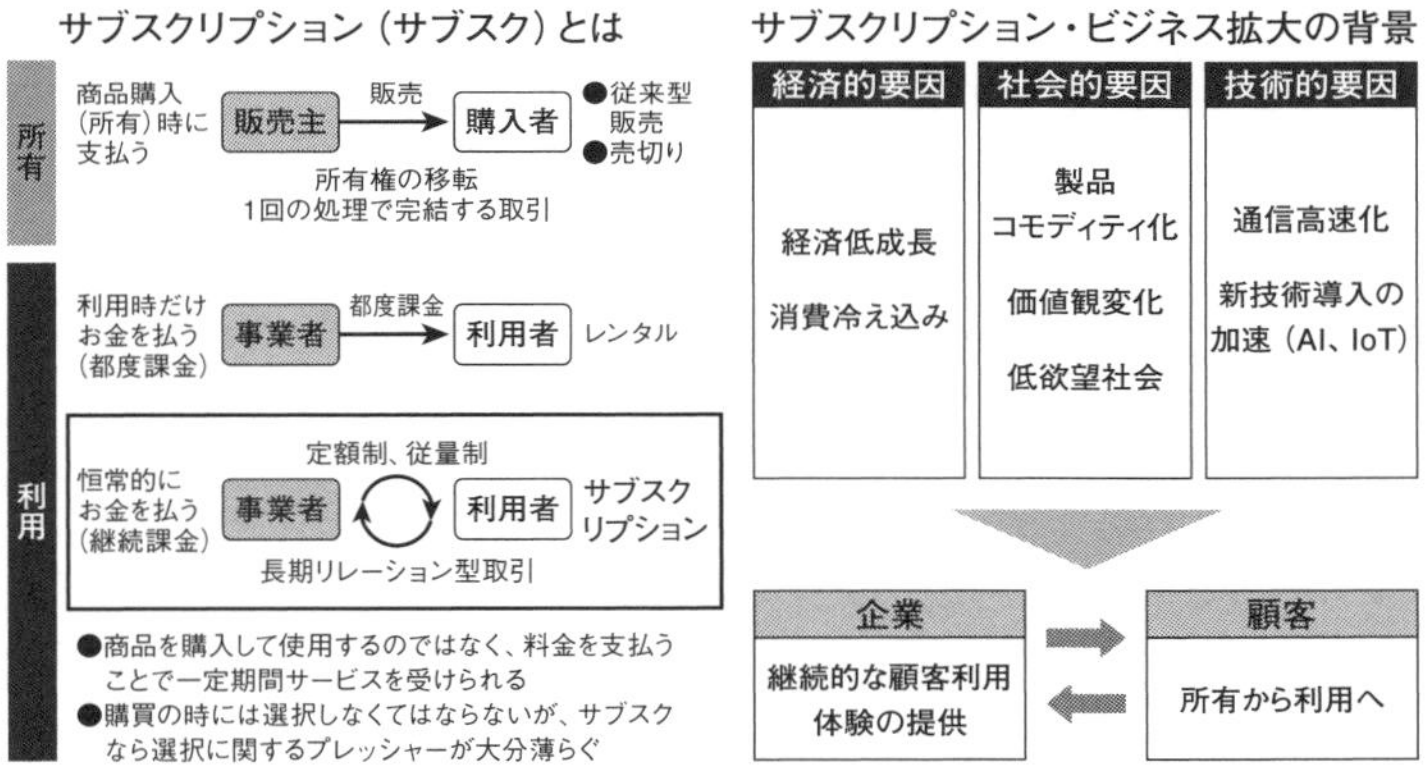

資料：BBT大学総合研究所、「日経産業新聞」2019/1/30 © BBT大学総合研究所

サブスクリプション・ビジネス拡大の背景

近年サブスクリプション・ビジネスが拡大している背景として、以下の三つの要因が考えられる（**図1右**）。

一つ目は、経済的要因である。景気の長期低迷が続いたことで消費が冷え込み、モノが売れなくなってきた。

二つ目は、社会的要因である。製品のコモディティ化（市場価値が低下し、一般的な商品になること）が進み、モノを所有することよりも利用できることに価値を感じる消費者が増えてきた。加えて、世界的な〝低欲望社会〟の到来である。

三つ目は、技術的要因である。通信の高速化に加え、ＡＩ（人工知能）、ＩｏＴ（モノのインターネット）といった新技術の導入が進んだこと、およびスマートフォンの普及である。
さらに、もうひとつ見逃せないのが物流の進化だ。このおかげで従来の音楽や映画などのデジタルコンテンツのサブスクリプションだけでなく、洋服や靴などのモノのサブスクリプションが可能になったのである。

サブスクリプション・エコノミー・インデックス

サブスクリプション型のビジネスを営む企業向けにＳａａＳ（必要な機能を必要な分だけサービスとして利用できるようにしたソフトウエアもしくはその提供形態）アプリケーションを開発・販売・提供しているズオラによれば、サブスクリプション市場はこの七年で三〇〇％以上成長している（図2左）。一方、「S&P500 Sales Index」や「US Retail Sales Index」をみると、小売市場のほうは二五％しか伸びていない。成長率では圧倒的にサブスクリプションが勝っているのだ。

日本国内に目を向けると、二〇一八年度のサブスクリプション・サービスの市場規模は約五六二七億円である。これが二〇二三年には約八六二三億五〇〇〇万円に拡大すると予測されている。

図2

新サービスが続々登場するサブスクリプション

サブスクリプション・エコノミー・インデックス

【参考】国内の2018年度のサブスクリプション（定額）サービス市場規模は5,627億円、2023年度には8,623億円に成長すると予測されている（矢野経済研究所調べ）

主なサブスクリプション・サービス

マイクロソフト	●「ワード」「エクセル」「パワーポイント」を月額利用できるMicrosoft 365
アドビ	●Creative Cloudと呼ばれるサブスクリプション型の「年間契約のライセンス形態」に移行
ネットフリックス	●月額990円で映画やドラマが見放題
スポティファイ	●月額980円で4000万曲以上が聴き放題
エアークローゼット	●月額6,800円でプロスタイリストがコーディネートした洋服が借り放題
ラクサス	●月額6,800円でブランドバッグが借り放題
プロヴィジョン	●月3万円で東京・六本木の高級フレンチが食べ放題の「プロヴィジョン」

資料：zuora、総務省「情報通信白書」 ©BBT大学総合研究所

主なサブスクリプション・サービス

ここ数年の間に、さまざまなサブスクリプション・サービスが登場している（図2右）。

マイクロソフトの「Microsoft365」は、「ワード」や「エクセル」「パワーポイント」を月額で利用できるサービスだ。

アドビは、「Adobe Creative Cloud」と呼ばれるサブスクリプション型の年間契約のライセンス形態にビジネスモデルを移行した。

動画配信のネットフリックスは、月額九九〇円で映画やドラマが見放題のサブスクリプションである。

音楽配信のスポティファイは、月額九八〇円で四〇〇〇万曲以上が聴き放題のスト

リーミングサービスである。

エアークローゼットは、月額六八〇〇円でプロスタイリストがコーディネートした洋服が借り放題のモノのサブスクリプションである。

ラクサスは、月額六八〇〇円でブランドバッグが借り放題のモノのサブスクリプションだ。なお、同社が貸し出しているブランドバッグは、一般の人が投資としてラクサスに預けたものである。

レストランのプロヴィジョンは、月三万円で東京・六本木の高級フレンチが食べ放題のサービスだ。利益は食事と一緒に注文されるワインで出しているのだそうだ。

サブスクリプション・サービス利用者の実態

サブスクリプション・サービスの利用者の実態をみてみよう。

日本国内で展開されているサブスクリプション・サービスの利用経験率をみると、動画配信二四・二%、音楽配信一七・七%、電子書籍八・〇%、雑誌五・〇%、ゲーム三・八%となっている（図3左）。この数字はアメリカに比べるとかなり低いのではないだろうか。私の実感では、アメリカではほとんどの人が本は電子書籍で読み、音楽もストリーミングで聴いている。一方、日本はサブスクリプション・サービスの存在自体を知らない人もまだ三二・二%いるから、まだ

図3

サブスクリプション・サービス利用者の実態

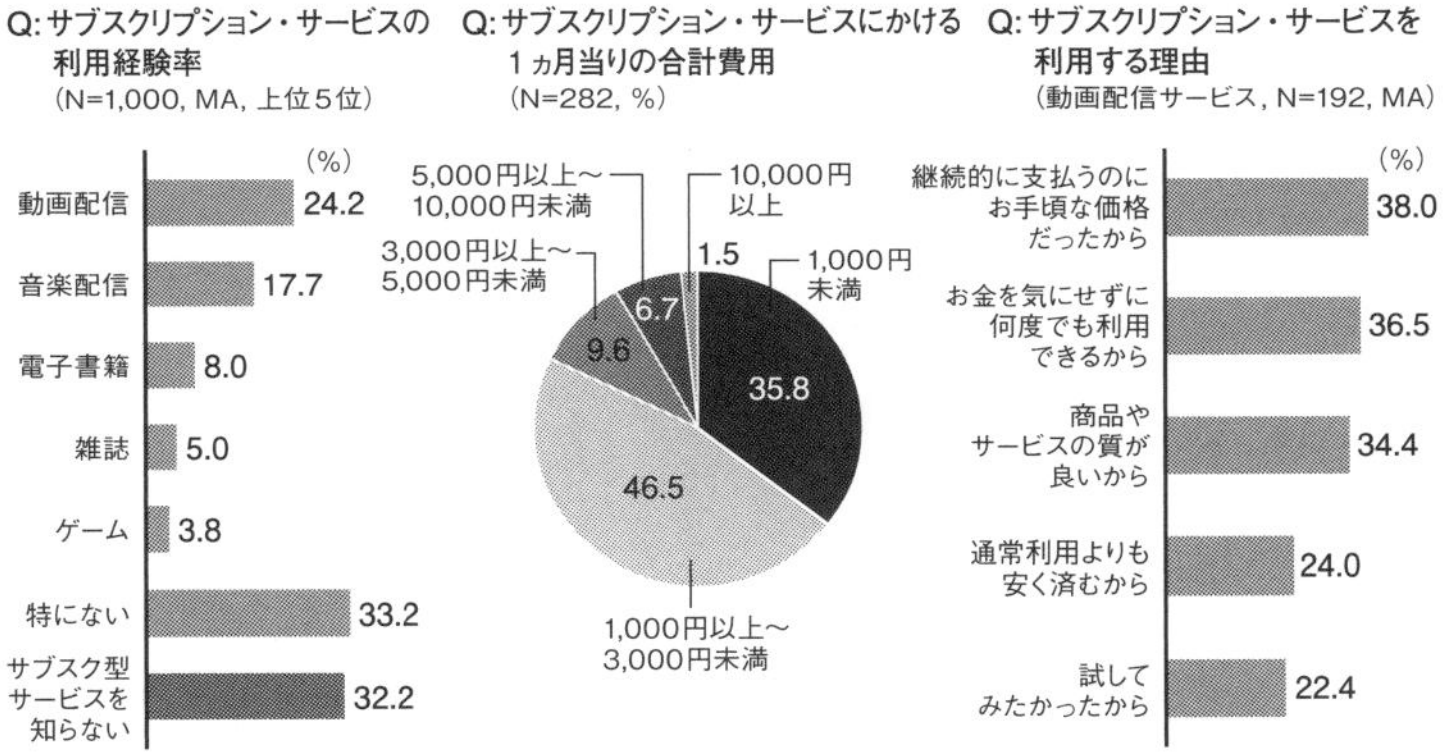

資料：@DIME（マクロミル：1都3県在住の20～69歳男女1,000名に調査）©BBT大学総合研究所

これからというところだ。

サブスクリプション・サービスにかける一カ月当たりの合計費用は、一〇〇〇円未満が三五・八％、一〇〇〇〜三〇〇〇円未満が四六・五％、三〇〇〇〜五〇〇〇円未満が九・六％、五〇〇〇〜一万円未満が六・七％、一万円以上が一・五％となっている（図3中）。三〇〇〇円未満が八割以上を占めているのは、やはり現在の日本人にとって、これぐらいの金額が、継続的に払うのに手ごろだからだろう。

サブスクリプション・サービスを利用する理由の第一位も「継続的に支払うのにお手頃な価格だったから」がきている（図3右）。

図4

サブスクリプションで安定的に収益を上げるための方法

サブスクリプションのプライシング方式

	ライトプラン	ベーシックプラン	プレミアムプラン
基本	✓	✓	✓
機能A	×	✓	✓
機能B	×	×	✓
機能C	×	×	✓

- サブスクリプションモデルでは、高い顧客満足度を維持するために、継続的に様々な施策を打つ必要がある
- 複数の料金プランと提供サービスの組合せ（パッケージング）を提供することで、ユーザーの選択肢を増やす

典型的なサブスクリプション契約の例

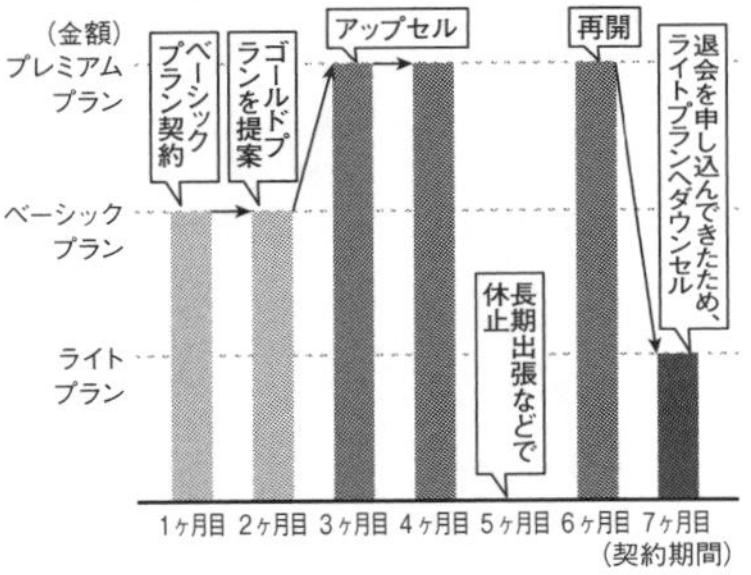

アップセル：顧客の単価を向上させるための施策
ダウンセル：当初より低いグレードの商品を提案する施策
クロスセル：他の商品などを併せて購入してもらう施策

資料：BBT大学総合研究所 ©BBT大学総合研究所

サブスクリプションのプライシング方式

サブスクリプションのプライシングは、三層構造になっている場合が多い。すなわち、入口商品の「ライトプラン」、最低限のサービスがそろっている「ベーシックプラン」、すべてのサービスが利用できる「プレミアムプラン」の三つだ（図4左）。

典型的なサブスクリプション契約の例

サブスクリプションでは、高い顧客満足度を維持するために、継続的にさまざまな施策を打つ必要がある。顧客の単価をより向上させる「アップセル」、当初より低い

グレードの商品を提案する「ダウンセル」、他の商品などを併せて購入してもらう「クロスセル」などがその一例だ（図4右）。

担当者が何もしないままだったら、顧客数はどんどん落ちていって、気がついたら誰も残っていなかったということにもなりかねないのだ。

あらゆる業界に押し寄せるサブスクリプションの波

あらゆるビジネスにサブスクリプションの波が押し寄せていることを示したのが、図5左だ。従来型のサブスクリプション・ビジネスには、賃貸住宅、公共料金、新聞・雑誌の定期購読、通信（携帯、固定）、ケーブルテレビ／衛星放送、牛乳、会員制リゾートホテルなどがある。

これに対し、近年登場したのがデジタル系サブスクリプションだ。Ｂ２Ｃなら音楽配信や映像配信、アプリ、電子書籍、Ｂ２ＢならＳａａＳ型サブスクリプションがある。

そして、最近は、あらゆるものがサブスクリプション化している。Ｂ２Ｃではファッションやクリーニング、車、電車、飛行機、飲食、エンターテインメント、レジャー、美容院、化粧品、習い事などの分野でサブスクリプション・サービスが行われている。一方、Ｂ２Ｂで顕著なのは、コマツやシスコ、ブリヂストンなどが行っているハードウエアのサブスクリプションだ。

図5

あらゆるものがサブスクリプション化

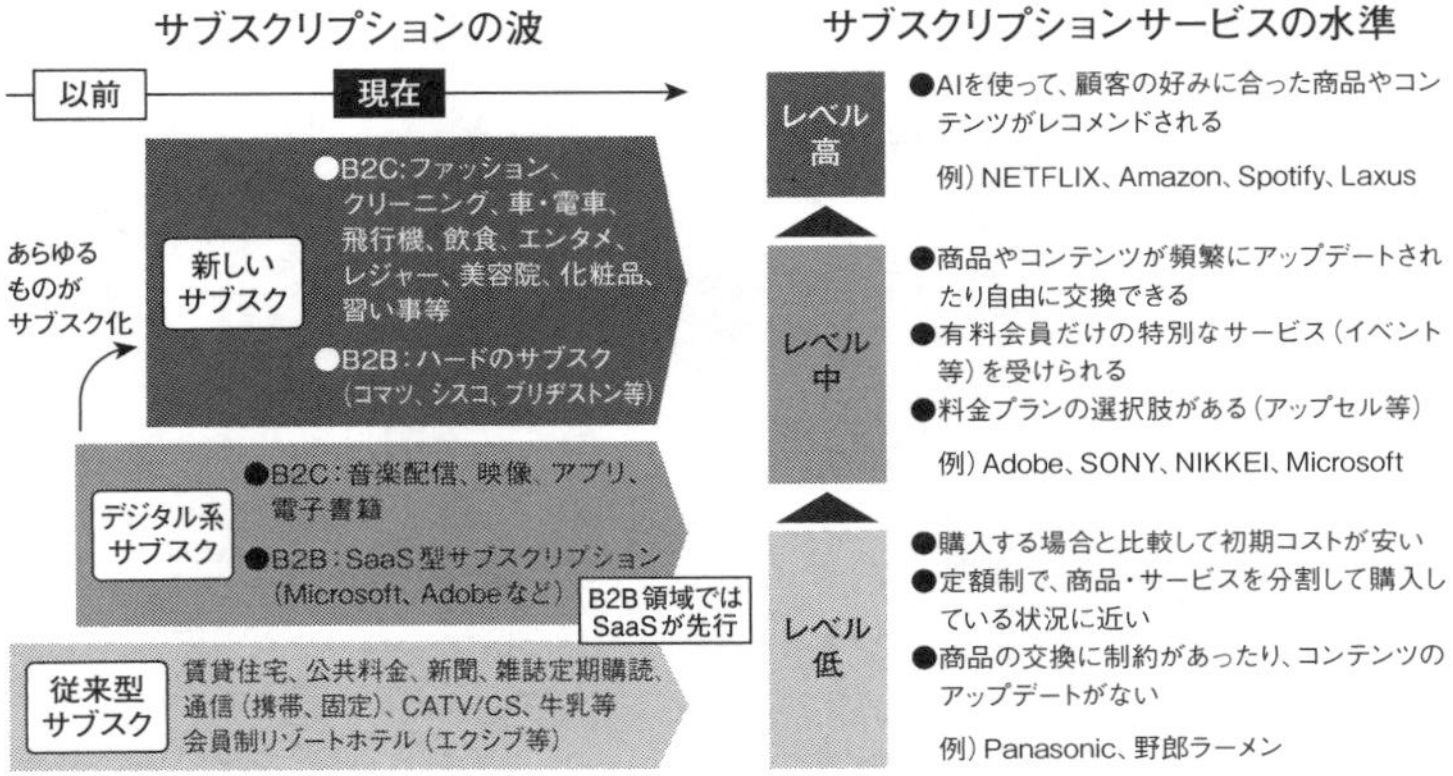

資料：KDDI「世界を席巻するサブスクリプションビジネス」、「週刊ダイヤモンド」2019/2/2 © BBT大学総合研究所

サブスクリプションの水準

サブスクリプション・サービスの水準を示したのが、図5右だ。

レベルの低いサブスクリプションは、主として「購入するよりも初期コストが安い」という点に魅力を感じる人をターゲットにしている。このレベルの場合、商品の交換に制約があったり、コンテンツのアップデートができなかったりすることも多く、サブスクリプションというよりも、単に定額制で商品やサービスを分割して購入しているだけにすぎないというものも少なくない。

これが中レベルになると、コンテンツが頻繁にアップデートされたり、商品を自由に交換できたりするようになる。さらに、有料会員向けのイベントに参加できるとい

図6

サブスクリプション・シフトでディスラプトされる業界・企業

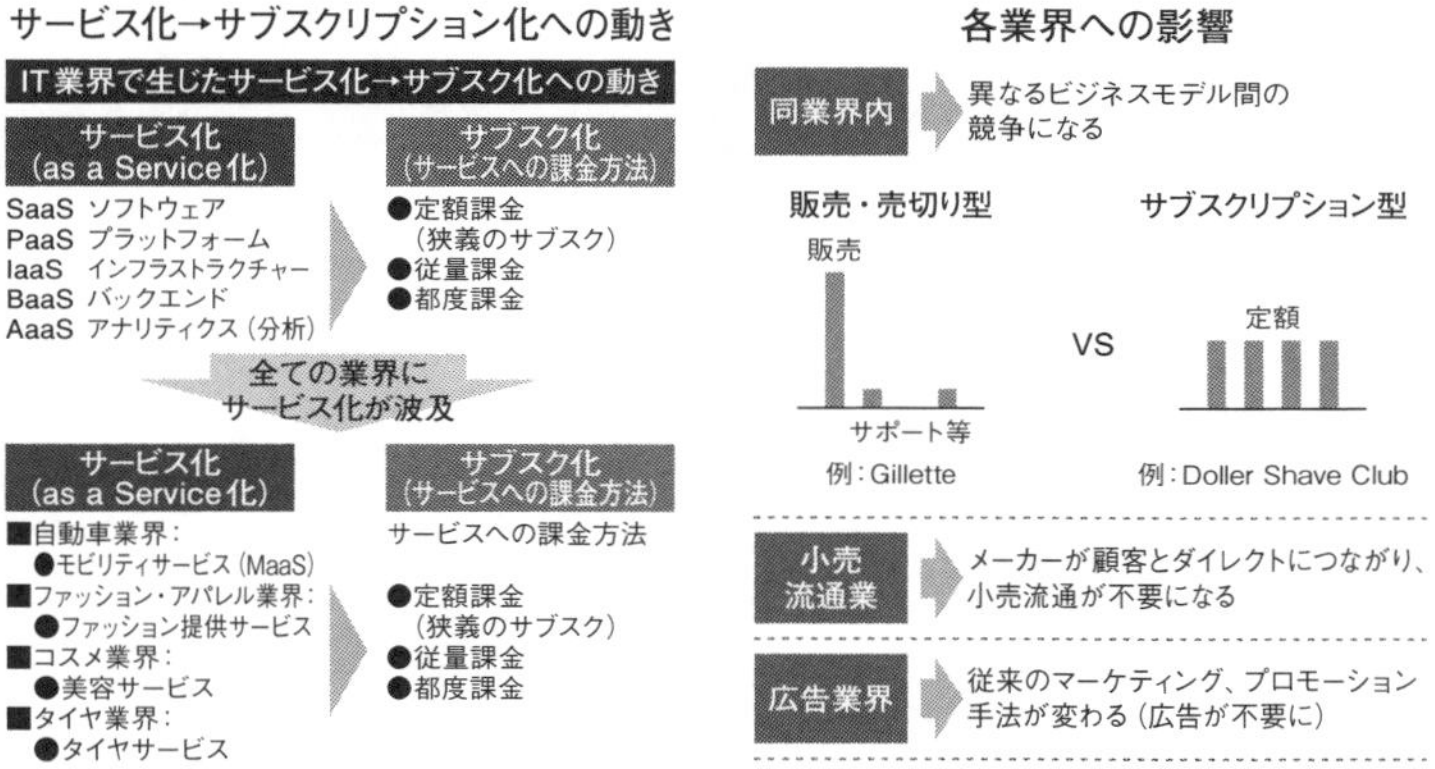

資料：BBT大学総合研究所 ©BBT大学総合研究所

った、特別なサービスを受けられることも多い。料金プランも複数の選択肢があるのが特徴だ。

そして、高いレベルのサブスクリプションになると、ＡＩが顧客の好みに合った商品やコンテンツをレコメンドしてくれるといったサービスがついてくる。ネットフリックスやアマゾン、スポティファイ、ラクサス・テクノロジーズなどはこのサービスを行っている。

サブスクリプションがもたらす影響

あらゆる業界でサブスクリプション・シフトが進行する（図6左）一方で、それによってディスラプト（破壊）される業界や企業がある。

最初にサービス化からサブスクリプション化への動きが出てきたのが、ＩＴ業界である。ＳａａＳ（ソフトウェア・アズ・ア・サービス）、ＰａａＳ（プラットフォーム・アズ・ア・サービス）、ＩａａＳ（インフラストラクチャー・アズ・ア・サービス）、ＢａａＳ（バックエンド・アズ・ア・サービス）、ＡａａＡ（アナリティクス・アズ・ア・サービス）といったサービスが、「定額課金」「従量課金」「都度課金」という課金方法とともにサブスクリプション化されたのである。

そして、この動きはあらゆる業界に波及しつつある。

自動車業界であればＭａａＳ（モビリティ・アズ・ア・サービス）、ファッション・アパレル業界であればファッション提供サービス、コスメ業界であれば美容サービス、タイヤ業界であればタイヤサービスが、ＩＴ業界のサービスと同様、サブスクリプション化して「定額課金」「従量課金」「都度課金」されるようになっている。

各業界への影響

サブスクリプション化が進むと、同一業界の中でも、従来のビジネスモデルと新しいサブスクリプション・モデルの競争が始まる（前ページ図６右）。

たとえば、カミソリ業界では、初回はカミソリ本体と替え刃をセットで売り、あとは替え刃で稼ぐというのがこれまでのスタイルだった。ところがここにダラーシェイブクラブのような定額のサブスクリプション・モデルが参入すると、あっという間にジレットやシックはシェアを奪われてしまった。

業界そのものが不要になるケースも出てきている。

ひとつは小売流通業界だ。サブスクリプションではメーカーが顧客とダイレクトにつながるので、小売流通は必要なくなる。

もうひとつが広告業界だ。従来のマーケティングやプロモーションは販売・売切りのためのものであって、サブスクリプション・モデルには意味がないからだ。

サブスクリプション・ビジネスの企業事例

ここからはサブスクリプション・サービスを手がける企業の事例を詳しくみていく。

1. マイクロソフト

マイクロソフトは、アマゾンやアップルを抜いて、一六年ぶりに時価総額世界一に返り咲くこ

図7

サブスクリプション・ビジネスの事例①
マイクロソフト

米国企業の時価総額（上位5社）

時価総額、売上の単位は億$　　*2019年5月末時点

企業	時価総額*	売上高	売上高1位の事業	売上高2位の事業
マイクロソフト	9,477	1,104	オフィス：25.7%	アジュール：23.7%
アマゾン	8,739	2,329	ネット通販：52.8%	AWS：11%
アップル	8,055	2,656	iPhone：62.8%	サービス：14%
アルファベット	7,671	1,368	広告（グーグルサービス中のもの）：70.4%	広告（提携先）：14.6%
フェイスブック	5,065	558	広告：98.5%	その他：1.5%

マイクロソフトのサブスク・シフト

2014年、3代目のCEOに就任したサティア・ナデラ氏が「売り切り型のソフトウエア」から「継続課金型のクラウド」へ大きくビジネスモデルをシフト

＜会社のミッションを変更＞

すべてのデスクと、すべての家庭に1台のコンピュータを → 地球上のすべての個人とすべての組織が、より多くのことを達成できるようにする

Microsoft 365

●業務ソフトをネット経由で提供する
●月額制で、ワードやエクセルなど最新版ソフトが利用可能

Microsoft Azure

●コンピューターの計算能力をクラウドで貸し出す「アジュール」
●クラウド事業ではAmazonに次いで第2位を確保

資料：「Finders」2019/4/3、マイクロソフト、「プレジデントオンライン」、ほかより作成 © BBT大学総合研究所

とに成功した（図7左）。

　その要因のひとつが、二〇一四年に三代目CEOに就任したサティア・ナデラ氏が、従来の「売切り型のソフトウエア」から「継続課金型のクラウドサービス」へ大きくビジネスモデルをシフトしたことである。

　さらに、会社のミッションも「すべてのデスクと、すべての家庭に一台のコンピュータを」から、「地球上のすべての個人とすべての組織が、より多くのことを達成できるようにする」に変更した（図7右）。

　また、マイクロソフトは、コンピュータの計算能力をクラウドで貸し出す「アジュール」が好調で、クラウド事業でもアマゾンに次ぐ二位を確保している。

図8

サブスクリプション・ビジネスの事例②
アドビ社

アドビ社のサブスクリプション・シフト

■サブスクリプション・シフトの背景
従来の永続型ライセンスでは、流通の関係などもあり、18.24カ月に一度、新しいフラッグシップアプリを発売していた。イノベーションのスピードが加速するなか、新機能を開発してユーザーにいち早く提供する方法を模索

■サブスクリプション・シフトのステップ
●2011年にCreative Cloudと呼ばれるサブスク型の「年間契約のライセンス形態」に移行、収益構造の改革を実施
●2012年5月に画像編集ツールなどを統合した「Adobe Creative Cloud」をリリース
●2015年3月にはPDF編集管理ソフト「Adobe Acrobat DC」とクラウドサービス「Adobe Document Cloud」をリリース

■サブスクリプション・シフトの結果
サブスクリプション型へ移行することで、ソフトウェアのバージョンアップは毎月、場合によってはもっと短いサイクルでできるようになった。この結果、ユーザーが新しい機能を利用できるようになるまでの期間が圧倒的に短くなり、顧客満足度が大幅に向上

アドビ社の売上高推移

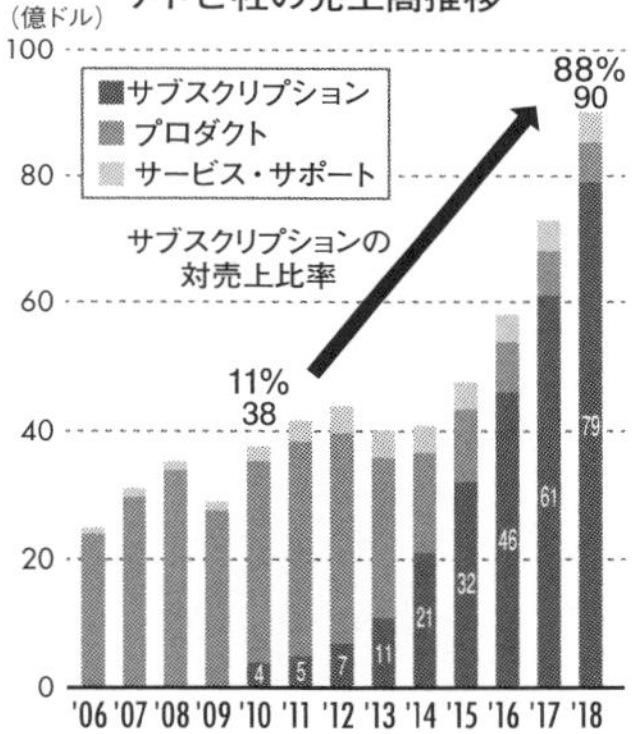

資料：アドビIR資料より作成 ©BBT大学総合研究所

2. アドビ

アドビはもともと流通の関係などもあって、一八～二四カ月ごとに新しいフラッグシップアプリを発売していた。しかし、イノベーションのスピードが年々加速することもあり、新機能を開発したらいち早くユーザーに届ける方法を模索していた（図8左）。

そこで、二〇一一年に「Adobe Creative Cloud」と呼ばれるサブスクリプション型の年間契約のライセンス形態に移行することを決定した。

二〇一二年五月に画像編集ツールなどを統合した「Adobe Creative Cloud」を、二〇一五年三月にはＰＤＦ編集管理ソフト「Adobe Acrobat DC」とクラウドサービス「Adobe Document Cloud」をリリースした。

サブスクリプション・モデルに移行することで、同社のソフトウエアのバージョンアップは毎月、場合によってはもっと短いサイクルで可能となり、顧客満足度は飛躍的に向上した。二〇一八年には、売上高九〇億ドル（約一兆円）を突破した（前ページ図8右）。

3．動画／音楽配信

世界の動画配信市場では、定額制サービスが伸びて五兆円を超えてきている（図9左）。

先行しているのは専業大手のネットフリックスとフールー、プラットフォーマーの「Amazon Prime Video」や「Youtube Premium」「Tencent Video」などだ。

日本にもｄＴＶやユーネクストのような動画配信を行っている企業があるが、まだまだ弱いといわざるを得ない。

世界の音楽配信市場も、ダウンロードが減って定額制が増えてきている（図9右）。

専業大手のスポティファイ、プラットフォーマーの「Amazon Music Unlimited」「YouTube music」などが激しく争っている。

こちらも日本のＬＩＮＥの「LINE　MUSIC」や楽天の「RAKUTEN MUSIC」は影が薄い。

図9

サブスクリプション・ビジネスの事例③
動画・音楽配信

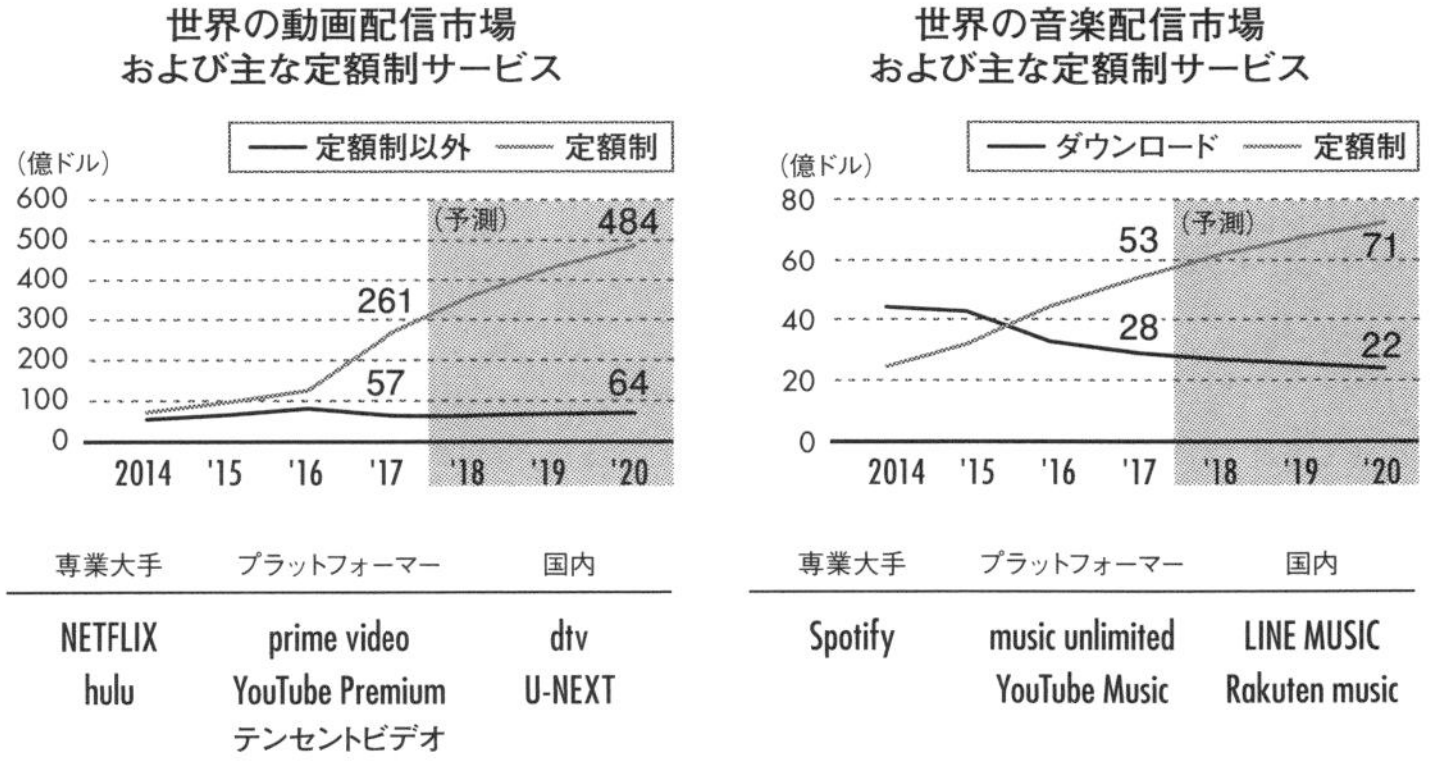

ⓒBBT大学総合研究所

4. アマゾン・プライム

アマゾンのサブスクリプション・サービス「アマゾン・プライム」は、迅速で便利な配送特典のほか、アマゾンのコンテンツやサービスを追加料金なしや割引価格で使える会員制プログラムだ（次ページ図10）。

アメリカの会員数はすでに一億人を突破している。

会費は、月額が一二・九九ドルで、年会費は一一九ドル。アマゾンジャパンは月間プラン五〇〇円、年間プラン四九〇〇円だから、日本はアメリカの半額以下だ。

アマゾンの強みは「顧客のクレジットカードを押さえている」という点だ。それから、顧客の嗜好に関するデータをもとにAIが商品やコンテンツを推奨するレコメン

図10

サブスクリプション・ビジネスの事例④ アマゾン

prime now
Amazonの商品を最短2時間で届けるサービス（対象エリアのみ）

prime music
200万曲以上の楽曲やアルバム、プレイリストを広告の表示なしで、楽しむことができるサービス

prime video
プライム会員特典対象の映画やTV番組が追加料金なしで見放題

prime reading
対象のKindle本を追加料金なしで読み放題

amazon prime

- 迅速で便利な配送特典や、プライム会員特典に含まれるコンテンツや特典を追加料金なしや割引価格で使える会員制プログラム
- AIにより顧客の好みに合った商品やコンテンツを推奨
- Amazon Primeの米国会員数は、1億人を突破
- 月額12.99ドル、年会費は119ドル

<参考>
アマゾンジャパンでは、年間プラン4,900円（税込）または月間プラン500円（税込）

prime wardrobe
レディース、メンズ、キッズ＆ベビー用の服、靴、ファッション小物の中から対象商品を、購入する前に試着できる

Subscribe & Save
事前に予約しておくと、決まった品物を自動的に一定の間隔で送ってきてくれる定期配達サービス。プライム会員は15%の割引価格が適用される

amazon dash
食品、洗剤、ペットフードなどがなくなりかけると、自動的に注文するサービス

STEM CLUB
STEMに関する知育玩具を、月額19.99ドルで毎月1つ配送する定期購入プログラム

資料：アマゾン、ほかより作成 ©BBT大学総合研究所

ド機能が充実している点だ。

「アマゾン・プライム」に含まれるサービスには、「Prime now（対象エリア内であれば、アマゾンの商品を最短二時間で届ける）」「Prime music（二〇〇万曲以上の楽曲やアルバム、プレイリストを広告表示なしで楽しむことができる）」「Prime video（プライム会員特典対象の映画やテレビ番組が追加料金なしで見放題）」「Prime reading（対象のキンドル本を追加料金なしで読み放題）」「Prime wardrobe（レディース、メンズ、キッズ&ベビー用の服、靴、ファッション小物の中から対象商品を、購入する前に試着できる）」「Subscribe & Save（事前に予約しておくと、決まった品物を自動的に一定の間隔で送ってくれる。プライム会員は一五％の割引価格が適用される）」

図11●
サブスクリプション・ビジネスの事例⑤ MaaS

自動車のサブスクリプションビジネスの例

企業	名称、開始時期	概要
GM	Book by Cadillac（'17/2）	1800ドル/月。最多で年間18回の車両交換可能。走行距離の制限なし
Ford	Ford pass（'17/5）	加入料99ドル。月500マイル走行可能プラン429ドル/月〜。大衆車〜高級車をラインナップ。短期リース車両を再利用
Volvo	Care by Volvo（'17/10）	新車650ドル/月〜。1年使用後に乗換可。走行距離制限は約2.4万km/年
Porsche	Porsche Passport（'17/11）	米アトランタで提供。加入料500ドル。月単位契約で、2000ドル/月、3000ドル/月の2プラン。乗り換え放題
BMW	Access by BMW（'18/4）	米ナッシュビルで開始。加入料575ドル。月単位契約で1099〜2699ドル/月。乗り換え放題
Mercedes	Mercedes Benz Collection（'18/7）	米ナッシュビル等で開始。料金1095ドル/月、1595ドル/月。加入料495ドル
TOYOTA	KINTO SELECT（'19/2）	日本国内レクサスを3年で6台乗換可能。月額制180,000円〜。任意保険等込み
Uber	Ride Pass（'18/10）	米5都市で開始。月14.99ドル。混雑時でも低料金乗車を保証。乗車料金は別途
Lyft	All-Access Plan（'18/10）	全米で利用可。月額299ドルで30日間最大30回、15ドル上限で乗り放題

IDOM（ガリバー）のCaaS戦略

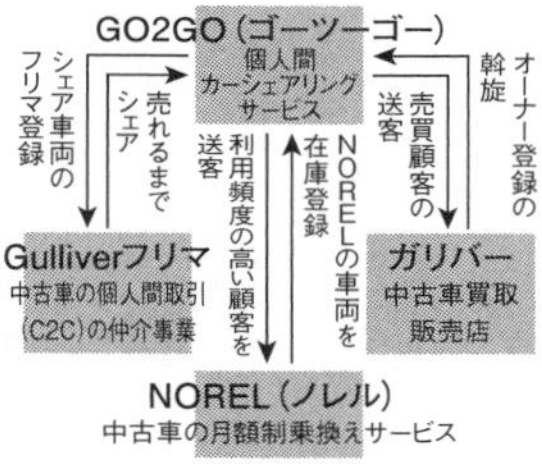

●クルマはガリバーが買い取った車両など、グループ全体で保有し、売れれば売る、貸出ニーズがあれば貸出す
●各種サービスが連携することで、クルマにまつわるオーナー、ユーザーの顧客IDを獲得する狙い

資料：KDDI「世界を席巻するサブスクリプションビジネス」、「日経クロストレンド」ほか© BBT大学総合研究所

「Amazon dash（食品、洗剤、ペットフードなどがなくなりかけると、自動的に注文される）」「STEM CLUB（STEMに関する知育玩具を月額一九・九九ドルで毎月ひとつ配送する定期購入プログラム）」がある。

5. MaaS（Mobility as a Service）

主な自動車のサブスクリプション・ビジネスは、次のとおりだ（図11左）。

IDOM（旧社名ガリバーインターナショナル）は、従来の中古車買取に加え、中古車の個人間取引（C2C）の仲介事業である「ガリバーフリマ」、中古車の月額制乗り換えサービス「NOREL（ノレル）」、個人間カーシェアリングサービス「GO2GO（ゴーツーゴー）」を始めた（図11右）。

図12

サブスクリプション・ビジネスの事例⑥
ハードウェア＋サブスク

ソニー		米Quip（電動歯ブラシ）	
ハード （購入・所有）	ソフトウェア/コンテンツ/サービス （サブスクリプション）	ハード （購入・所有）	消耗品 （サブスクリプション）
aibo （本体19万8000円） +	ベーシックプラン （2980円／月） 本体アップデート、育成データ 管理等の付加サービス	初回スタートセット （40ドル） + ●電動歯ブラシ ●歯磨き粉 ●旅行用ケース	リフィルプラン （10ドル／3ヵ月毎） ●歯ブラシ ●歯磨き粉 ●電池
PS4 （本体3万9980円） +	PlayStation Plus （850円／月） 指定タイトルが1ヵ月遊び放題、 オンラインマルチプレイで遊べる		+ 歯科医師による 定期健診などの サービス

●ソニーは、販売とサブスクを組み合わせたハイブリッドモデルで18年度は過去最高益を達成
●売切り型のTVの不調から、サブスクモデルで脱却

●顧客のオーラルケア全般をサポート

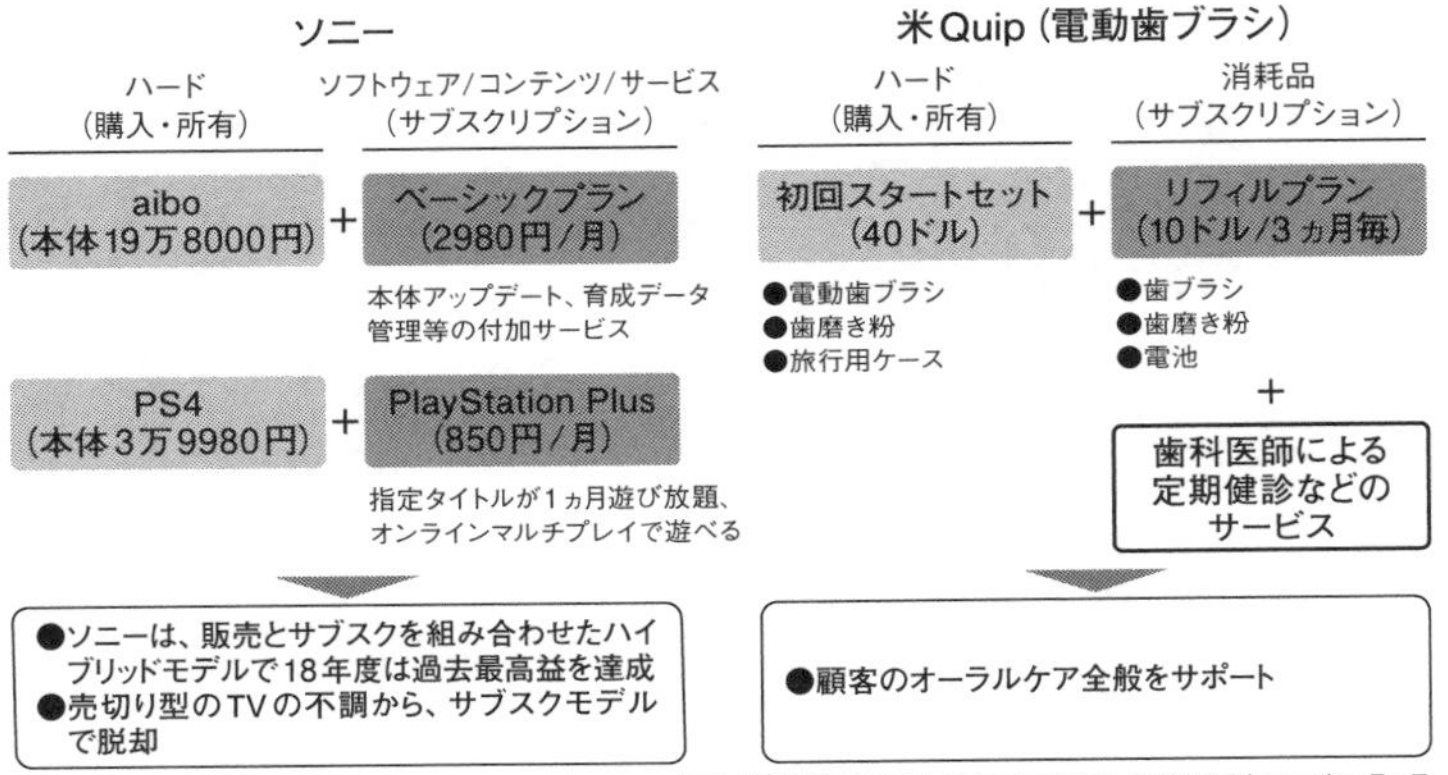

資料：「週刊ダイヤモンド」2019年2月2日、「産経新聞」2019年3月3日、『デス・バイ・アマゾン　テクノロジーが変える流通の未来』（城田真琴著）©BBT大学総合研究所

買い取った車はグループ全体で保有し、売れれば売るし、買い出しニーズがあれば貸し出す。各種サービスを連携することで、車にまつわるオーナーとユーザーの顧客IDを獲得するのが狙いだ。

6. ハードウエア＋サブスクリプション

ハードウエアを購入し、ソフトウエアや消耗品をサブスクリプション化する混合型のビジネスモデルもある（図12左）。

ソニーはペットロボット「aibo」本体と、アップデート、育成データ管理などの付加サービスなどをセットにしたベーシックプランや、ゲーム機「プレイステーション4」本体と指定タイトルが一カ月遊び放題でオンラインマルチプレイを楽しめる

「PlayStation」の組み合わせなど、販売とサブスクリプションのハイブリッドモデルで、二〇一八年度は過去最高益を達成した。従来の売切り型テレビの不振を新規のサブスクリプション・モデルが救ってくれた格好だ。

一方、アメリカのQuipは電動歯ブラシ本体を含むスターターキット四〇ドルと、三カ月ごとに歯ブラシ、歯磨き粉、電池が届き、歯科医師による定期健診などのサービスがついた一〇ドルのリフィルプランをセットにしたビジネスモデルを開発した（図12右）。これで顧客のオーラルケア全般をサポートできるという触れ込みだ。

7. 流通網

モノのサブスクリプションでは、既存流通網との新たな関係構築が必要となる。

メニコンの「メルスプラン」は、月々の定額制でコンタクトレンズを安心して使えるサービスである（次ページ図13左）。顧客は、レンズの不調やトラブル時に新しいコンタクトレンズと無料で交換できる。顧客にサービスを提供する販売店には、メニコンから販売手数料が入る。

次に、パナソニックの「安心バリュープラン」は、有機ELテレビや液晶4Kテレビなどを三年か五年契約・月額定額で貸し出すサービスだ（次ページ図13右）。契約が終わった時点でプランを継続する場合、パナソニックが古いテレビを回収して新しいテレビを設置する。継続しない場

図13

サブスクリプション・ビジネスの事例⑦ 流通網

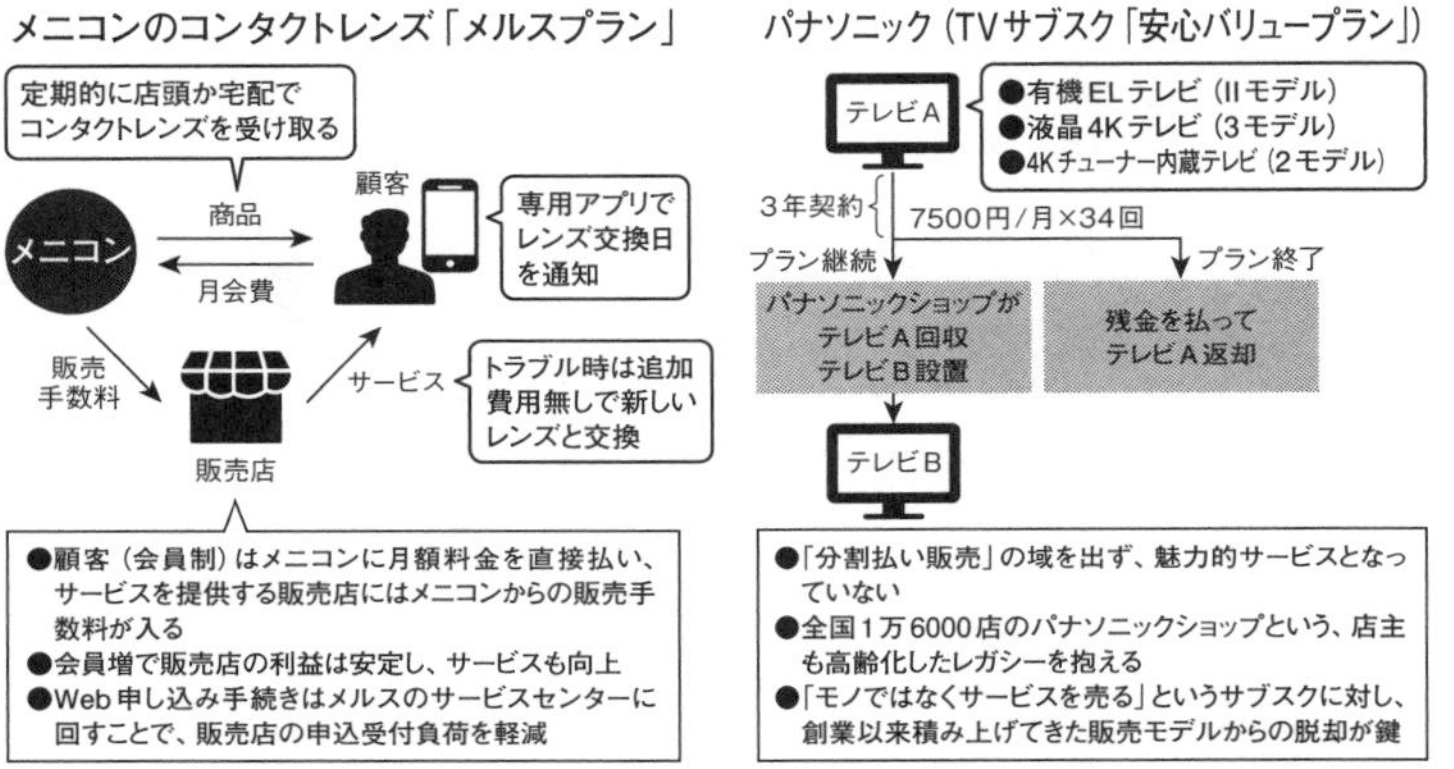

メニコンのコンタクトレンズ「メルスプラン」
定期的に店頭か宅配でコンタクトレンズを受け取る
顧客
商品
メニコン
月会費
専用アプリでレンズ交換日を通知
販売手数料
サービス
トラブル時は追加費用無しで新しいレンズと交換
販売店
●顧客（会員制）はメニコンに月額料金を直接払い、サービスを提供する販売店にはメニコンからの販売手数料が入る
●会員増で販売店の利益は安定し、サービスも向上
●Web申し込み手続きはメルスのサービスセンターに回すことで、販売店の申込受付負荷を軽減
パナソニック（TVサブスク「安心バリュープラン」）
テレビA
●有機ELテレビ（11モデル）
●液晶4Kテレビ（3モデル）
●4Kチューナー内蔵テレビ（2モデル）
3年契約
7500円/月×34回
プラン継続
プラン終了
パナソニックショップがテレビA回収テレビB設置
残金を払ってテレビA返却
テレビB
●「分割払い販売」の域を出ず、魅力的サービスとなっていない
●全国1万6000店のパナソニックショップという、店主も高齢化したレガシーを抱える
●「モノではなくサービスを売る」というサブスクに対し、創業以来積み上げてきた販売モデルからの脱却が鍵

資料：各種資料、各社ウェブサイトより作成 ©BBT大学総合研究所

合は、顧客は残金を払ってテレビを返却する。

もっとも、パナソニックは一応「サブスクリプション」と謳っているものの、実際はテレビの分割払い販売と大差なく、顧客にとって魅力的なサービスとはいい難い。

8. B2B／製造業

B2B製造業も、従来の製品販売からサービス提供サブスクリプション・ビジネスへ転換を図っている。

シスコシステムズは、無線LAN機器の「箱売りモデル」から、複数のアクセスポイントをクラウドで一元管理するサービスのサブスクリプション・モデルに転換した（図14左）。

図14

サブスクリプション・ビジネスの事例⑧
B2B ／製造業

製品＋管理システム（サブスク）

シスコシステムズ
（無線LAN製品）
無線LAN機器の「箱売りモデル」から、複数のアクセスポイントをクラウドで一元管理するサービスのサブスクリプション・モデルに転換

コマツ
（建設機械）
建設機械の販売・売切り型から、IoTで器材管理するシステムをサブスクリプション・モデルへと転換（KOMTRAX、LANDLOG等）

製品管理サービスへの転換

ブリヂストン
（タイヤ）
タイヤの販売ではなく、事業所向けタイヤ管理サービスをサブスクリプション・モデルで提供

ヒルティ
（建設用電動工具）
建設用電動工具の販売から、事業所向けの建設工具貸出・管理サービスへと転換
（フリートマネジメントサービス）

資料：「ECzine」ほか各種資料を参考に作成 ©BBT大学総合研究所

コマツは、建設機械の販売・売切り型から、「KOMTRAX」や「LANDLOG」といったIoTで機材管理するシステムを構築してサブスクリプションへ急激にシフトしている。

次に、ブリヂストンは、タイヤの販売ではなく、事業所向けタイヤ管理サービスをサブスクリプション・モデルで提供している（図14右）。

ヒルティは、建設用電動工具の販売から、事業所向けの建設工具貸出・管理サービス（フリートマネジメントサービス）へと転換した。

9. サブスクリプション・ボックス

月額制で料金を支払えば、ユーザーのた

図15

サブスクリプション・ビジネスの事例⑨ サブスクボックス

ファッション、コスメ分野のサブスク

air Closet エアークローゼット	プロスタイリストが選んだ洋服を月額6,800円〜で借り放題
着ルダケ レナウン	レナウンのスーツサブスク。月額4,800円〜利用者一人ひとりの体型に合わせて、新品のスーツを提供するセミオーダー式
Laxus ラクサス・テクノロジーズ	高級ブランドバッグが月6,800円で使い放題。利用者がバッグを貸し出すラクサスXでは、利回りを提供するので素材の仕入れ代が不要。ラクサスは人のものを貸す、結果貸した人にリターンがある。リスクが少なく、活性化した。6,800円／月が一番継続性が高い、ということをかなり実験して落とし込んだ
KARITOKE ななし	ブランド時計が借り放題のサブスク。料金は月額3,980円、6,800円、9,800円、19,800円
ipsy ipsy／米国	月額10ドルの化粧品サンプルのサブスク。コスメのカリスマYoutuber／Michelle Phan氏が設立。Youtuberをインフルエンサーとして活用

食品、飲食分野のサブスク

Blue Apron Blue Apron／米国	食材とレシピを定期配送するサービス。HelloFreshやAmazonとの競争で業績悪化
BRIGHT CELLARS BRIGHT CELLARS／米国	質問に回答すると、好みに合わせた4本のワインと高級チーズを厳選し月額75$で配達する
MealPal MealPal／米国	外食テイクアウトのサブスク。月20食で月額120$.利用可能。1,000店舗以上と提携
食べログ ワンコインランチ カカクコム	全国3,100店のランチがワンコインで食べられるクーポン型サブスク。月額500円
Provision instyle.group	月額3万円で高級フレンチが食べ放題。1本数万円するワインの追加注文（クロスセル）が売上の半数を占める

資料：各社コーポレートサイト ©BBT大学総合研究所

めにセレクトされたモノが入った「ボックス（箱）」が毎月自宅に届く。そんな「サブスクリプション・ボックス」が人気となっている（図15左・右）。

10. エンターテインメント／リゾート

エンターテインメントやリゾート分野においては、アイドルエコノミーを活用したサブスクリプション・モデルが広がっている。

エンターテインメント分野では、「空きリソースを集めてサブスクリプションでマネタイズする」という手法が増えている（図16左）。

ユーザーは割安でさまざまな映画やコンサートを楽しめるようになった。また、そ

図16

サブスクリプション・ビジネスの事例⑩ エンタメ／リゾート

エンタメ分野のサブスク

moviepass moviepass/米国	●月額制映画館サービス。月額50ドルで映画が見放題。人気が出すぎて経営難に陥り、料金プランが二転三転して社会問題となる
Jukely Jukely/米国	●月額制ライブサブスクサービス、月額25$。小規模なコンサート会場やブレイク前のミュージシャンと提携
Sonar-u ソナーユー／東京	●月額1600円の定額制ライブ行き放題サービス。約150のライブハウス、年間1,800件以上のライブが対象。有料会員登録後にアーティストサポート登録することで好きなアーティストを支援することが出来る

●空きリソースを集めてサブスクでマネタイズすることが可能に（アイドルエコノミー×サブスク）
●ユーザーは定額かつ廉価に様々な映画やコンサートを楽しめ、好きなミュージシャンや映画を新たに発見することができる

リゾート分野のサブスク

Ikon Pass Multi Alpine Experience/米国	●Ikonパスは北米の45カ所のスキー場で使えるシーズンパスポート ●各スキー場を最大5日まで利用でき、価格は429ドル
Epic Epic Pass/米国	●ベイル・リゾーツが保有する15カ所のスキー場を無制限に利用でき、欧州の30の提携スキー場にも適用できる「エピック・パス」（783ドル） ●ベイルは近年、バーモント州のストウ・マウンテン・リゾートと、北米最大のスキーリゾートであるカナダのウィスラー・ブラッコムを買収

●北米では全てのスキー場が２社（Vail、Aspen）に集約されたので、シーズンチケットを買えば行きたいところに何回でも行ける
●スキーヤーにとっては高いけれども、どこにでも行けるので選択肢が広がった

資料：各社コーポレートサイト ©BBT大学総合研究所

れまで埋もれていたミュージシャンや映画が、サブスクリプションのおかげで発見されやすくなったともいえる。

「moviepass」は月額制映画館サービス。

「jukely」は月額制でライブが楽しめるサービス。

「Sonar-u」は月額制ライブ行き放題サービス。有料会員登録後にアーティストサポートを登録すると、好きなアーティストを支援することができる。

次に、リゾート分野では、パスポートを使ったサブスクリプションが増えている

「Ikon Pass」は北米四五カ所のスキー場で使えるシーズンパスポートである。各スキー場を最大五日まで利用できて、価格は四二九ドル（**図16右**）だ。

「Epic Pass」は北米のベイル・リゾーツが

保有する一五カ所のスキー場を無制限に利用できるパスポート。こちらは欧州三〇カ所のスキー場でも使用可で、価格は七八三ドル。

なお、ベイルは近年バーモント州のストウ・マウンテン・リゾートと、北米最大のリゾートであるカナダのウィスラー・ブラッコムも買収した。

北米では、すべてのスキー場がVailとAspenに集約されたので、IkonとEpicのパスポートをもっていれば、行きたいところに何回でも行くことができるのである。

11. サブスクリプション管理プラットフォーム

サブスクリプション管理プラットフォームを利用することにより、サブスクリプション・ビジネスへの参入が容易になる。

ズオラは、サブスク・ビジネスに関するプライシング、見積もり、契約管理、請求・回収、売上計上・仕訳。レポート分析などの一連の業務をワンストップで提供するサブスクリプション・ビジネスプラットフォームである（図17左）。

次に「ビープラッツ」はサブスクリプション領域へ参入する事業者を支援するツールである（図17右）。クロスセルとアップセルの強化など、収益向上と業務の効率化や新規顧客獲得に役立つサービスを提供し、すでに一〇〇〇社以上が採用している。

図17
サブスクリプション・ビジネスの事例⑪ サブスク管理プラットフォーム

米zuora（ズオラ）

サブスク・ビジネスプラットフォーム『Zuora』
- サブスク・ビジネスに関わる一連の業務をカバー
- プライシング、見積、契約管理、請求・回収、売上計上、仕訳、レポート・分析、などに関わる業務の支援をワンストップで提供
- デロイトトーマツと協業で、サブスク・シフトを目指す企業に対するコンサルティングサービスを提供

プライシング パッケージング	見積書 Web販売	サブスク 契約管理
プライシング バンドリング	見積の構成 見積書作成	クロスセル アップセル

Zuora プラットフォーム
Relationship Business Management

請求・回収	売上計上	レポート分析
請求書作成 決済代行	締め処理 仕訳出力	ダッシュボード セグメント分析

Bplats（ビープラッツ）

サブスク事業者支援ツール
『Bplats』（ビープラッツ）
- サブスク領域へ参入する事業者向けの総合サービスを提供
- 主な機能は収益向上と業務の効率化・クロスセル/アップセル強化・新規顧客獲得・1000社以上が採用・解約率削減など

所有 ▶ 利用

工作機械	ロボット	モバイル	スマートホーム	シェアリング
センサー	アプリ	データSIM	セキュリティ	ウェアラブル

IoT, Cloud, Big Data, Telecom

Bplats API

Bplats
（サブスクリプション・プラットフォーム）
商品管理、契約管理、売上管理、顧客管理、決済連携等

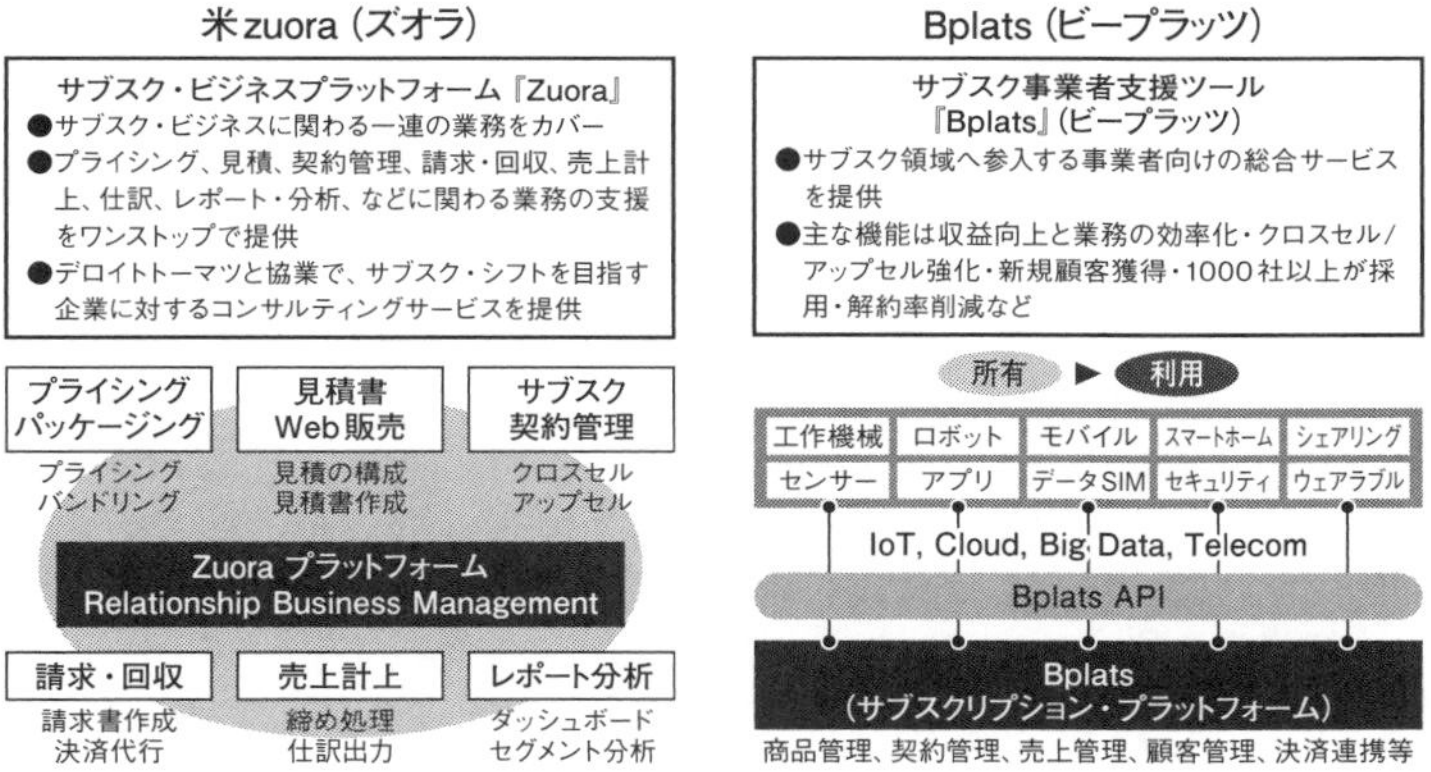

資料：zuora、Bplats ©BBT大学総合研究所

サブスクリプション・ビジネスの失敗パターン

当然ながら、サブスクリプション・モデルを導入すれば必ず成功するわけではない。すでに次のような失敗事例がある（次ページ図18）。

アメリカの大手自動車会社GM（ゼネラルモーターズ）は、車のサブスクリプションである「Book by Cadillac」を二〇一八年末で終了した。想定よりもコストがかさんだのが、その理由だ。

ドイツのBMWは、アメリカで展開していた車のサブスクリプション「access by BMW」の月額料金を二〇一八年七月に大幅に値下げした。理由は非公開だが、おそ

図18

サブスクリプション・ビジネスの失敗パターン

自動車（想定よりコスト高、集客苦戦）

米GM
サブスクから一時撤退
- 車サブスク「Book by Cadillac」を2018年末で終了
- 想定よりもコストがかさんだことが休止の理由
- 同社は、これまでの経験を活かし、サービスを再開することも視野に入る

独BMW
サブスク料金を大幅値下げ
- 2018年7月、米国展開サブスク「access by BMW」の月額料金を大幅値下げ
- 値下げの理由は非公開だが、集客で難航していたことが考えられる

衣料（ユーザーニーズとのミスマッチ）

アオキ
スーツサブスクから半年で撤退
- 2018年11月、終了発表（同年4月開始から約半年）
- 黒字化が見込めないと判断し撤退
- ターゲット層と実際の利用者層のズレ
- 商品構成がニーズに応えられなかった
- 運用コストが想定を超えた（倉庫代行サービス活用コスト等）

ZOZO
おまかせ定期便終了
- 2019年3月、同サービス終了発表
- 新規ユーザは購入率が高かった一方、既存会員の購入率が低かった
- そもそも自分で服を選べるユーザが多く、現モデルでの継続は困難と判断

リアル店舗（資金不足）

米moviepass
資金不足でサービスダウングレード
- 全米4,000の映画館と提携したサブスク
- 月額10ドルで1日1回利用可能という破格プランで300万ユーザ獲得
- しかしキャッシュが回らず2018年7月にサービス停止
- 翌月、同額3回/月迄とサービス改定

英DripApp
資金不足でサービス撤退
- ロンドンの独立系カフェと提携したコーヒーサブスク。飲み放題プランは月額89ポンド
- 人材と資金が不足し、サービス継続を断念
- 終了時点でユーザ数は3万人

資料：KDDI「世界を席巻するサブスクリプションビジネスPart2」、各社ウェブサイトより ©BBT大学総合研究所

らく値段が高すぎて思ったように集客できなかったのだろう。

日本の紳士服メーカーAOKIは、二〇一八年一一月、スーツのサブスクリプションから撤退を表明した。サービス開始からわずか半年後のことだ。商品構成が顧客のニーズに応えられなかった、運用コストが想定を超えたなどが主な要因である。

同じく日本のアパレルZOZOは、二〇一九年三月、「おまかせ定期便」を終了した。同社の場合、そもそも自分で服を選べるユーザーが多く、既存会員の購入率が低かったという。

アメリカの「movie pass」は、全米四〇〇〇の映画館と提携したサブスクリプションだ。月額一〇ドルで一日一回利用可能という破格の条件を提示し、三〇〇万ユーザ

ーを獲得した。しかし、映画館やシネコンに先にお金を払わなければならないため、キャッシュが回らなくなり、二〇一八年七月にサービスを停止した。翌月より、月会費は同額のまま利用は月三回までとサービスを改定している。

イギリスのDripAppは、ロンドンの独立系カフェと提携し、月額八九ポンドでコーヒー飲み放題というサブスクリプションを始めた。しかし、人材と資金が不足し、ユーザー数が三万人もいたにもかかわらず、撤退を余儀なくされた。

サブスクリプション・ビジネスの成功パターン

では、どうすればサブスクリプション・ビジネスで成功できるのか。事例を分析すると、成功パターンは以下の五つにまとめられる（次ページ図19）。

1.データ活用によるユーザーの体験価値向上（レコメンドなど）

「この本を選んだ人にはこれもお薦めです」というように、蓄積した顧客データを分析・活用して、ユーザーの好みに合う商品やサービスをタイミングよくレコメンドする機能があるとユーザーに支持されやすい。とくにアイテム数が多く、多くの人が選択に悩む商品には有効だ。

図19

サブスクリプション・ビジネスの成功パターン

	概要	主な事例
データ活用によるユーザーの体験価値向上（レコメンド等）	●蓄積した顧客データを分析・活用し、ユーザーの好みや、必要とするタイミングなどをレコメンド ●アイテム数が多く、商品選択に悩む商材をキュレーション/レコメンドする	●NETFLIX ●米ipsy（コスメボックス） ●エアークローゼット
同じものを頻度高くリピート	●自分が気に入った同じ商品を、繰り返し利用する商材 ●利用頻度が高く、定期的に使う商材 ●消耗品など	●マイクロソフト、アドビ ●米Doller Shave Club（カミソリ） ●メニコン（コンタクトレンズ）
サブスク同士のバンドル（提携）、他サービスと組合せ	●異なるサブスク同士の提携（付加価値を高めたり、解約率の低下を目的とする） ●購入＋サブスクの組合せで、購入商品の利用価値を高める	●Amazon Prime（音楽、動画、電子書籍、配送優遇） ●米Spotify＋米Huluなど ●ソニー（ハード＋ソフト）
体験を提供し、購買へ繋げる	●買うことを躊躇する場合、まずは体験してもらう ●気に入れば購入してもらう ●さらに、アップセルやクロスセルなど追加施策を行う	●パナソニック（4KTV） ●DYSON（掃除機等）
持続性のある収益構造	●サブスクに適した収益構造の設計を行い、持続性を高める ●仕入れ・調達コストを低く抑える ●他の用途に活用する	●ラクサス（ブランドバッグ） ●IDOM（中古車）

資料：KDDI「世界を席巻するサブスクリプションビジネスPart2」ほか、各種資料より作成 ©BBT大学総合研究所

ネットフリックス（動画配信）、iPsy（コスメボックス）、エアークローゼット（ファッション）などが、この機能を効果的に活用している。

2.同じものを頻度高くリピート

自分が気に入ったものを繰り返し利用する商材や、高頻度で定期的に使う消耗品などは、サブスクリプション・ビジネス向きだといえる。

マイクロソフト（ソフトウエア）、アドビ（ソフトウエア）、ダラーシェイブクラブ（カミソリ）、メニコン（コンタクトレンズ）などがこれに該当する。

3．サブスクリプション同士のバンドル（提携、他サービスとの組み合わせ）

異なるサブスクリプションを組み合わせることで、付加価値を高め、解約率を下げる。「アマゾン・プライム」や「スポティファイ（音楽）」「フールー（動画）」の提携がこれにあたる。あるいは「購入＋サブスクリプション」で、購入商品の利用価値を高めるケースもある。ソニーが「プレイステーション４」のハードの売切りとソフトのサブスクリプションをセットにしたプランがそうだ。

4．体験を提供し、購買へつなげる

ダイソンの掃除機のように「性能がいいのはわかっているけど、価格が高い」と思われて買い控えが起きている商品の場合は、サブスクリプションで「月々手ごろな金額で使えるようにして、気に入ったら買ってもらう」というビジネスモデルが機能しやすい。これにアップセルやクロスセルなどの施策を加えることもできる。

図20

ユーザーの継続を促すカスタマーサクセスの追求がカギ

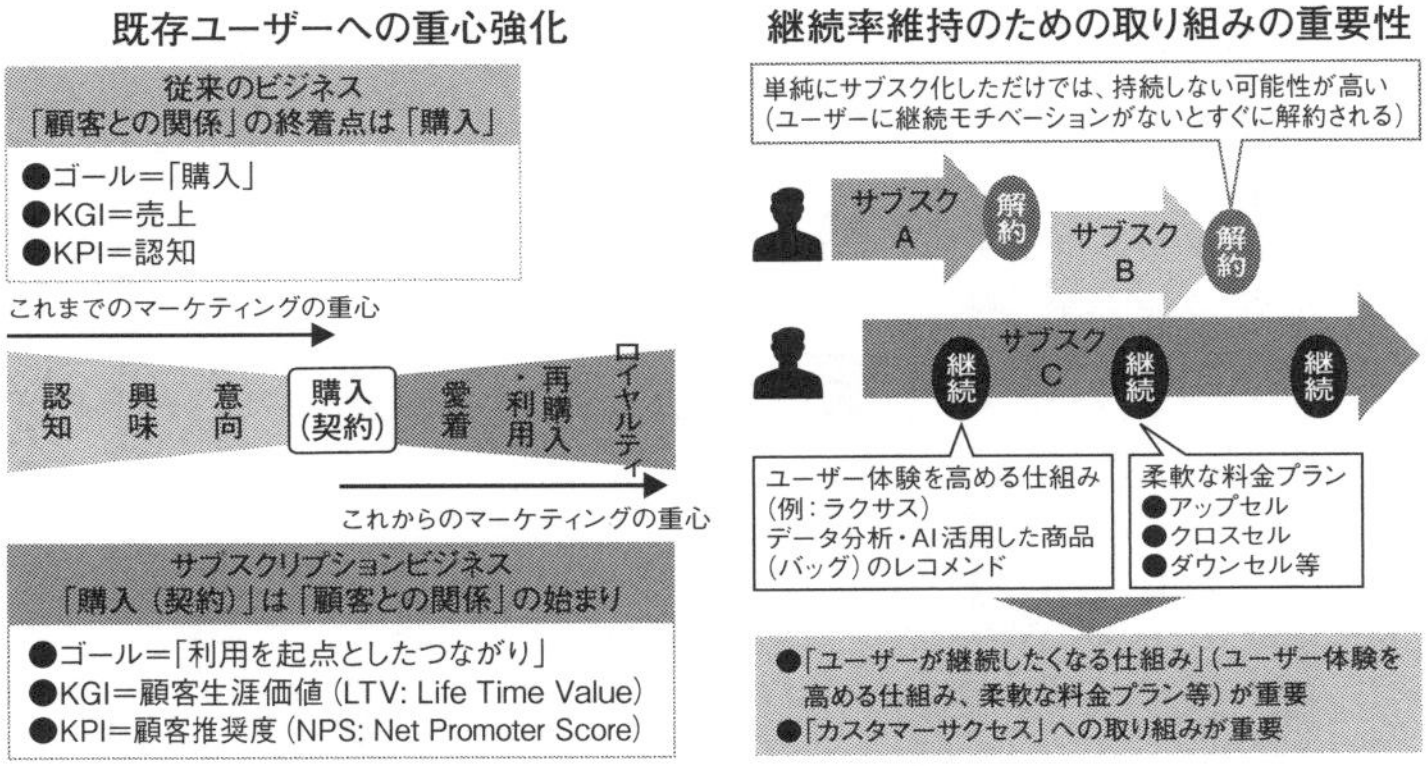

既存ユーザーへの重心強化

従来のビジネス
「顧客との関係」の終着点は「購入」

- ●ゴール=「購入」
- ●KGI=売上
- ●KPI=認知

これまでのマーケティングの重心

認知　興味　意向　**購入（契約）**　愛着・再購入・利用　ロイヤルティ

これからのマーケティングの重心
「購入（契約）」は「顧客との関係」の始まり

- ●ゴール=「利用を起点としたつながり」
- ●KGI=顧客生涯価値（LTV: Life Time Value）
- ●KPI=顧客推奨度（NPS: Net Promoter Score）

継続率維持のための取り組みの重要性

単純にサブスク化しただけでは、持続しない可能性が高い
（ユーザーに継続モチベーションがないとすぐに解約される）

サブスク A　解約　サブスク B　解約

継続　サブスク C　継続　継続

ユーザー体験を高める仕組み
（例：ラクサス）
データ分析・AI活用した商品
（バッグ）のレコメンド

柔軟な料金プラン
- ●アップセル
- ●クロスセル
- ●ダウンセル等

- ●「ユーザーが継続したくなる仕組み」（ユーザー体験を高める仕組み、柔軟な料金プラン等）が重要
- ●「カスタマーサクセス」への取り組みが重要

資料：電通報『所有から利用へ。「サブスクリプション」型モデルでビジネスを変革!』、KDDI「世界を席巻するサブスクリプションビジネス」ほか、より作成 © BBT大学総合研究所

5. 持続性のある収益構造

サブスクリプション・ビジネスに適した収益構造の設計がポイントとなる。とくに仕入れや調達コストといった初期のキャッシュフローの問題をいかに乗り越えるかが持続性を左右する。ラクサス（ブランドバッグ）やＮＯＲＥＬ（中古車）など、うまくいっている企業の事例を参考にするといいだろう。

サブスクリプション・シフトで求められる人材も代わってくる

従来のビジネスは、売上が最終目標だった。サブスクリプション・ビジネスはそうではない。購入してもらったところから、

図21

サブスクリプション・シフトするためには組織改革が必須

メディア業界のサブスク化で生じた変化

	これまで	現在（変化後）
音楽	CD販売枚数（国内市場）	配信プラットフォーム再生回数（海外・世界市場）
	コンテンツ販売収入	楽曲・ライブ・イベント・グッズ販売の総合収入
	従来型音楽業界人（CD販売枚数重視）	語学力・企画力のある人材
テレビ	地上波視聴率	配信プラットフォーム有料会員獲得数
	番組を地上波最適化（60分、30分番組）	配信・映画を見据えた柔軟な番組作り
	従来型TV業界人（視聴率重視）	有料会員獲得できるプロデューサー、UI/UXエンジニア、データ分析
新聞・雑誌	発行部数	配信プラットフォーム有料会員獲得数
	記者クラブ・政府発表報道	独自視点深掘り記事 独自解説・考察
	従来型新聞雑誌人材（発行部数重視）	有料会員を獲得できる企画プロデューサー、UI/UXエンジニア、データ分析

サブスク化する企業に求められる組織変革

全社視点

- 「プロダクト販売型発想」から「顧客起点のサービス」へ発想を切り替える
- 各部門からの不満・反論に対し本気度・コミットメントを示し説得する

経営指標

- 各種経営管理指標を変える
  - 顧客獲得コスト
  - 顧客生涯価値LTV
  - 年間定期収益（ARR）
  - 顧客1人当り収益
  - 解約率（Churn/チャーン）
  - 年間契約額（ACV）
  - 顧客推奨度（NPS）など

組織／業務プロセス

- 顧客のために部門間連携を密に行う

マーケティング／営業

- マーケティングの仕組みを変える
- 営業マン評価方法の変更（売切りと異なる評価）
- カスタマーサクセスに力点を置く

顧客分析基盤 IT／システム

- 顧客の利用状況など、データを蓄積・分析
- 契約管理・請求回収
- 社内の各種システムとの連携

資料：「週刊ダイヤモンド」を基に作成 © BBT大学総合研究所

顧客との関係が始まるのである（図20左）。

ただし、単純にサブスクリプション化しただけでは、関係を継続してもらえない可能性が高い。だから、成功体験や柔軟な料金プランなど、ユーザーが継続したくなる仕組みが重要となるのだ（図20右）。

サブスクリプション・シフトするためには、組織、業務プロセス、経営管理指標、システム、人材要件などを変えていかなければならない。

たとえば、音楽業界なら、これまでは国内市場におけるCDの販売枚数が重要な指標だった。しかし、サブスクリプション・ビジネスにシフトすると、世界市場での配信プラットフォームの再生回数が最重視されるようになる（図21左）。

収益も、コンテンツそのものの販売だけ

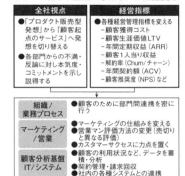

でなく、楽曲、ライブ、イベント、グッズ販売を加えた総合収入で考えなければならなくなるだろう。

そうなると、組織に必要となる人材も、従来型の音楽業界人から、語学力や企画力のある人に代わるはずだ。

テレビ業界も、これまでの指標だった地上波視聴率は、配信プラットフォーム有料会員獲得数に置き換わる。番組制作も、地上波放送の六〇分や三〇分に合わせたものでなく、配信を前提にした内容に変わらざるを得ない。そうなるとテレビ局がこれから必要とするのは、UI（ユーザーインターフェース）／UX（ユーザーエクスペリエンス）エンジニアやデータアナリスト、あるいは有料会員を獲得できるプロデューサーだ。

新聞・雑誌業界も、発行部数よりも有料会員数が大事になり、それに堪え得る内容の記事だけが読まれることになる。必要とされる人材も、テレビと同様に、UI／UXエンジニアやデータアナリスト、有料会員を獲得できる企画をつくれる人に代わっていく。

サブスクリプション化する企業に求められる組織変革

企業がサブスクリプション化するには、「プロダクト販売型」から「顧客起点のサービス」へ発想を切り替えなければならない（前ページ図21右）。

そして、これに反対する各部門は、トップが本気度を示して説得するのだ。

それから、これから重視する経営指標は次のとおりだ。

顧客獲得コスト、顧客生涯価値（LTV）、年間定期収益（ARR）、顧客一人当たり収益、解約率（チャーン）、年間契約額（ACV）、顧客推奨度（NPS）など。

さらに、顧客のために「部門間連携を密にする」「マーケティングの仕組みを変えカスタマーサクセスに力点を置く」「顧客の利用状況などのデータを蓄積し分析する」といったことが重要になってくる。

企業はいかにサブスクリプション・シフトを進めればいいのか

最後に、企業はどのようにサブスクリプション・シフトを実行すればいいのか。

一つのモデルが、「サブスクリプション事業企画」→「サブスクリプション実証」→「サブスクリプション事業体制構築」→「サブスクリプション本格ローンチ」という移行ステップを着実に踏むことだ（次ページ図22）。一方で、各ステップへ移行する際は、PDCAサイクルを高速で回してスピード感をもって進めなくてはならない。

自社ビジネスのサブスクリプションへの移行を検討するときは、「自社事業がこれまでと異なるサブスクリプション・ビジネスにディスラプトされるリスクはないか?」「サブスクリプショ

図22

サブスクリプション・モデルへの移行ステップ

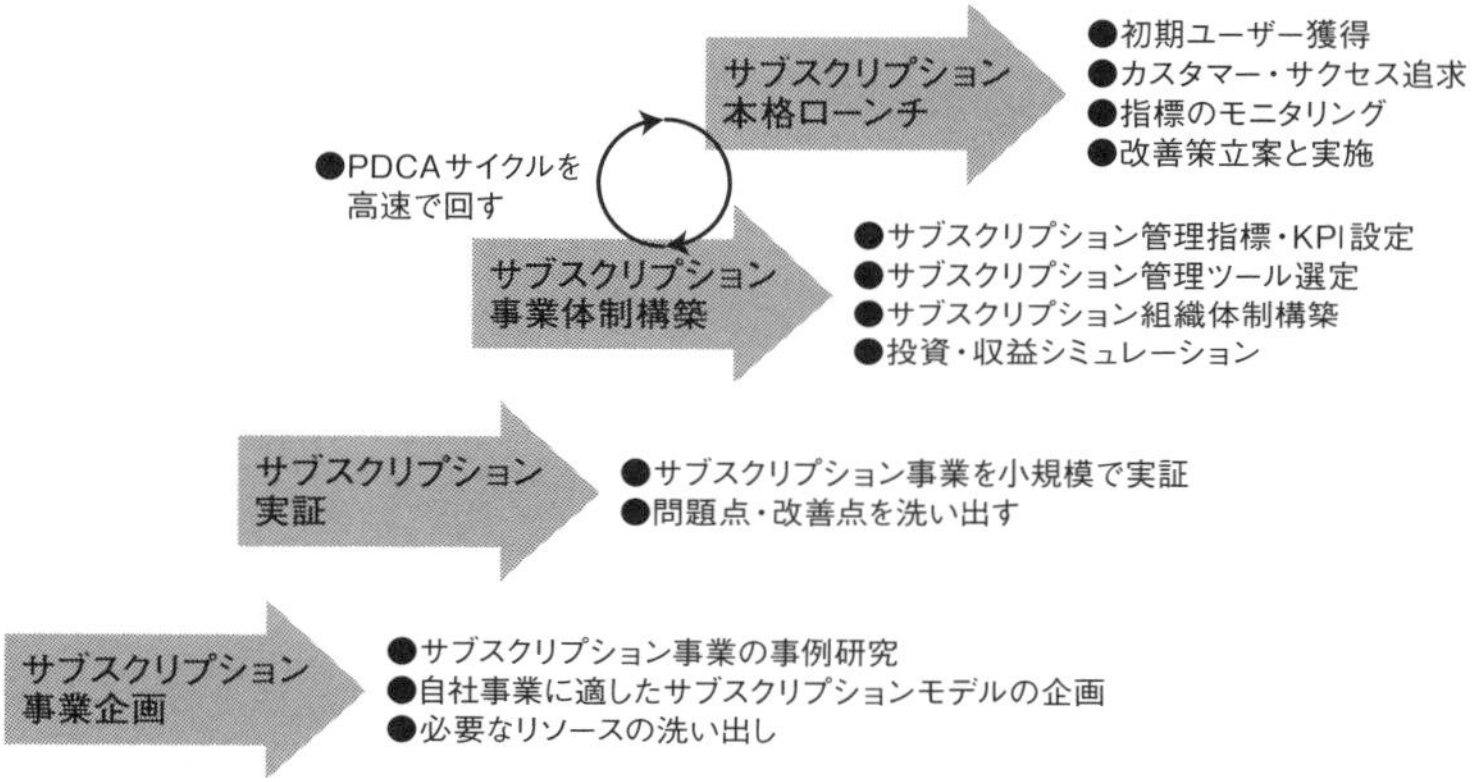
サブスクリプション事業企画
●サブスクリプション事業の事例研究
●自社事業に適したサブスクリプションモデルの企画
●必要なリソースの洗い出し
サブスクリプション実証
●サブスクリプション事業を小規模で実証
●問題点・改善点を洗い出す
サブスクリプション事業体制構築
●サブスクリプション管理指標・KPI設定
●サブスクリプション管理ツール選定
●サブスクリプション組織体制構築
●投資・収益シミュレーション
●PDCAサイクルを高速で回す
サブスクリプション本格ローンチ
●初期ユーザー獲得
●カスタマー・サクセス追求
●指標のモニタリング
●改善策立案と実施

資料：BBT大学総合研究所 ©BBT大学総合研究所

ンを取り入れることで、〝低欲望社会〟に自社事業が成長・拡大する可能性はないか」をチェックしてほしい（図23左）。いずれの場合も、過去の成功・失敗事例の研究が不可欠だ。

最後に、サブスクリプションに取り組む際の経営者としての心がまえについて説いておきたい（図23右）。

サブスクリプションへのシフトは、従来のビジネスモデルからの転換を意味する。いわば新規事業であるので、当初は投資先行となり、収益はむしろ悪化する可能性が高い。最も重要なのは、短期間で結果を求めないことである。同時に、サブスクリプションに適した組織変革も不可欠である。また、ユーザーに長期間にわたって会員を継続してもらうためにカスタマーサクセス

図23

企業生き残りとサブスクリプション・シフトの加速

サブスクリプションに関するチェック項目

1 ディスラプトされるリスクはないか?

自社事業が、これまでと異なるサブスクリプション・ビジネスにディスラプトされる可能性はないか、チェックする

- 同業・他業界でサブスクリプション・ビジネスにディスラプトされた事例
- サブスクリプションに対抗した事例

2 「低欲望社会」において新たな事業機会があるか?

サブスクリプションを取り入れることで、低欲望社会に自社事業が成長・拡大する可能性はないのか、チェックする

- サブスクリプションの導入に成功した事例
- サブスクリプションの導入に失敗した事例

企業経営者はどうすればよいか?

1 収益悪化に耐えてサブスク・シフトを加速する

- サブスク・シフトを進めた当初は先行投資により、収益が悪化することが見込まれる
- 企業体質の変革であり、短期間に結果を求めない

2 従来型の組織からサブスクに適した組織に変革する

- 組織・業務プロセス・経営管理指標・システム・人材要件、など組織変革を実行する

3 カスタマーサクセスを継続的に強化する

- ユーザーに継続モチベーションがないと、すぐにサービスを解約される

4 社会的に批判されるリスクを十分考慮する

- アルコール、タバコなど嗜好品の提供

サブスク・シフトを加速するためには、トップが自ら先頭に立ち、変革を主導する必要がある

資料：BBT大学総合研究所 ©BBT大学総合研究所

の継続的な強化も考え続けなければならない。最後に、アルコールなどの嗜好品の提供を行うのであれば、社会的に批判されるリスクも十分考慮すべき点である。

このように、サブスクリプション・シフトは既存のビジネスの延長ではないため、トップが自ら先頭に立って、変革を主導する必要があるのだ。

【質疑応答】

Q1　デジタルコンテンツと比べると、限界費用（生産量を一単位増加させることに伴う総費用の増加分）が高いモノのサブスクリプションは難度が高いのでは。

大前　モノのサブスクリプションは、ある程度のボリュームがなければ利益が出ないのはたしかだ。だから、そこに到達するまでに資金がショートするとひっくり返ってしまう。つまり、モノのサブスクリプションの場合、資金の調達コストが生死の分かれ目である。

Q2　ドローンが発達すると、物流費が極力ゼロに近づく。そうすると、これまでサブスクリプションの対象にならなかった商品もサブスクリプションで扱えるようになってくるという考え方は正しいか。

大前　たしかにドローンの能力は日進月歩で進化していて、現在はかなり重いものも運べるようになってきている。だが、日本のマンションやアパートにはドローンの着地点がないうえ、都心では飛ばせられない地域がかなりある。したがって、首都圏では配達用ドローンの実用化は難しいというのが、私の考えだ。

Q3　低欲望社会になると、人々の所有に対する欲望はどんどん薄れていくのか。

大前　アメリカには「ネイバー・ジョーンズ」という言葉がある。「隣のジョーンズさんが大きなテレビを買ってフットボールを観ているから、ウチも大型テレビを買わなきゃ」という発想をする人のことを指す。これこそが経済成長期の人々の基本的な行動パターンである。しかし、現在の日本のような成熟社会に突入すると、人々は所有することにあまり価値を置かなくなる。だから、モノ消費が廃れ、コト消費が主流になってきているのだ。「所有しなくても、必要なときに借りればいい」というサブスクリプションの考え方は、まさにこれからの時代にマッチしているといっていい。

Q4　サブスクリプション・ビジネスの登場で、業界そのものがディスラプトされるとはどういうことか。

大前　たとえば、リアル書店はアマゾンが登場してネットで注文した本が翌日自宅に配達されるようになった段階で、一度ディスラプションされている。そして、電子書籍のサブスクリプション・サービスにより、読みたい本をいつでも好きなときに自分の端末で読めるようになると、完全にとどめを刺された。ふらりと寄って立ち読みをするという習慣がある世代がいなくなれば、リアル書店の存在意義は完全になくなる。

Q5 医者や弁護士などのプロフェッショナルに月額制で相談に乗ってもらえるといったサブスクリプション・サービスは可能か。

大前 十分可能だ。すでに「弁護士ドットコム」というサービスがあり、医者のセカンドオピニオンを聞けるサービスもある。弁護士、医者、弁理士、会計士などからネットを通じて遠隔でサービスを受けるというスタイルは、これからもっと増えてくるだろう。ただ、医者の場合、現在は「初診は患者と対面で行わなければならない」などの制約が多く、今後サブスクリプション化をさらに進めるためには、法律を変える必要がある。

（二〇一九年八月三〇日「ATAMIせかいえ」にて収録）

第二章

サブスクリプション・ビジネスの勘所

佐川隼人

PROFILE

佐川隼人

Hayato Sagawa

テモナ株式会社 代表取締役社長
一般社団法人日本サブスクリプションビジネス振興会 代表理事
2008年10月にテモナ株式会社を設立。労働集約型のシステム受託開発事業に限界を感じ、サブスクリプション・ビジネスモデルに転換。SaaSサービス「たまごリピート（旧たまごカート）」を開発。これまで延べ1,700社以上の企業に自社製品の提案、ネット通販のコンサルティングを行う。2017年にマザーズ上場を実現。2019年4月にはサブスクリプション販売に特化したシステム「サブスクストア」、企業向けサブスクリプション・ビジネス専用システム「サブスクストアB2B」をリリース。2018年日本サブスクリプションビジネス振興会を設立し、代表理事に就任。2019年4月、東証一部上場。著書に『サブスクリプション実践ガイド』（英治出版）。

テモナのサービス概要

私は二〇〇八年にテモナを設立しました。ここで販売しているのが、リピート通販企業のための究極のクラウド通販システム「たまごリピート」（旧たまごカート）です。

その後、二〇一九年に「サブスクストア」という、まったく新しいサブスクリプション特化型のクラウドシステムも始めました。これは簡単にいうと、サブスクリプション・ビジネスを行うためのシステムです。

実際にサブスクリプション・ビジネスを始めると、「契約の管理」「商品の出荷」「売上分析」といった業務が発生します。私たちはそれをサービスというかたちにして、月額で販売しているのです。当社の事業もまたサブスクリプションであるといえます。

二〇一七年に東証マザーズ、そして二〇一九年は東証一部に上場を果たしました。

二〇一八年には一般社団法人日本サブスクリプションビジネス振興会（略称サブスク振興会）を設立し、代表理事に就任しています。

労働集約型からサブスクリプション・ビジネスへの転換

私はシステムエンジニアとして長い間働いてきたため、現在の事業も最初は受託開発がメインでした。クライアントの要望をヒアリングし、システム設計やプログラミングを行い、完成品を納品したらお金をいただけるという労働集約型の仕事をしていたのです。

あるとき、当時の主要クライアントのプロジェクトが突然中止となり、売上がいきなり半減する事態に見舞われました。しかし、売上が半減すればコストも半減するというわけではありません。そこから金策に奔走する日々が始まります。二カ月かけてなんとか工面できたものの、その間は生きた心地がしませんでした。

システム開発の仕事そのものは決して嫌いではありませんでしたが、受託ビジネスである限り、どうしてもクライアントの事情に振り回されることが多くなります。いつまで経っても経営が安定しないのです。

そこで、ビジネスモデルを変えようと一念発起し、三年かけてフロー型からストック型に転換を図りました。具体的にはサブスクリプション型の製品を自社で開発し、それを月額制で販売することにしたのです。

事業転換に要した三年という期間の妥当性については、既存の労働集約型のビジネスモデルをサブスクリプションに変えるには、それくらいの時間が必要だと思います。他社の事例をみても、たいていその程度の時間がかかっているようです。

図1

サブスクリプションの4つのモデル

モデル	難易度	プレイヤーの数	向いている商材	例
定期購入	低	中	日常的に使うもので、習慣性のあるもの	サプリメント、基礎化粧品、新聞、雑誌、雑貨など
頒布会	中	少	日常的に使うもので、さまざまな種類があって選ぶのが大変なもの	食品、飲料、化粧品、雑貨など
会費制	低	多	時間や金額などに制約が起こりがちなもの	ソフトウエア、デジタルコンテンツ、レンタル、実店舗など
レコメンド	高	少	不確定要素が多く、顧客の嗜好や特性に左右されるもの	ファッション、食品、雑貨、デジタルコンテンツなど

サブスクリプション・ビジネスの種類

サブスクリプション・ビジネスは、①定期購入モデル、②頒布会モデル、③会費制モデル、④レコメンドモデルの四つに大別できます（図1）。

1. 定期購入モデル

毎月一定額の会費を支払っている会員に対して、特定の商材を販売するモデルです。

代表的な事例として、富士山マガジンサービスが行っている雑誌の定期購読サービス「Fujisan.co.jp」が挙げられます。複数の出版社が発行する一万冊以上の雑誌を取り扱っているため、マイナーな雑誌も選べるというメリットがあります。

2. 頒布会モデル

事業者側があらかじめコース設定を行って、毎月一定額の会費を支払っている会員に対して、毎回異なる商材を販売するモデルです。

毎月旬の食材が届く日本郵便の「ふるさと会」がこれに該当します。

そのほかの事例として、オイシックス・ラ・大地の「おいしっくすくらぶ」は、会員に食材を定期宅配するサービスです。中身の入れ替えや休止もできるなど、自由度はかなり高いです。

3. 会員制モデル

毎月一定額の会費を支払っている会員に対して、サービスやコンテンツの利用権利を貸与するモデルです。サブスクリプション・ビジネスの中で最もマーケットが大きく、プレイヤーも多いモデルです。月謝制のスポーツジムやエステサロン、塾などのほかに、会員になるとシステムが使い放題になるSaaS型サービスも該当します。

代表的な事例であるストライプインターナショナルの「メチャカリ」は、会員になれば定額で洋服を何度も借りることができるファッションレンタルサービスです。会員は金額や時間などを気にすることなく、「選び放題」「使い放題」といった恩恵を受けることができます。

4．レコメンドモデル

会員一人ひとりの嗜好や状況に合わせて、専門家が商品やサービスを提案（レコメンド）し、提供するモデルです。

これは四つのモデルの中で最も難易度が高く、上級者向けです。理由は、会員が満足する商品を選ぶのが難しく、一度でも自分の納得しない商品が届くと退会されてしまうため、解約率が高くなりやすいからです。これを防ぐにはビッグデータを蓄積してレコメンドの質を上げるしかありません。そのため、システムに対し相応の投資が必要になります。

代表的事例であるファンデリーの「ミールタイム・栄養士おまかせ定期便」は、会員の症状に基づいて管理栄養士がカルテを作成し、それに合った食事を定期配送するサービスです。

サブスクリプション・ビジネスの必須ポイント

どんな商材ならサブスクリプション化できるのかについて、よく質問されます。これに対する私の回答は、「サブスクリプション化できない商材はない」です。もちろん、一定の向き・不向きはありますが、絶対に不可能という商材はないと思っています。どんな業界のどんな事業でも、前述した四つのモデルのいずれかに移行することはできます。

次に、サブスクリプション・サービスを開始するにあたって、「ユーザーは自社のVIP顧客である」という認識をもつべきです。いい換えれば、「サブスクリプションとは、VIP顧客向けのサービス」なのです。

会員になって毎月五〇〇〇円や一万円を支払っていただくということは、リアル店舗ならヘビーユーザーであり、常連さんですから、間違いなくVIP顧客です。追加でオプションサービスを購入していただけるかもしれませんし、知人を紹介していただけるかもしれません。

したがって、サブスクリプションを始めるにあたっては、「自社にとってのVIP顧客は誰なのか」についてきちんと定義し、理解しておく必要があります。そして、「当社のVIP顧客はこのような人たちです」というペルソナがはっきりしたら、次はその方々の悩みや要望を徹底的に聞き出し、アウトプットしておきます。

そのうえで、ONB（オンブ）を押さえ、サブスクを設計します。ONBとは、私の造語で、以下の頭文字を取ったものです。

O……お得であること

N……悩み解決であること（または特別感があること）
B……便利であること

成功していないサブスクリプション・サービスは、このONBの要素を踏まえていないといっても過言ではありません。

各社のサブスクリプション事例を検証する

それでは、以下の事例がONBを満たしているかについて、検証していきます。

1. 某大手うどんチェーン「天ぷら定期券」

これは三〇〇円（税別）で約一カ月半、天ぷら一品が無料で食べられるというものです。このサブスクリプション・サービスのONBを検証してみましょう。

O……天ぷら一品は一〇〇～二〇〇円ですから、キャンペーン期間中に四～五回食べに行けば元は取れるため、お得だといえます。

N……お金がない人の悩みはある程度解決するかもしれません。
B……この券で何かの手間が省けたり、利便性がよくなったりはしないので、便利になるかどうかは微妙です。

したがって、これはO（お得である）だけのサブスクリプション・サービスです。

そうすると、このサービスを利用するのは、「値段が安い」という部分にだけ引かれて来店するお客様ということになります。このようなお客様は安くないと満足しないので、店は利益を出すことはできません。逆にいえば、そのようなお客様だけを集めるためのツールなのです。

以前、共同購入型クーポンサイトが一時期注目を集めたものの、長続きしなかった理由もこれと同じです。お客様が増えても利益を出せないので、企業が疲弊してしまうのです。

2. 某ラーメンチェーン「ラーメン定期券」

これも同じO（お得である）だけのサービスです。このラーメンチェーンでラーメンを毎日一杯一カ月間食べたら二万四一八〇円かかりますが、この定期券を買えば八六〇〇円で済みます。ラーメンが好きで毎日食べたい人にとってはお得かもしれません。でも、そのような人は決して多くはないでしょう。N（悩みが解決される）やB（便利である）の要素はどちらも非常に微妙です。したがって、サブスクリプション・サービスとしては疑問に思わざるを得ません。

たとえば、店舗に会員専用入口や会員専用席を設けてみてはどうでしょうか。「並んで待たなければならない」というお客様の悩みは解決されます。このように設計を工夫することで、サブスクリプションの価値はどんどん上がっていくのです。

3．某会員制レストラン

年間三万円の登録料を支払うと、毎月五〇〇〇円のクーポン（期限一年間）がついてきます。年間六万円分ですから、〇の面からはかなりお得です。

次に、このサービスはお客様の悩みの解決になっているでしょうか。この手の高級レストランはなかなか予約を取れませんが、このレストランでは会員になると優先的に予約を取ることができるようになります。つまり、「いい席に座りたい」というＶＩＰ独特の悩みが解決されるというわけです。しかも、専用電話でコンシェルジェが「当日ご一緒されるのはどういう方ですか」「バースデーなら花束を用意しましょうか」というように、いろいろ気を遣い必要な手配をしてくれるといった便利な要素もあります。

4. 某ヘアケアサービス

毎月定額（一万五〇〇〇円から三万三〇〇〇円まで複数のコースを設定）を払うと、厳選した全国五〇〇以上の美容室でシャンプー、ブロー、ヘアケアを受け放題というサービスです。シャンプー、ブロー、ヘアケアが一回二〇〇〇～三〇〇〇円だとすると、頻繁に美容室に通う人にとってはお得だといえます。

さらにこれは悩みの解決にもなります。このサービスのメインターゲットは三〇代から四〇代の「働く女性」で、家事や子育て、そして仕事に追われてとにかく時間がないことが悩みです。とくに朝はゆっくり髪をセットしている余裕などありません。ところが、このサービスを利用すれば、近所の美容室でいつでもケアを受けることができるのです。

では、誰にとっても便利かというと、対象となる美容室が自分の行動圏内にあればいいですが、そうでない人にとっては便利ではないということになります。

5. 某食品宅配サービス

これは定期購入の頒布会モデルです。お得は単発買いよりも二〇～三〇％安い価格で購入できるという点です。安心安全な食材をお届けすることで、「体に悪いものは自分や家族の口に入れたくない」という会員の悩みの解決にもなっています。

それから、二〇分以内で二品つくれるレシピ付き献立キットが、文字どおり便利さを提供しています。

サブスクリプション・ビジネスの勘所

サブスクリプション・ビジネスは、単月での収益を重視したビジネスではありません。そのため、ビジネス開始後はサブスクリプション特有の意識すべき勘所があります。

1. 損益分岐点を超えるまでが勝負

サブスクリプション・サービスの勝負は、損益分岐点を超えられるかどうかにかかっています。だから、損益分岐点を超えるまでは資金もしくは事業を確保し、超えたら一点集中です。

なぜ損益分岐点を超えられるかが勝負なのかというと、サブスクリプションはストックビジネスだからです。損益分岐点を超えるまでは、苦しい状態がずっと続くことを覚悟しなければなりません。

そのため、スタートアップ企業の場合、資本調達したり融資を受けたりして必要な資金を確保し続けないと、途中で息絶えてしまいます。

大きな組織なら、既存の事業から資金を回してもらえるかもしれませんが、その場合も予算は多めに見積もっておくべきです。

当社は、サブスクリプション・サービスが損益分岐点に到達するまでは、受託開発の仕事で食いつなぎました。そして、損益分岐点を超えたら受託の仕事は全部やめて、すべてのリソースをサブスクリプションに投入し、利益の積み上げ速度を上げるという戦略をとりました。これは戦略としてきわめて正しかったと思っています。

2. 顧客と一緒にサービスをつくる

ECサイトを運営しているサブスクリプション事業者の中には、定期購入のお客様が解約しにくいように、わざとコミュニケーションをとりにくくしているところがあるようですが、それはサブスクリプション戦略として間違っています。なぜなら、サブスクリプション・ビジネスは「お客様と一緒にサービスをつくる」のが鉄則だからです。

売切りのサービスは、ある意味、契約がゴールだといえます。一方、サブスクリプション・サービスは、契約はゴールではなくスタートにすぎません。どれくらい長く使っていただけるかで、ビジネスとしての成否が分かれるといってもいいでしょう。

だから、解約率をなるべく下げることが重要なのです。そして、そのために有効なのがお客様からのフィードバックです。「サービスに不具合はありませんでしたか」「どこが気に入らなかったか教えてください」といった問いに対するフィードバックを集めて改善を繰り返していかないと、解約率は下がりません。コミュニケーションをとりにくくするのはその真逆の行為ですから、絶対にやってはいけないことなのです。

私の知人が毎週生花が届くサブスクリプション・サービスを利用していました。ところが、先日話を聞いてみると、もう解約したといいます。「あんなに気に入っていたのにどうして?」と理由を尋ねると、あるとき枯れた花が配達されてきたのだそうです。花が届いたとき、事業者から「今週のお花はいかがでしたか」という電話かメールがあれば、彼は花が枯れていたことを伝えることができました。そして、そのときの返事が「申し訳ありません。すぐに新しいお花をお届けします」だったら、おそらく彼はまだそのサービスを続けていたと思います。

このように、サブスクリプション・サービスは、お客様にフィードバックをもらいながら改善を重ね、顧客満足度を上げていかなければならないのです。

3. 獲得コスト、解約率、LTVは必ずデータ化しておく

サブスクリプション・サービスは「データビジネス」であるといっても過言ではありません。

とくに、獲得コスト、解約率、LTVのデータは必ず押さえておく必要があります。

獲得コストはCPA（Cost Per Acquisition）やCPO（Cost Per Order）といいますが、要するにお客様をひとり連れてくるためにかけた費用のことです。

解約率はチャーンレートといいます。お客様のうち何人がどのタイミングで解約するかをみる指標です。

LTVは顧客生涯価値です。貴社のサービスを利用するお客様が一人当たりどれくらいのお金を落としてくれるかということです。これには一年のLTVと生涯LTVがありますが、数千円程度のサービスであれば一年でいいでしょう。これがわかっていないと、利益が出ているかどうか判断ができません。

たとえば、毎月の会費が一万円のサブスクリプション・サービスなら、お客さんの獲得コストに二万円をかけられます。なぜなら、五回更新してくれるかもしれないからです。五回更新してくれたら五万円の収入なので、獲得コストに二万円かかっても三万円の利益が残ります。しかし、全部一回の契約で終わりだと、獲得コスト二万円では毎回一万円ずつ赤字が出てしまいます。

このように獲得コスト、解約率、LTVをデータ化しておいて、必ず利益が出るタイミングを把握しておき、そこに来たら思いっきりアクセルを踏むのです。

したがって、「どのようなPDCAを行った結果、この数字が出た」といったデータを期間べースや施策ベースで取っておくことが必要です。それなしにサブスクリプション・ビジネスの成功はあり得ません。

4. 自動引き落としはLTVが伸びる

これは当社で比較検証したことがあります。

まったく同じ商品を扱っている二つのサブスクリプション事業者で、お客様の支払方法が片方はコンビニか代引き、もう片方はクレジットカードの自動引き落としか口座振替のとき、LTVを比べると後者が前者の一・五倍という結果でした。

解約が面倒だとか、そもそも契約したことを忘れてしまったとか、ビジネスの本質とは関係ない理由ですが、自動引き落としのほうがLTVは確実に伸びます。

それに、LTVが伸びればそれだけお客様とのコミュニケーションの回数が増えるわけで、そのぶん改善の機会も多くなります。そのようなプラス面をみていただければいいと思います。

5. お友だち紹介プログラム

これがなぜ重要かというと、顧客獲得コストがゼロだからです。サブスクリプションはVIP

向けのサービスなので、お客様の満足度が高ければ友だちを紹介してもらいやすくなります。また、友だちを紹介してくれたお客様にはお礼の電話やメールをしたり、ポイントを還元したりする工夫も効果的です。

6. 解約率を低く抑える

これは料金を自動引き落としにして、お客様とのコミュニケーションをまめにとって、日々サービスの改善に努めることに尽きるといっていいでしょう。前述したように、解約の仕方をわざと複雑にしたり、電話がつながらないようにしたりするやり方は、得策ではありません。

まとめ「ONB」「ミニマムローンチ」「データ」

まず前述したONB（オンブ）を徹底的に考え抜いてください。といっても、必要なのは、貴社のお客様がどのような人なのかをデータで確認し、必要に応じてヒアリングするくらいですから、それほど難しいことではありません。

VIP顧客の人たちが何に悩んでいるかを理解して、それを解消できるサービスを構築したら、あとはコミュニケーションとフィードバックの繰り返しです。

それから、最初はミニマムローンチ（小さく始めること）が肝心です。いきなりコストをかけてシステムをつくり込み、大々的に広告を打つ人を多く見かけますが、それではリスクが大きすぎます。まず会員二〇～五〇人規模で最低限の型を人力でつくって、試行錯誤しながらシステムをつくり込んでいったほうがいいでしょう。

そして、データもはじめからしっかりとります。規模が小さいうちはエクセルで十分です。当社のすべてのサブスクリプション事業に対応するワンストップ運営支援ツール「サブスクストア」や、私の著作『サブスクリプション実践ガイド』もぜひ参考にしてみてください。

【質疑応答】

Q1　ここ数年サブスクリプション・ビジネスの失敗事例が多いということだが、その理由は何か。

佐川　通信販売やスポーツジム、塾といった従来からあるサブスクリプション・ビジネスには参考にできるモデルがいくつもあります。それに対し、この二～三年の間に増えてきたSaaS、飲食、不動産といったジャンルのサブスクリプション・サービスは事例が少ないため、情報の蓄積も少なく、手探りでやらざるを得ないというのが、その理由だと思います。

Q2　サブスクリプション・サービスを行うにあたって、B2CとB2Bの違いはどこにあるか。

佐川　いちばん異なるのはLTVです。基本的にB2BのほうがB2Cよりチャーンレート（解約率）が低くなります。たとえば、勤怠管理ツールは一年程度は使いそうですが、サプリメントだと二〜三回でやめそうです。このように、必然的にB2Bのほうが獲得コストが高くなるといった点が大きな違いではないでしょうか。

Q3　損益分岐点を超えると黒字が続くということだが、参入した競合に同様のサービスを低価格で提供されて解約率が上がるということも起こり得るのではないか。

佐川　まさに当社が現在その状態です。かつてはオンリーワンでナンバーワンでしたが、この数年で当社と同じようなサブスクリプション・ビジネス支援サービスが続々と登場し、それにつれて値段も下がってきました。

これに対しては、クロスセルする商材をつくるといったテクニックもあるのですが、それよりも大事なのは、やはり自社のサービスを徹底的に磨くことだと思います。競合に負けている点を見つけたらすぐに改善し、競争優位を維持していく。これに尽きるのではないでしょうか。

Q4　大手うどんチェーンの「天ぷら定期券」はONBのNとBが微妙なので、あまりいいサブスクリプション・サービスではないということだが、これを改善する方法はあるか。

佐川　このモデルでは来店頻度は上がっても利益が出ない構造になってしまっています。NとBを解消するには、たとえば定期券購入者にはIDを発行し、来店してそのIDを提示するといつも頼んでいるものが自動的に出てくるといったアプローチは効果があると思います。それからクロスセルの施策も考えたほうがいいでしょう。

Q5　顧客がお得と感じる基準はあるか。

佐川　一概にはいえませんが、B2Cでは通常価格の二〜三割安で提供しているところが多いようです。ただ、私自身はあまりお得にしすぎる必要はないと思っています。安いというのは結局のところ、初回の流入ハードルを下げるだけだからです。VIP顧客の悩みが解決されて、なおかつ便利なら、それほど安くしなくていいのではないでしょうか。

Q6　ONBの各要素の比重は一様ではないのか。

佐川　最優先すべきなのはN（悩み解決）、次がB（便利）、最後がO（お得）になります。本質的な価値はNとBであって、Oはフックのようなイメージでいいと思います。

Q7　既存の事業からサブスクリプション・モデルに切り替えるべきタイミングがわからない。

佐川　ある程度事業基盤がある会社がサブスクリプションに転換するのであれば、まずは小さく始めて改善を重ねてサービスを磨き、ある程度収益化を見込めるレベルになったところで踏み切るのがいいと思います。いきなり事業転換を図るのはリスクが大きすぎるので、お薦めできません。

（二〇一九年八月三〇日「ATAMIせかいえ」にて収録）

第三章

モノのサブスクリプション・ビジネスの実践結果と見えてきた本質

高梨 巧

PROFILE

高梨 巧

Takumi Takanashi

株式会社favy 代表取締役社長

1981年生まれ。東京の新宿生まれ渋谷育ち。19歳で起業、2002年より株式会社アイレップに参画し、SEM／SEO事業の立ち上げに従事する。SEMなどの運用型広告の日本上陸に初期から携わり、上場企業からスタートアップまで1,000社を超える企業のデジタルマーケティングや経営のデジタル化を担当。2015年に株式会社favyを設立し、「飲食店が簡単に潰れない世界」をつくるべく、飲食店経営のデジタル化に挑戦している。

図1

従来の販売モデルとサブスクリプションの違い

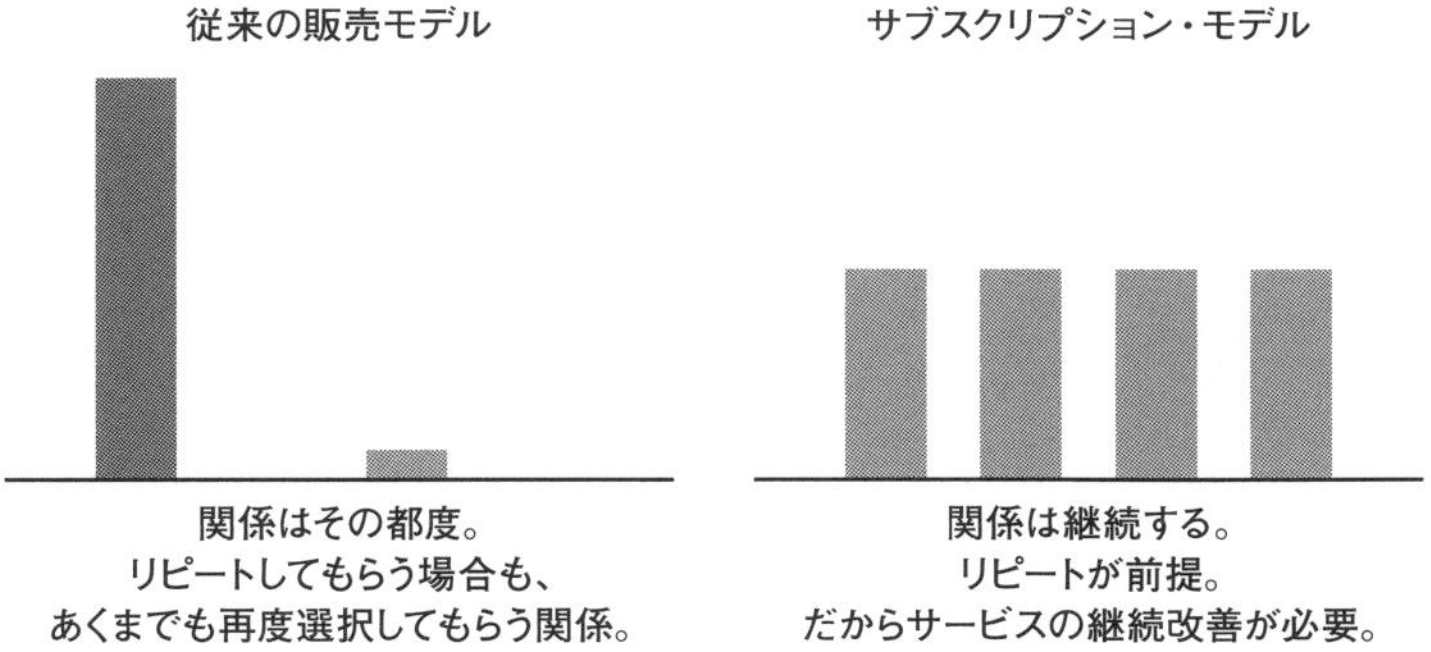
従来の販売モデル
サブスクリプション・モデル
関係はその都度。
リピートしてもらう場合も、
あくまでも再度選択してもらう関係。
関係は継続する。
リピートが前提。
だからサービスの継続改善が必要。

ユーザーに継続してもらうための質向上が必須

© favy,Inc.

サブスクリプション・ビジネスのポイントは「質の向上」

私は二〇〇一年に、ウェブ制作とデジタルマーケットの会社を立ち上げ、その後SEM／SEO会社や事業開発コンサルティング会社の経営を経て、現在は飲食店とスタートアップの会社を経営し、飲食店経営のデジタル化に取り組んでいます。

サブスクリプションとは、「ユーザーに継続利用してもらう」という特徴をもったビジネスモデルです。従来の売切り型と比べ、「売った後の関係を継続する」という点が重要になります（図1）。では、どうすればユーザーに継続してもらえるか。鍵となるのは「質の向上」です。そして、「飲食店にはサブスクリプションの概念が必ずフィットする」と私は考えています。

私はそれまで飲食店の仕事を行ったことがありませんでした。そのため、自社で飲食店をつくるにあたり、「飲食店はどうすれば成功するか」について、いろいろな人にヒアリングして回りました。

すると、ほとんどの方が「飲食店経営はリピーターが大事。どうやってファンになってもらうかが重要だ」といいます。そこで、「ファンであることや満足度が高いことをどのように測定しているのか」と重ねて質問すると、みな一様に「測定って何ですか」となり、きちんとした答えが返ってきた試しがありません。「リピーターが大事」という割に、飲食店経営者は顧客データの分析をしていないのです。飲食店の経営が難しいのは、実はこのあたりに原因があるのではないか。私はヒアリングをしながら、そんな感想をもちました。

一方、サブスクリプション型のビジネスでは、顧客データは必ず可視化し、継続してもらうにはどうするかを突き詰めていきます。

それで、飲食店にこのサブスクリプションの概念をもち込んだら必ずフィットすると考えたのです。

飲食店サブスクリプション挑戦の沿革

ここから私たちが実践してきた飲食店サブスクリプション挑戦について紹介します。

最初、「マクアケ」というクラウドファンディングのサイトで、「ムール貝食べ放題会員」を募集したところ、三二〇名が集まりました。

この手法に手ごたえを感じた私たちは、次はもう少しマーケットの大きそうなコンシューマー商品でやってみようと、「定額制生ハム食べ放題」の店をつくりました。これも非常に多くの方々に支援いただき、通常は一日一回転すれば採算がとれるところ、当店は店内の四一席が一日二～三回転しました。店内は常に混雑しており、二〇～三〇組のお客様を毎日お断りするという繁盛ぶりでした。

結果として、非常に儲かる飲食店をつくることができたので、次は専門店に挑戦することにしました。

それまではサブスクリプション会員だけでなく、一般のお客様も来られるようにしていたのですが、次に手がけた肉料理専門店「29ON（ニクオン）」は、コストコやアマゾンの「アマゾンプライム」のように、完全会員制で年会費をいただくサブスクリプション型のビジネスモデルの店にしたのです。

それからもう一軒、月額三〇〇〇円でコーヒーが毎日無料で飲めるサブスクリプション型のコーヒースタンド「コーヒーマフィア」もオープンさせました。

両者とも大成功を収めました。とくに「29ON」は、オープン前に「マクアケ」で一〇〇〇万円近いお金が集まり、初期費用はほぼそれで賄うことができました。通常の飲食店の立ち上げ方とは違った方法を発見できたのは、貴重な経験になったといえます。ビジネスモデルをみると、「29ＯＮ」は利益率二八・七％、「コーヒーマフィア」は同九・五％です。飲食店の利益率は業界平均で数％といわれているので、どちらも非常に成功しているといっていいと思います。その後は店を拡大し、現在「29ＯＮ」が四店舗、「コーヒーマフィア」が三店舗です。

さらに、次は高級店を始めてみようと、二〇一九年には店名と住所非公開、年会費一〇万円の会員制レストランをオープンしました。こちらは出店前に「マクアケ」で三四〇〇万円ほどが集まりました。

飲食店サブスクリプション成功の三つのモデル

これまでの経験から、飲食店のサブスクリプションで成功するケースは、以下の三つのモデルに集約されると考えます。

1．定額使い放題

「月額定額で〇〇使い放題」の権利を提供するというもので、当社では「コーヒーマフィア」

がこれに該当します。飲食以外では「ネットフリックス」「アマゾンプライムビデオ」「スポティファイ」などがこれに該当します。

2. 会員制

年会費を払うことで特徴ある飲食店に来店できる権利を提供するタイプで、当社の「29ON」がそうです。

3. 割引定期券

割引やトッピング無料の権利を提供するモデルです。

続いて、それぞれのモデルの実践結果を紹介していきます。

事例①「コーヒーマフィア」の実践結果

1.「コーヒーマフィア」の特徴

「コーヒーマフィア」は定額使い放題サービスです。運営開始は二〇一六年一〇月。月額三〇〇〇円からの定額制で、一来店につきコーヒー一杯が無料で飲めます。

来店回数は非常に高いです。基本的にオフィス街にある店なので、営業日は平日のみの二〇日間です。それでも月間平均でみると、少ないときで一六回、多いときは二二回となっています。一日四～五回来店されている方もいらっしゃいました。

都度会計する必要がないため、商品提供にかかる時間が圧倒的に短くなります。一般的なコーヒー店では、注文してからコーヒーが出てくるまで四～五分かかりますが、「コーヒーマフィア」では一分程度しかかかりません。

それからもうひとつ、「厳選されたシングルオリジン豆をハンドドリップで抽出して提供」というのも大きな特徴になっています。

2. 月額定額制のビジネスモデル

通常の飲食店の場合、キャッシュポイント（収益を生み出す機会）は、お客様が払う飲食代金のひとつだけです。また、たいていの場合、材料の仕入れが先で後から現金を回収するため、キャッシュフロー的に非常に厳しいビジネスモデルだといえます。

しかし、これがサブスクリプションなら、会費分の現金が先に入ってくるため、キャッシュフローの点で通常の店より有利になります。さらに、サブスクリプション化したぶん飲食代金売上は小さくなるものの、固定のサブスクリプション売上が追加されるため、トータルでみたら売上の面でも有利なのです。

気づきとしていちばん大きかったのが、「お得に利用したい」というお客様の意識です。開店当初の設計では、お客様が満足する月間の来店頻度は一〇～一二回と見積もっていました。ところが、実際は一六～二二回だったのです。

来店頻度が上がればコーヒー豆の消費量も増えますから、当初は破綻寸前というぐらい原価がかかりました。

ただし、「来店頻度が高い」のは、必ずしもネガティブというわけではありません。「営業機会が多くなる」と捉えれば、メリットともいえます。そこで、これを生かして「ついで買い」「ランチ」「夜の来店」につなげるという取り組みを始めたところ、いわゆるアップセル（顧客単

図2

サブスクリプション型飲食店のビジネスモデル

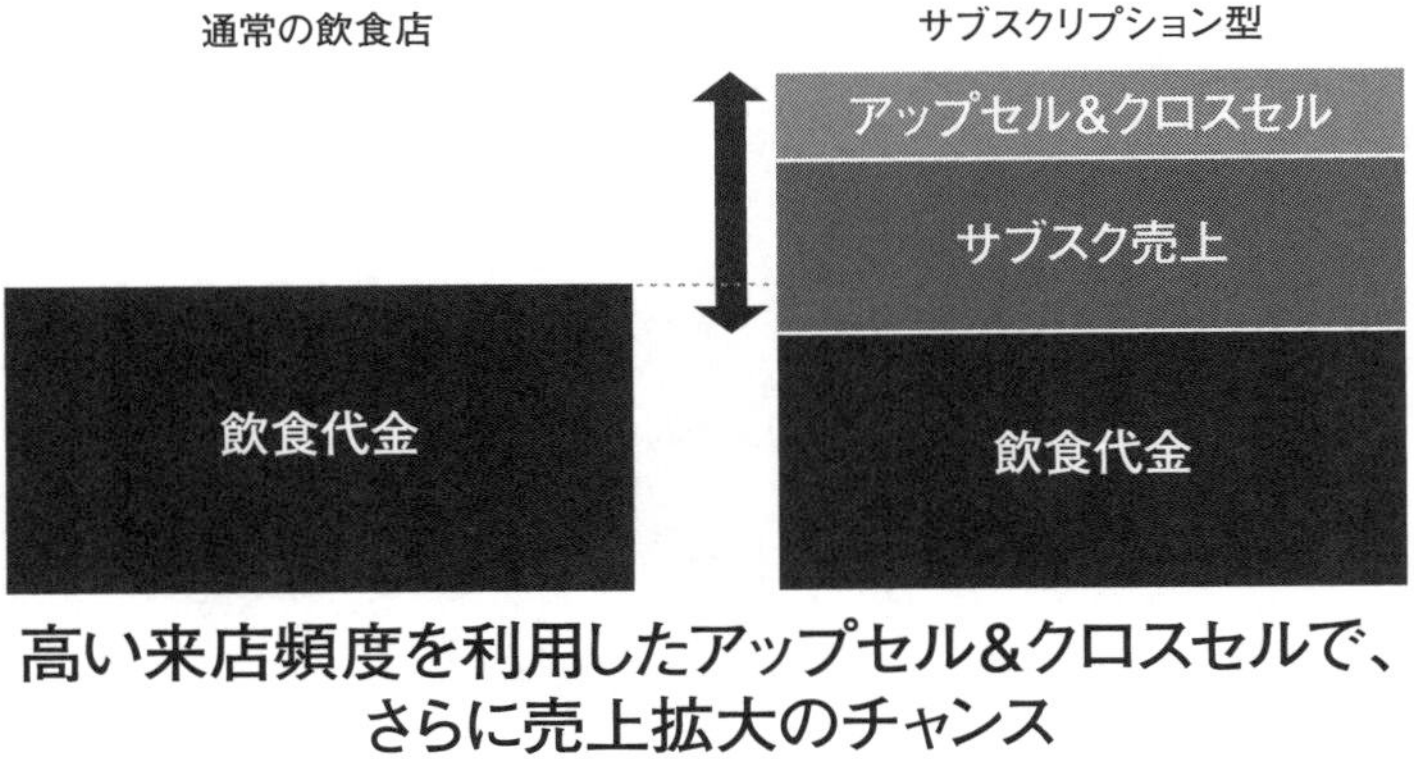

©favy,Inc.

価の上昇）やクロスセル（ついで買い）が効いてきて、結果的に売上が増え、収益も上がる業態になりました（図2）。

3．来店状況の分析結果

店ごとに会員数、来店頻度、継続期間、ＭＲＲ（月間サブスクリプション客単価）のデータをとって、状態をチェックできるようにしました。さらに、サブスクリプション客単価、利益率、解約率からＬＴＶ（顧客生涯価値）を計算したところ、粗利ベースで一人当たり七〜八万円の利益を捻出できることがわかってきました。

各種データで実態を把握できたところで、次に「どうしたら定着してもらえるか」という、「コーヒーマフィア」のサブスクリプション・ジャーニー（サブスクリプション・ビジネスの収益化の方法）を考え、仕掛けをつくりました。

その結果、現状でいちばん有効なのは「五〇〇円で一カ月コーヒーを飲めます」というトライアルでした。これを始めると、一カ月後に一五～二〇％が本契約に移り、そのまま継続していただけます。

ＬＴＶがわかってくると、ＣＡＣ（顧客獲得コスト）も明らかになります。「コーヒーマフィア」では、七～八万円の利益が出るお客様を一万円以下で獲得できる方程式ができあがりました。

お客様の来店ピークは朝八時から一〇時の間です。出勤前に立ち寄って、すぐに出ていかれる方が大半です。何時から何時の間にどれくらいの数のお客様がコーヒーを飲みにくるかということがわかっているので、それをオペレーションに組み込んで、いつお客様が来店されてもすぐにコーヒーを提供できる状態にしています。

二〇一九年二月の段階では、サブスクリプション収入が全体の三割弱であるのに対し、会員のコーヒー以外からの売上が約五割を占めています。会員は月額会費三〇〇〇円より多くのお金を使っていただいたことになります。

もちろん非会員のお客様もいらっしゃいますが、売上全体に占める割合は約二割ですから、比重はそれほど大きくありません。会員比率は現在もどんどん増えており、非会員比率はそれに反比例して減っています。

ところで、コーヒーの原価は一九・一％にもなります。これは非常に高価なコーヒー豆を使っているからで、常識では考えられない比率になってしまいました。この誤算分はコーヒー以外のクロスセルで補填しています。

事例②「29ON」の実践結果

低温調理でお肉を非常に柔らかく仕上げる「焼かない焼き肉屋　29ON」は、二〇一六年一〇月に運営を開始しました。

完全会員制にしたのは、データ取得を考えた結果です。リピーターの満足度を測るためには、ウェブ予約に特化した完全会員制にするしかなかったのです。

データの分析は、「グーグルアナリティクス」などのツール群をそのまま使えるような飲食店のフォーマットをつくって行うことにしました。

会員の募集はクラウドファンディングです。ウェブで告知してわずか一五分で四〇〇名の申し込みがあり、さらに、翌週の追加募集でもすぐに三〇〇名が集まりました。わずか八坪一二席の店がオープン前に七一〇名の有料会員と一〇〇〇万円近い資金を集めたということです。

「29ON」はオープンするとすぐに初日から二カ月先まで予約がいっぱいになりました。その結果、「まったく予約ができない」「詐欺なのではないか」といったクレームが殺到する事態を招いてしまい、さすがに心が折れそうになりました。現在は予約を受け付けるのを一カ月先までとしています。とにかくあまりの人気に、オープンした週に二店目の出店を決めたくらいです。調理には、アメリカ最大のクラウドファンディングサイト「キックスターター」で一八〇万ドルを調達したハイテク調理機器ベンチャーが開発した最新低温調理機器を使用しています。その味は現在もグルメブロガーに絶賛されています。

1.「29ON」の特徴

「29ON」の特徴をまとめると、次のようになります。

・年会費一万四〇〇〇円の完全会員制かつ完全予約制。
・お任せコースオンリーで廃棄はほぼゼロ。
・希少部位を独自仕入れ網から調達し、圧倒的に安い金額で提供。
・五〇%という高い原価率で顧客満足度が高い。
・最新の低温調理機と独自機材を使った低コストオペレーションで高付加価値の運営を可能にしている。
・お知らせ配信一回で数十人の集客ができる。

図3

通常飲食店とサブスク型飲食店のコスト構造

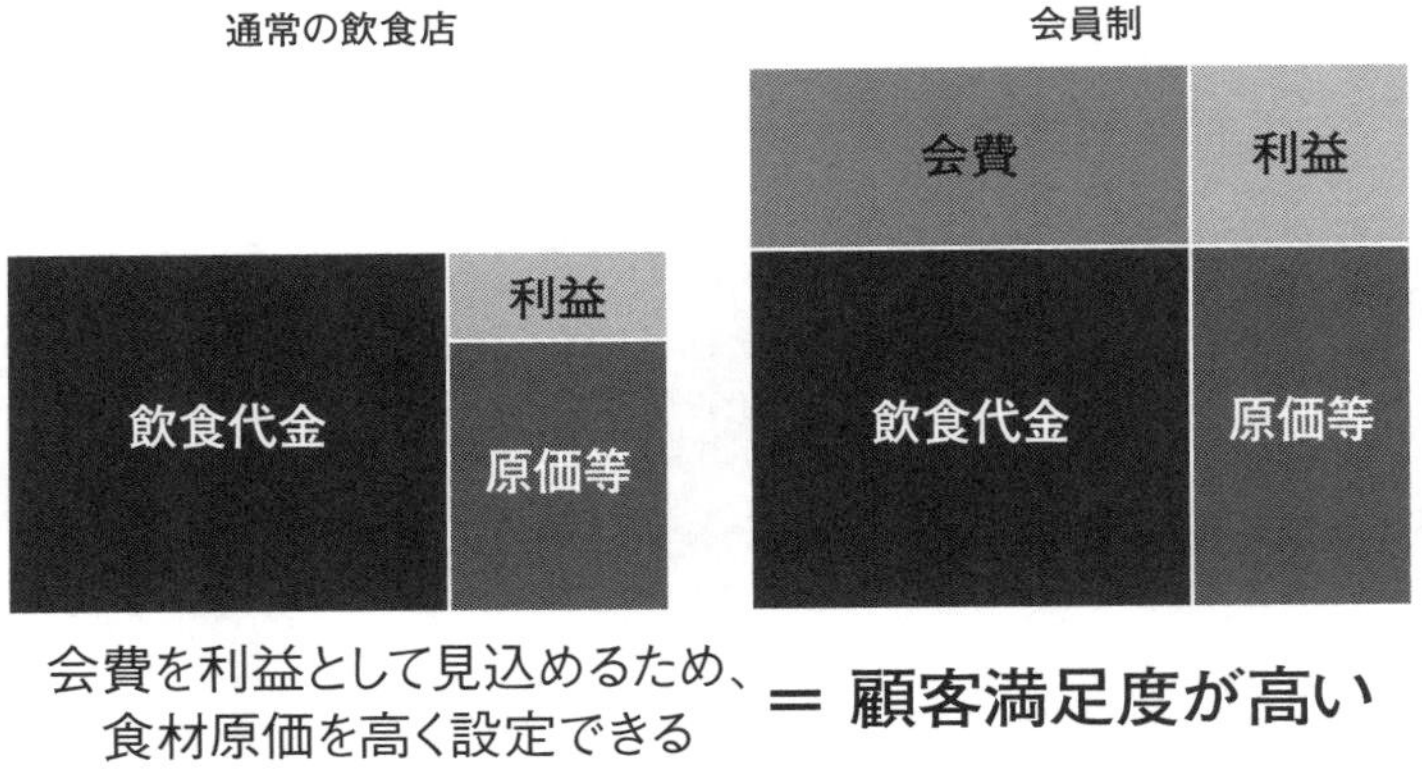

©favy,Inc.

2.「29ON」のビジネスモデル

通常の飲食店は日々の売上から利益をつくらなければなりませんが、当社のビジネスモデルだと、先行していただいている会費で利益を確保できていますから、飲食代は原価とトントンでいいということになります。だから、日々の運用はお客様の満足度を高めることだけに集中できるのです（図3）。

私たちは現在このビジネスモデルを焼肉屋の業態で行っていますが、正直どんな業態でも同様の展開ができると考えています。

これまでの飲食店は、料理が美味しいか美味しくないかといった「モノ消費」がメインで、ここに空間や雰囲気といった要素を加えて、「コト消費」や「トキ消費」もできるよう努力してきました。

その点、「29ON」は、会員権という来店できる権利を売ることで、限られた人しか行けず、注文できないという要素があらかじめ提供されるため、自動的に「コト消費」と「トキ消費」が付加されます。そのため、お客様は高い満足感を得ることができるのです。

一年間の来店頻度を分析してみると、一回しか来ない方もいる一方で、多い方は三三回も来店されていました。これは月にすると三～四回ですからかなり多いといえます。平均すると二・六九回です。

3. 年会費型を始めてみえた気づき

年会費型を始めてみた結果、「会員の連絡先がすべてわかる」ことが非常に重要であるとわかりました。

とくにフェイスブックやツイッターなどのSNSサイトのリターゲティング広告に利用できるという点で、大きなメリットになっています。会員に対し定期的に広告を表示することで、継続的に「お店のことを忘れないでね」とアピールすることができるからです。

ユーザーが飲食店を選ぶ際、あらかじめいろいろ調べてから決めるという人はあまりいません。「今日は何を食べようかな」「魚と肉だったらやっぱり肉かな」「じゃあ、あの店にしよう」というのが一般的な消費行動です。それゆえ、継続的に認知させておくことが効果的なのです。もちろん、会員権があるため、「行かないともったいない」という気持ちになるという側面もあります。

以上をまとめると、年会費制にすることで食材の原価を約五〇%まで引き上げることができたのと、リピーターへの継続露出の二つが効いて、二八%という高い利益率を確保できているということになります。

約三年間経営する中で明らかになった「席数埋まり率」の活用が、会員数の増加にプラスに働いていることもわかってきました。具体的に説明すると、全席数の一〇%を予約できない席として空けておくと、会員の満足度が高くなるのです。

このデータを踏まえ、席利用が九〇%になるまで会員数を増やし、予約数が多くなりすぎたら募集を止め、落ち着いてきたらまた募集するということを繰り返した結果、現在は年会費収入の割合が二五%まで拡大しています。これがあるから、飲食店営業では利益をいっさい出さなくても大丈夫なのです。店舗のメンバーには「どうしたらお客様に満足して帰ってもらえるかにだけ集中しなさい」と指示を出しています。

それで費用の浮きが出たら、それは新メニューなどのR&D（研究開発）に使うか、決算セールとして「原価ナイト」を実施し、会員に還元するなどしています。

このように、私たちの場合はサブスクリプションを導入したことで、従来の飲食店ではでき

図4

サブスクリプション型飲食店が取得できる顧客情報

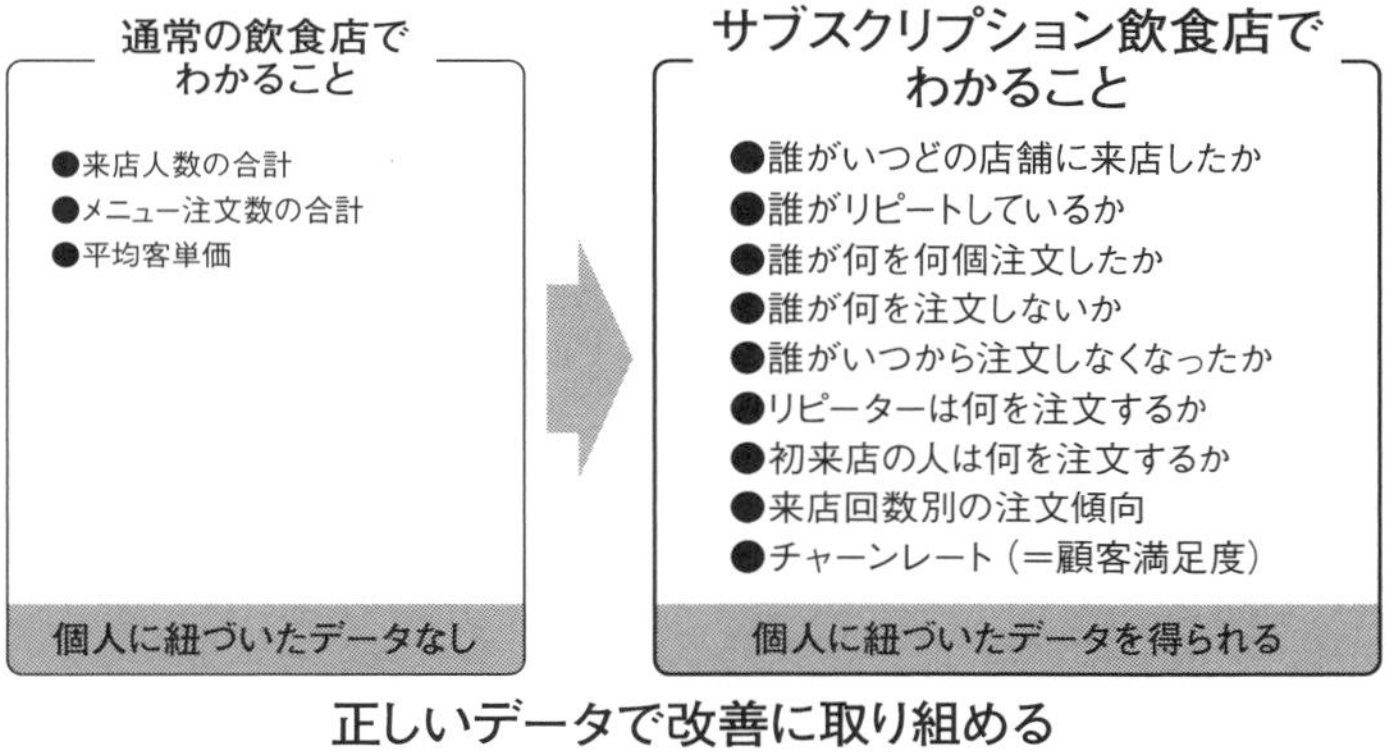
通常の飲食店でわかること
●来店人数の合計
●メニュー注文数の合計
●平均客単価
個人に紐づいたデータなし
サブスクリプション飲食店でわかること
●誰がいつどの店舗に来店したか
●誰がリピートしているか
●誰が何を何個注文したか
●誰が何を注文しないか
●誰がいつから注文しなくなったか
●リピーターは何を注文するか
●初来店の人は何を注文するか
●来店回数別の注文傾向
●チャーンレート（＝顧客満足度）
個人に紐づいたデータを得られる
正しいデータで改善に取り組める

©favy,Inc.

なかったことができているといえます。

見えてきた飲食店サブスクリプション・ビジネスの本質

飲食店のサブスクリプションを約四年間続けてきて、ようやく本質がみえてきました。それは「サブスクリプションは、個人に紐づいた真の顧客データ（購買履歴や来店履歴の傾向）をとれる」ということです（図４）。

従来の飲食店の経営分析では、「来店人数の合計」「メニュー注文数の合計」「平均客単価」といった個人に紐づかないデータしか扱えませんでした。

すると、魚の美味しさが売りの店なのに、

どのテーブルのお客様も必ず注文するお新香の盛り合わせが店一番の人気メニューとして上がってきて、何か問題があるのではないかといたずらに経営者を悩ませるということが起こりがちです。

ところが、サブスクリプションなら、「誰がいつどの店舗に来店したか」「誰がリピートしているか」「誰が何を何個注文したか」「誰が何を注文しないか」「誰がいつから注文しなくなったか」「リピーターは何を注文するか」「初来店の人は何を注文するか」「来店回数別の注文傾向」「チャーンレート」などの個人に紐づいたデータをとれるのです。

すると、これまでは職人の勘や長年の経験で判断していたことが、データドリブンでは意外に正解ではなかったことが判明し、それが経営改善につながるのです。

どんな広告を見て来店したかや、注文した料理と飲み物の組み合わせ、回転数と単価などのデータもとれます。

来店回数、来店人数、来店感覚を分析して来店頻度の改善につなげたり、データを適正在庫の検討に活かしたりすることもできます。

最近は、イベントを開催してご無沙汰しているお客様を呼べないかといった研究もしています。たとえば、「29ON」では通常、日本酒と肉の組み合わせを提供しているので、あるとき「赤身肉と赤ワインのペアリングイベント」を開催しました。すると、常連さんに次いで、それまで一二一日以上来店していなかったお客様の来店が多かったという結果が出ました。

「29ＯＮ」に関しては年会費を先にいただくかたちなので、チャーンレートも測定できます。更新の比率の高低をみれば、その店の満足度もわかります。

現在は月ごとにメニューを変更し、毎月のチャーンレートをみながら、何月のメニューがよかったかを判定するといったチャレンジもしています。

もう少しツールが整えば、効果測定の水準を、ＧＭＳ（総合スーパー）やＥＣ並みにできると思っています。

飲食店サブスクリプション失敗ケースの特徴

「サブスクってよさそうだけど、成功しているところはごく一部でしょ」

そう思っている人も、まだたくさんいると思います。しかし、そんなことはありません。クラウドファンディングの「マクアケ」だけでも、四〇〇を超えるサブスクリプションのプロジェクトが公開されています。

ただ、誰が始めてもすぐにうまくいくということはありません。私たちのところにも、「相談に乗ってほしい」というオファーがいくつも届いています。

失敗する原因をひとことで言えば、「サブスクリプションのビジネスとして、最低限のことをやっていない」ということに尽きます。

たとえば、会員リストをデジタルではなく紙で保有していれば、リターゲティング広告の配信といったアドテクを利用した継続露出ができないことになります。

それから、紙のパスポートのような現地決済の売切りで継続課金の仕組みのないものは、そもそもサブスクリプションではありません。

「来店頻度」や「実態原価」などのデータ計測も、サブスクリプション・ビジネスにおいては不可欠ですから、やっていないのは問題外です。

「サブスク会員へのお知らせ」「リターゲティング広告の自動配信」「クレジットカードでの継続課金」など、当社ではこれらの仕組みを自分たちでつくっています。

また、レジデータと連携して、クロスセル分析なども行っています。

「勘」や「経験」よりも「ファクト」を重視する経営へ

従来のアナログな飲食店経営の場合、「改善しよう」という意思があっても、「何を軸にどこを改善したらいいか」がなかなか決まらず、最終的に勘や経験が頼りということになりがちです。

しかし、これがサブスクリプション飲食店経営になると、ファクト重視のデータドリブンで経営改善に取り組むことができます。ここが最もおもしろいところです。

最後に、サブスクリプション飲食店経営の重要点をまとめておいたので、参考にしてください。

1. 飲食店サブスクリプションは魔法のような手段ではない

・飲食店が活用するタイプは三つ（定額使い放題、会員制、割引き定期券）
・既存の飲食店でも活用は可能
・サブスクリプションに特化した飲食店は難しいがおもしろい
・改善を続けることが最重要

2. 形だけ真似しても失敗しやすい

・顧客はデジタル管理する
・既存客だけではなく新規客も取り込みながら取り組む
・レジデータとの統合で勘に頼らない改善が可能に

【質疑応答】

Q1 「29ON」はまだ店舗もない段階でどうやって会員を集めたのか。

高梨 基本はデジタルマーケティングです。その際のポイントは「限定感をきちんと伝える」ということです。「特別なパスを数量限定で売ります」という仕掛けで「応援してくれる人を募集します」というかたちにしたのが効きました。

それと、クラウドファンディングは「最初の五分でどれだけ売れるか」が、成功と失敗を分けるようなところがあります。そのため、あらかじめ支援してくれそうな人をリクルーティングしておいて、「発表になったら買ってね」とお願いしておきました。これもうまくいった要因のひとつです。

Q2 経費に占める家賃の割合が約八%というのはかなり小さい気がする。サブスクリプションの場合、あえて立地条件がいい物件を選ばなくていいから家賃を安く抑えられるということか。

高梨 そのとおりです。特別感が出るので、あえてわかりにくい立地を選び、看板も出していません。

Q3　飲食店経営のサブスクリプションのノウハウは、他業界への横展開も可能か。

高梨　店内に一定の席数があって、席の消化率が上がるほど収益性も高まるビジネスなら、ほぼすべてサブスクリプションの対象になります。その中でも飲食がいちばん難しいのではないでしょうか。

Q4　これまでのノウハウを商品にして販売することも考えているか。

高梨　すでに、他の飲食店に私たちのプラットフォームを提供するＳａａＳビジネスを始めています。

Q5　今後は、飲食店経営の分野でさらに成功モデルを増やしていくのか、それとも他業界で新たな成功モデルの構築を目指すのか。

高梨　創業のきっかけは「飲食店の経営をアナログからデジタルに変換したい」という思いです。それで「まずは自分たちで実験しよう」と始めたところ、非常に好調で、想定していた以上にキャッシュフローを生み出しています。

事業領域を飲食に限定しているわけではありませんが、他業界に広げるには自分たちだけというより、パートナーと組んで始めるほうが、現実的だと考えています。

Q6　マーケットドリブン（マーケット主導型）だと、いろいろ制約があって料理人の満足度が下がるようなことはないか。

高梨　「焼き鳥屋は焼き鳥しかつくれない」「ステーキ屋は連日ステーキを焼き続ける」といわれるように、料理人はもともと制約の中で働いているので、マーケットドリブンだから料理人の満足度が下がるようなことはありません。逆に、「29ON」の場合、通常店の二倍くらいの原価の材料を使えるため、本来できないようなチャレンジもできますから、むしろ満足度は高いといえます。実際、離職率は低いです。

Q7 「29ON」会員の一年間の来店頻度の平均が二・六九回ということだが、わずか一回の人もかなりいる。これはなぜか。

高梨 たとえば、来店して五〇〇〇円のコースを注文したとすると、他店なら一万円分注文したくらいの満足度を得られます。一〇人くらいで来店すれば一回で年会費分の元は取れるので、年一回の来店でもそれなりに満足されている人が多いようです。実際、来店一回の方のチャーンレートはそれほど高くありません。

Q8 低温調理が一般的になったら「29ON」の優位性が損なわれる心配はないか。

高梨 現在、低温調理器そのものはアマゾンなどで誰でも買うことができます。ただ、低温調理はそう簡単ではありません。部位によって肉は変質しないけど菌が死ぬ温度や調理時間が異なるからです。

それに、ステーキが一般化したからといって、ステーキハウスの売上が落ちるようなことはないわけですから、そこはあまり心配していません。

（二〇一九年八月三〇日「ATAMIせかいえ」にて収録）

第四章
デジタルで加速する、ブリヂストンの「ビジネストランスフォーメーション」

三枝幸夫

PROFILE

三枝幸夫
Yukio Saegusa

株式会社ブリヂストン　Nest Lab.フェロー(講演当時)
1985年株式会社ブリヂストン入社。生産システムの開発、主に制御システムや生産管理システム開発、工場オペレーションなどに従事。2013年工場設計本部長、2015年タイヤ生産システム開発本部長を歴任。2016年執行役員となり、マーケットドリブン型のスマート工場へと工場のインテリジェンス化を推進。2017年から執行役員CDO・デジタルソリューションセンター本部長に着任し、全社のビジネスモデル変革とDX推進を行う。2020年1月より、出光興産株式会社執行役員CDO・デジタル変革室長。

ブリヂストンの歴史と事業の原点

ブリヂストンは一九三一年に福岡県久留米市で創業しました。創業者・石橋正二郎の名字をそのまま英語にして、語呂がいいように前後を入れ替えた「ブリッヂ・ストーン」が社名の由来です。

前身は「志まや」という仕立物屋で、足袋をつくっていました。当時の北九州は石炭産業が盛んでしたが、炭鉱で働く人たちは専用の履物がなく、雪駄や草履で作業をしていたため、常にケガと隣り合わせだったといいます。そこで、炭鉱労働者のための頑丈な作業用の履物をつくろうと石橋正二郎が発明したのが、足袋の裏側に厚いゴム底を貼り付けた地下足袋でした。

繊維とゴムという異なる物質を強力に接着するのが地下足袋づくりの難しいところで、この「物性の違うものを強力に接着する」という技術は、現在のブリヂストンのタイヤづくりにも生きています。

ブリヂストングループの事業紹介

ブリヂストンの生産および研究開発拠点は現在、世界で約一八〇に及びます。世界中のあらゆる場所でお客様の要望に応えるべく、グローバルな企業活動を展開しています。

事業内容は、タイヤ事業が売上全体の約八割を占めています。乗用車用やトラック・バス用のタイヤのほかに、建設・鉱山車両用や航空機用のタイヤも手がけ、世界のトップシェアです。また、事業の多角化も進めており、免震ゴム、コンベヤベルト、自転車、スポーツ用品なども手がけています。

自動車の一九六〇年代からの進化を振り返ると、ガソリン車からハイブリッドカー、EV（電気自動車）、さらに自動運転と、テクノロジーの進化によってずいぶん変化してきています。一方、タイヤは黒くて丸いゴムのままで、外見上はあまり代わり映えしません。しかし、燃費に優れたエコタイヤ、空気を充てんする必要のない技術「エアフリーコンセプト」、各種センサーの搭載など、タイヤの中身や機能はかなり変わっているのです。

タイヤ事業における「モノ」から「コト」への変化

社会はいま「モノからコトへ」あるいは「所有から体験へ」とトレンドが変わりつつあります。いい車がほしいとか、タイヤのような装着部品にものすごくこだわりをもっているという人は、明らかに減ってきています。

たとえば、新しいiPhoneが発売されるとき、それを購入するために前日から徹夜で並ぶ人たちの行列がいつもニュースで報じられます。しかし、タイヤショップの前に行列ができるのは、

図1●

スマイルカーブと逆スマイルカーブ

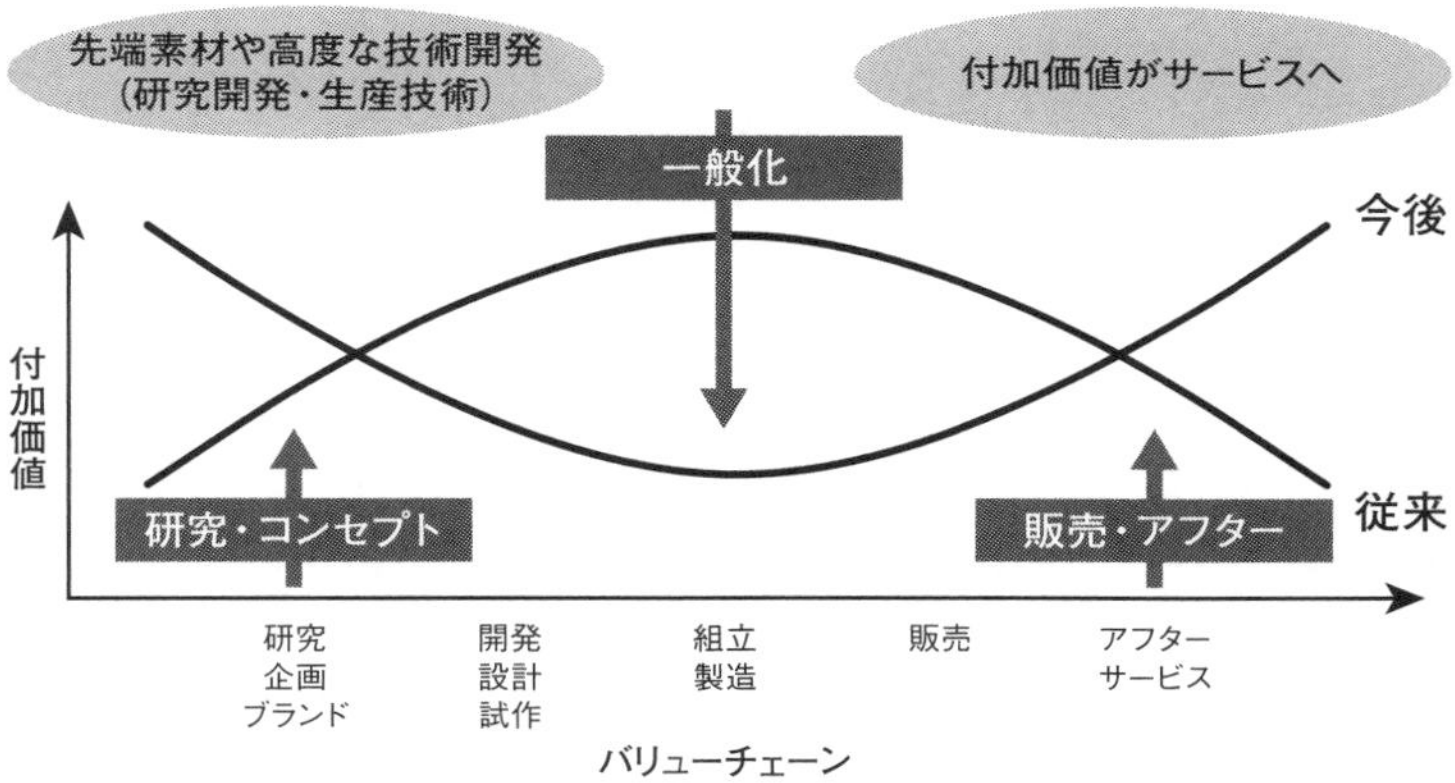

© Bridgestone Corporation

普段雪の降らない地域で「今週末は大雪が降って、二〇センチほど積もると予想されます」といった予報が出たときくらいです。しかも、iPhoneのようにそれをいち早く手に入れて「みんなに自慢したい」といった動機ではなく、あくまで必要にかられて仕方なく行列に並ぶのです。

このような状況変化の中で「どのようにしてタイヤをモノからコトへシフトしていくか」が、私たちが現在突きつけられている課題です。

図1は縦軸に付加価値を、横軸にバリューチェーンをとったグラフです。従来、私たちのような日本のものづくり企業は、横軸の真ん中あたりの「開発・組立・販売」の部分でクオリティの高い製品を効率よくつくり、精度よく供給し、全体の価値を上

げて、利益を得ていました。

ところが、現在はこの部分がどんどんコモディティ化してきて利益が上がらなくなり、代わりに左側（川上）で先端素材や高度な技術開発を行っているプレイヤー、あるいは右側（川下）でサービスを展開している新興国のプレイヤーが儲けているという構図に変わってきています。

私たちはこれまで多額のコストをかけて、アセットヘビーな工場や倉庫を世界中に建設し、サプライチェーンや販売チャネルも構築してきました。それなのに、川上と川下のプレイヤーに利益を取られていってしまっています。というわけで、バリューチェーンの左側と右側からもきちんと利益を取ることを、これからは戦略として考えていくことになりました。

ただモノをつくって売っているだけでいたら、この先ビジネスがさらに厳しくなるのは避けられません。そこで、製造販売業から脱して、お客様と一緒にお客様の困りごとを解決し、新しい価値を提供するソリューションプロバイダーに転換することを決めたのです。

事例①「鉱山向けデジタルソリューション」

その具体的な一例が、鉱山ソリューションの取り組みです。

私たちのようなタイヤメーカーが、鉱山で事業を行うお客様に対して、どのようにして新しい価値を提供できるか。これはお客様のところに行って、「何かお困りごとはありませんか」と聞いても、「もっと丈夫で長持ちするタイヤをもっと安く売ってほしい」といった製品に対する要望しか出てきません。

そこで、私たちに何ができるか、お客様の現場に張り付かせていただいて調査を行い、自問自答を繰り返しました。すると、「どんなタイヤがいいか」といった製品に関することは、そもそもお客様にとってはどうでもいいことであるということに気がつきました。お客様にとって重要なのは「いかに鉱物を効率よく掘り出して出荷するか」という成果であり、タイヤメーカーである私たちに求めているのは、その成果に対する貢献です。タイヤが磨り減ったり、途中でパンクしたりして、業務の効率が下がるのでは困るのです。

こうして、「タイヤ周りのことは私たちにすべてお任せいただき、安心して本業に集中してください。その代わり、一定の金額はいただきます」という結論にたどりつきました。

タイヤは消耗品ですが、空気圧のメンテナンスや定期的なローテーションを行えば、燃費がよくなり、寿命も延びます。したがって、突然タイヤが故障してトラックが止まるなどといった「お客様のダウンタイム（保守や不具合によって稼働停止している期間）を減らして、オペレーションコストを下げる」という価値を提供できればいいと考えました。

つまり、これまでは材料を仕入れ、製品を開発し、モノをつくったら販売しておしまいというビジネスモデルでしたが、これを「サービスで新たな価値を提供する」というビジネスモデルに切り替えたいと考えたのです。

図2

マイニングソリューションのDX

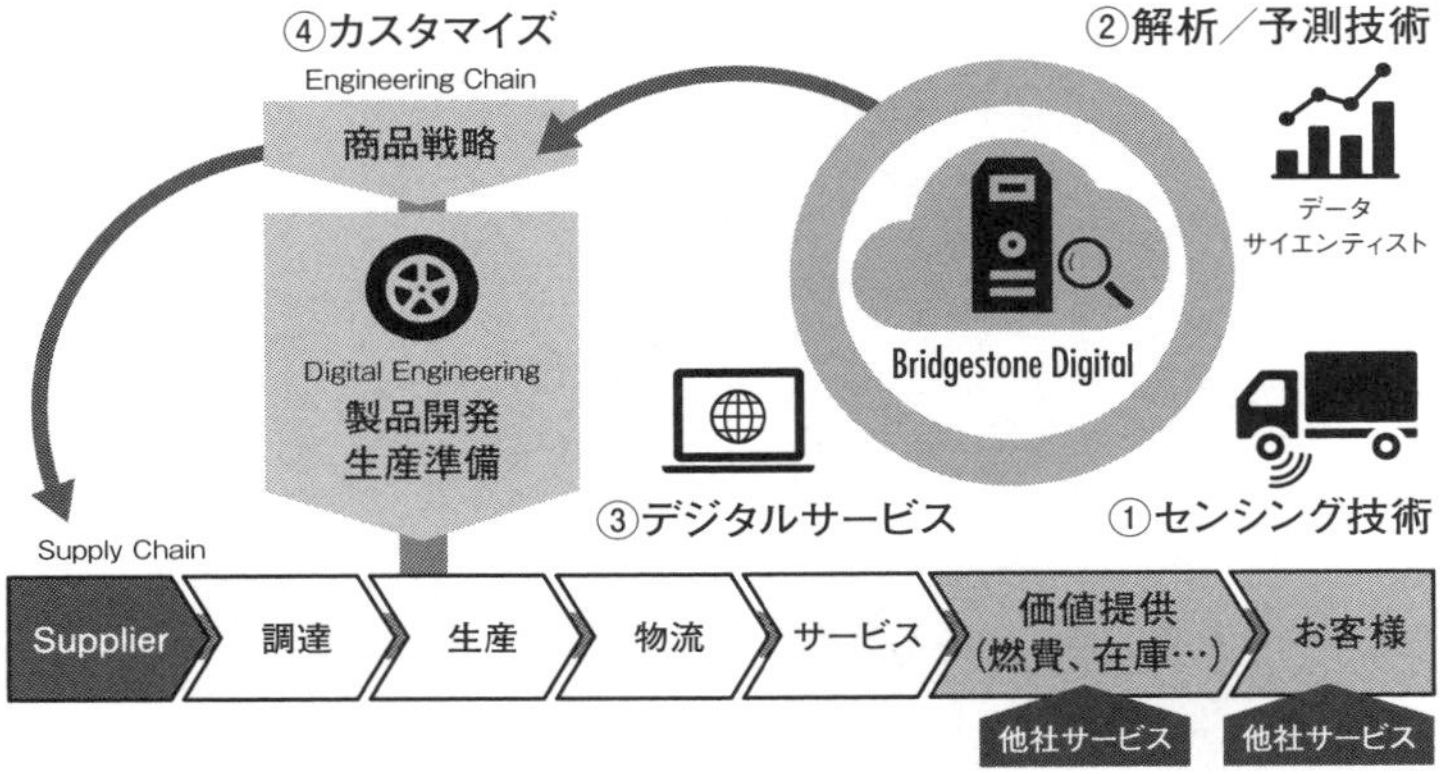

© Bridgestone Corporation

ただし、私たちが「新たな価値を提供した」と思っていても、お客様がそう評価してくださっているかどうかはわかりません。だからといって、うまくいっているかどうか、お客様のところに行ってすべて確認できるかといったら、それは無理です。

そこでIoT（モノのインターネット）を導入して、現場のオペレーションを徹底的にデジタル化し、そこからリアルタイムで得られるデータをデータサイエンティストが解析し、その結果をもとにサービスのアップデートを図るというループをつくることにしました（図2）。

新しいサービスも、慣れてくると当初の満足感が薄れ、「もういいや」となりがちです。そうならないよう、継続的に改善を繰り返していくことが重要だと思っています。

さらに、集まったデータは、サービスの改善だけではなく、エンジニアリングチェーンにも渡して、よりよいプロダクトの開発やサプライチェーンの改革につなげ、お客様向けにカスタマイズしていくことまでできれば、メーカーとしての優位性を出せます。私たちはこの一連のデジタル戦略を「デジタルスレッド」と名づけて、基本的な考え方のひとつとして推進しています。

従来はバリューチェーンの真ん中の部分である「開発・組立・販売」を一生懸命行ってきましたが、それに加えて、これからは現場で起こっているさまざまなことをデータ化し、バリューチェーンの左右の部分も強化していくことがビジネスのコンセプトです。

フィールドサービス開始の成果

サービス部分のニーズを取り込むために、センサーやＩｏＴの自社開発も行っています。

たとえば、「B-TAG」（現在は発売中止）は鉱山用車両のタイヤに取りつけて、タイヤの空気圧や温度をリアルタイムに測定する当社独自開発のセンサーです。

鉱山用車両のタイヤの中は高温高圧になるため、その環境下に耐えられるセンサーはこれまでありませんでした。そこで、パートナー企業と組んで、当社が自ら開発したのです。

鉱山は安全上の問題などさまざまな理由で外部の人間を入れることはあまりないのですが、

お客様と協議して私たちも鉱山に入れていただき、自社製品の使われ方を詳細に調べました。このようなフィールドサービスを始めたら、これまで知らなかったことがずいぶんわかってきました。

たとえば、一口に鉱山といっても、採掘しているのは銅だったり、鉄だったり、石炭だったりといろいろで、鉱物の種類やオペレーションの手法によって、タイヤに必要な特性やメンテナンス方法がまったく異なります。また、タイヤの装着位置によって、故障の傾向や摩耗の早さも異なります。長らくタイヤのプロフェッショナルを自負していながら、私たちはこういうことを理解していなかったのです。

このようなデータ分析の結果とこれまでの知見をかけ合わせることで、お客様にカスタマイズされた最適なソリューションを提供できるようになります。また、お客様が気づかないようなニーズに先回りして対応していくことが、ソリューションプロバイダーとしての私たちの役回りだと考えています。

マイニングソリューションセンター

二〇一七年に当社として初めてのマイニングソリューションセンターをオーストラリアに開設しました。ここに配置したデータサイエンティストが、集まってきたフィールドの情報をもとに、

図3

マイニングソリューションセンター

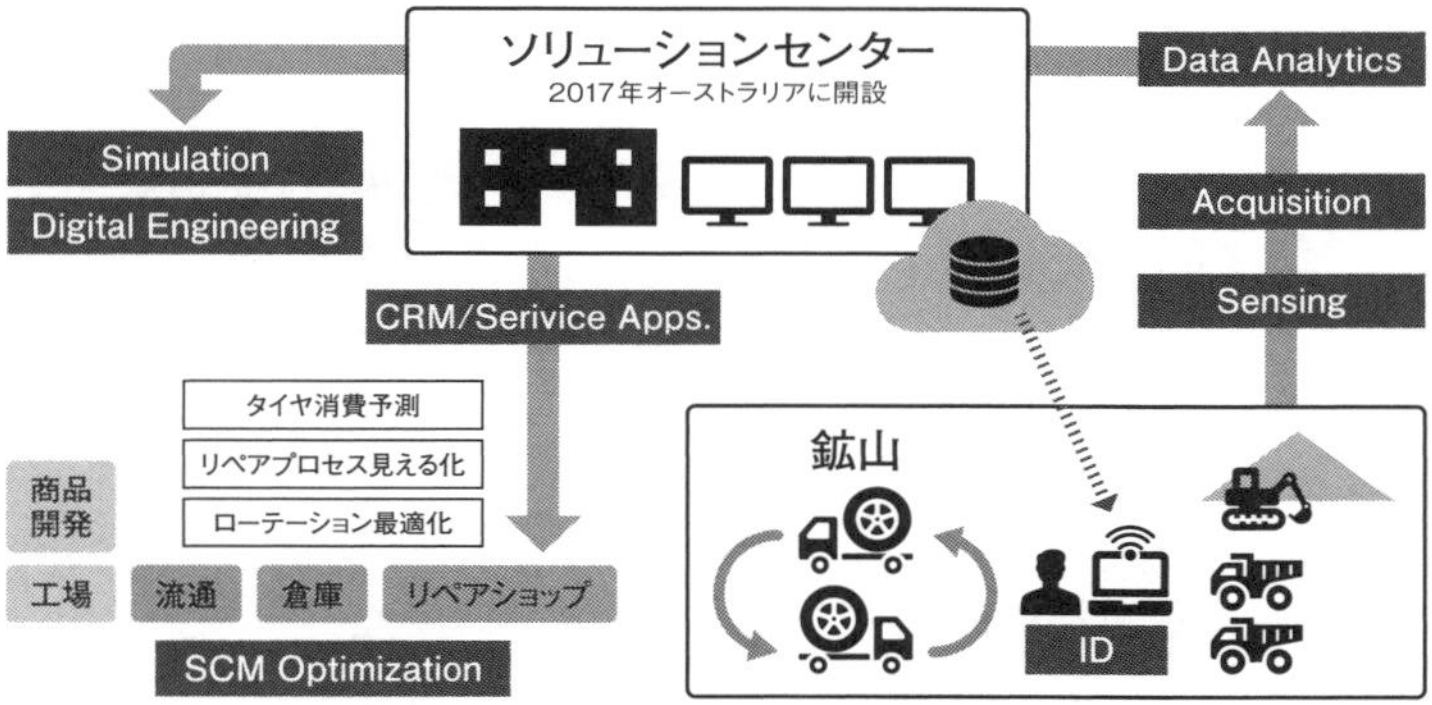

デジタルツールを活用し、トータルモビリティソリューションを提供

最適サービスや技術開発のフィードバックを行っています（図3）。

鉱山向けで始めたのには、理由があります。

鉱山会社のオペレーションは非常にエクセレントで、車両の運行管理や鉱物の生産計画などが実に緻密に決められています。しかも自動車両を何千キロメートルも離れた町からリモートで操作するなど、最新のテクノロジーが導入されています。そんな中で、私たちの提供しているタイヤやコンベヤベルトのようなゴム製品だけが、いつ壊れるか予想がつかず、昔から「なんとかならないか」といわれていました。

まさにそこがボトルネックになっており、その部分を改善することで「お客様の効率がどれくらいよくなったか」「オペレーションがどのように変わったか」といった、私たちの提供価値をお客様と共有できるようになります。同時に、「私たちの製品寿命がこれだけ延びたら、ダウンタイムが何％減って、お客様のところにこれだけ利益が出ます」といった交渉もしやすくなります。

鉱山である程度「これでいける」というモデルが固まったら、次はトラックやバスといった商用車向けにも展開していくことを考えています。

事例②「輸送会社向けデジタルソリューション」

輸送会社向けソリューションの例として、たとえば、バスのタイヤにセンサーをつけて、そのデータ管理を私たちが行っています。

センサーで計測するのは空気圧と温度変化だけですが、それを分析すると、「どこを走ったとき、どれくらいの負荷がタイヤにかかるのか」といったことが逐一わかります。

そうすると、そのデータをみて、「タイヤをそろそろローテーションしたほうがいい」とか、「取り換え時期が近い」といった提案を、お客様が気づく前にできるので、販売につながるというわけです。

トラック・バス用のタイヤは、「トレッド」と呼ばれる路面と接触するゴム層が磨り減り、溝がなくなると、その部分だけを取り換えて、繰り返し使用することができます。これを「リトレッド」といいます。

このリトレッド分野で、ブリヂストンのトラック用タイヤは、ダンプトラックの過積載が大目に見られていた昭和の中頃にかなり鍛えられました。その結果、表面だけ何度も再生して使い回せる丈夫な「台タイヤ」だと評判になりました。磨り減った台タイヤは東南アジアやインド、中国などに輸出され、現地のサービス会社がそれを何回も再生して売っていました。まさに私たちはバリューチェーンの右端を取られていたわけです。

「それはもったいない」ということに気づいてから、磨り減ったタイヤは返していただき、私たち自身が再生サービスを提供するようにしています。いま風にいえば、タイヤのサブスクリプション・モデルです。

運送ソリューションのビジネストランスフォーメーションは、前述した鉱山モデルと同じです。運送会社にとって「そろそろ雪が降りそうだから冬タイヤに替えよう」とか「空気圧が減っていないかチェックする」とかいうのは、本業とは関係ありません。できれば、「人やものを安全かつ予定どおりに届けて価値を出す」というところに専念したいのです。私たちはそれを可能にするサービスを提供していきたいと考えています。

具体的なサービスとしては、走行中のタイヤをリアルタイムで遠隔モニタリングする「Tirematics」、リトレッドタイヤ管理デジタルツール「BASys」、お客様とタイヤ情報を管理するデジタルツール「Toolbox」が、当社のデジタルツール三点セットです（次ページ図4）。

図4

運送ソリューション　デジタルプラットフォーム

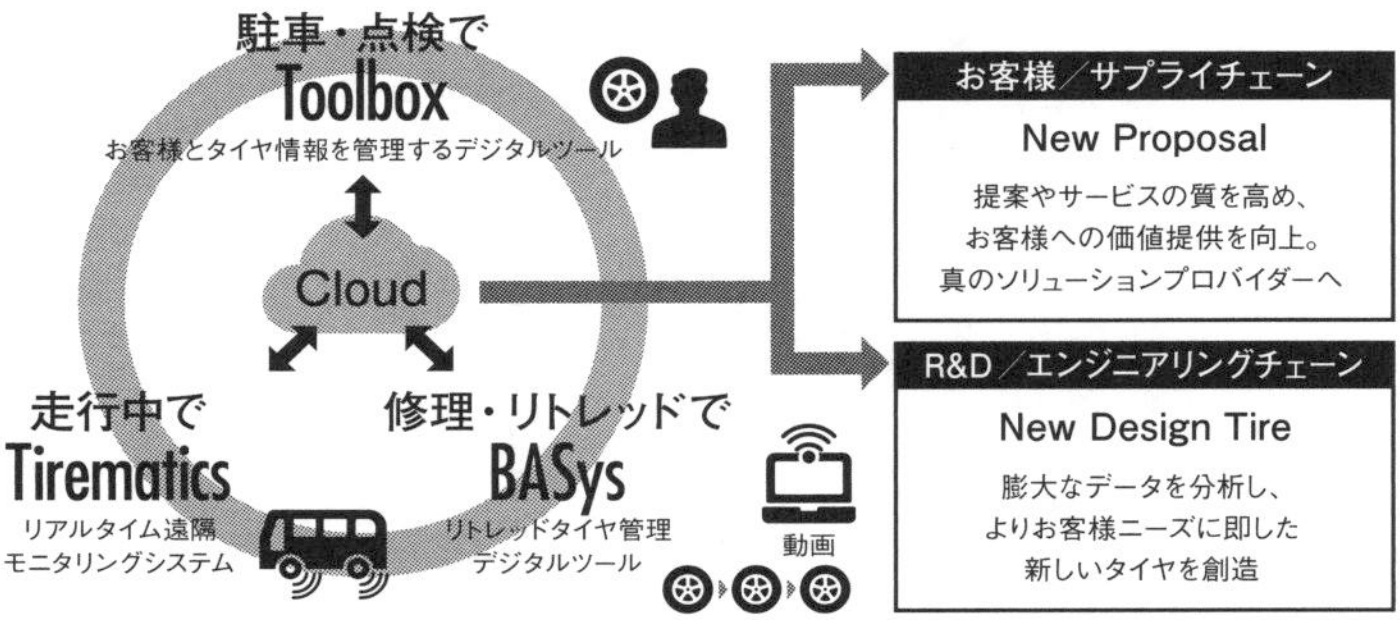

駐車・点検で
Toolbox
お客様とタイヤ情報を管理するデジタルツール

Cloud

走行中で
Tirematics
リアルタイム遠隔
モニタリングシステム

修理・リトレッドで
BASys
リトレッドタイヤ管理
デジタルツール

動画

お客様／サプライチェーン
New Proposal
提案やサービスの質を高め、
お客様への価値提供を向上。
真のソリューションプロバイダーへ

R&D／エンジニアリングチェーン
New Design Tire
膨大なデータを分析し、
よりお客様ニーズに即した
新しいタイヤを創造

新品タイヤの管理、使用時のメンテナンス、リトレッドの提供まで、タイヤに関する一貫したソリューションを提供

© Bridgestone Corporation

タイヤだけから、足回りや車両の管理にまでサービスの幅を広げました。

海外のデジタルフリート・ソリューション事業買収でMaaSを促進

二〇一九年三月に、オランダの地図情報会社トムトムの子会社で、ドライバーの運行計画や運行ナビゲーションなどの運行管理を行うデジタルフリート・ソリューション・サービスを提供するトムトムテレマティクスを買収しました。ここはヨーロッパを中心に八〇万台以上のコネクテッド・トラックを顧客としてもっています。当社は買収によってそのデータを入手したのです。八〇万台のトラックがどこをどう走っているか、どのような使い方をされているかといったデータがわかると何ができるでしょうか。いちばん簡単なのは、ブリヂストン以外のタイヤを使っているお客様がメンテナンスの時期になったら、当社のタイヤを提供することです。

これまでデータをタイヤサービスと組み合わせてシナジーを出していこうと思っても、もともとタイヤメーカーであった私たちにはデジタル系開発の能力がありませんでした。

ところが、トムトムテレマティクスを買収したことで、約二〇〇人のデジタル人材を手に入れることができたのです。実はこれも買収目的のひとつでした。

トムトムテレマティクスがもっていたサービスは、運送会社の車両の情報管理、スケジュール管理、ナビゲーションサービスなどです。私たちはそこにもう少し踏み込んで、それらを私たちが進めてきたタイヤサービスと連携させることで、車両全体のさまざまな運行計画の効率化を図り、ダウンタイムを減らせるようにしました。

なぜそれが可能かというと、タイヤというのは最も頻繁に点検やメンテナンスをしなければならないデバイスだからです。バッテリー、ワイパー、エンジンオイルなどのメンテナンス周期も、タイヤとうまく組み合わせれば、車両のダウンタイムを減らせるというわけです。

図5

UX（ユーザーエクスペリエンス）の重要性

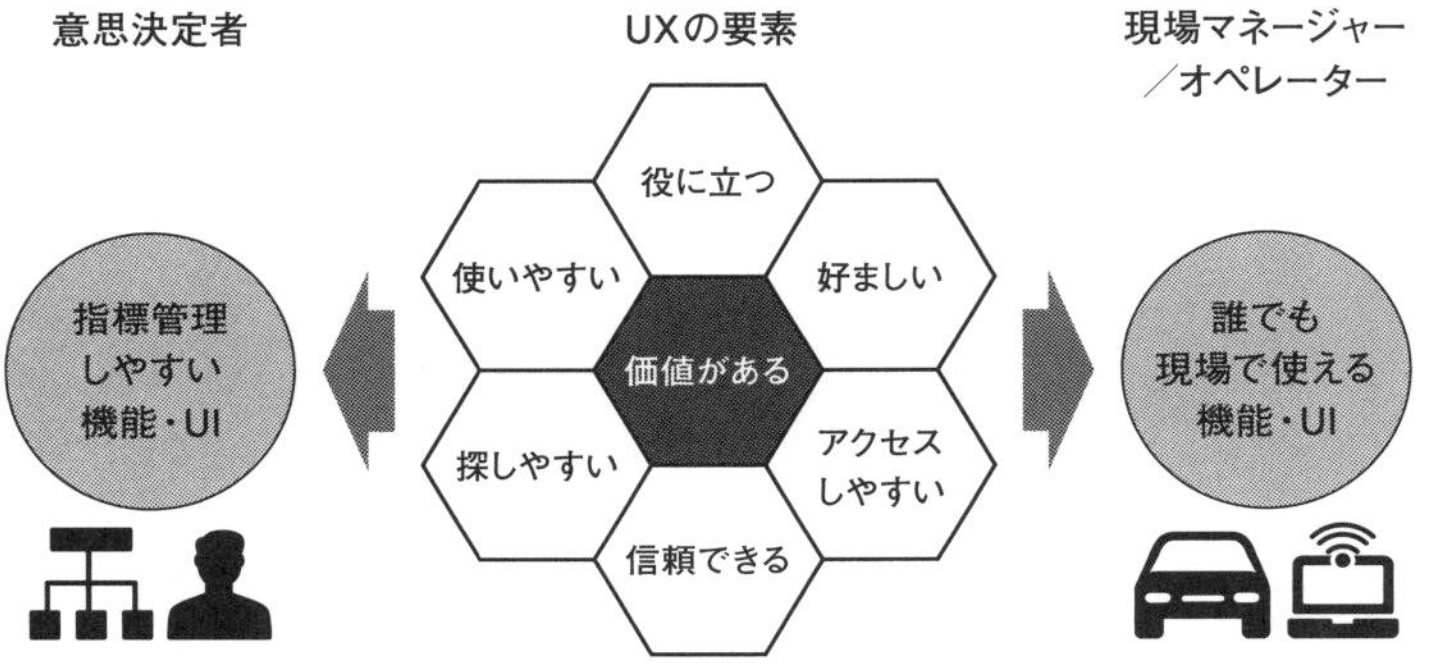

あらゆるユーザーを考慮したデジタルツールでUXを提供

UX（ユーザーエクスペリエンス）の重要性

UX（ユーザーエクスペリエンス）は、B2Bビジネスでものすごく重要です（図5）。

たとえば、インドの運送会社でタイヤのメンテナンスを担当している人のところに営業に行き、スマートフォンの画面を見せて「これを見ればタイヤの空気圧も全部わかるし、計画も確認できるから便利でしょ。だから私たちのソリューションシステムを使いませんか」とアピールしたとします。

おそらくこんな答えが返ってくるでしょう。

「便利かもしれないけど、ウチのタイヤテクニシャンはスマートフォンなんかもっていないし、触ったこともないから、こんなもの使えないよ」

このとき、「いえいえ、私たちの画面はこんなにシンプルだから、一時間で誰でも使いこなせるようになります」といえなければならないのです。

ただ、それでタイヤテクニシャンの人たちが「たしかにいいね」となっても、彼らはシステム導入の意思決定者ではありません。彼らの上にはメンテナンスマネジャーがいて、車両の運行管理やメンテナンス費用の管理を担当しています。そうすると、全体の車両の稼働率やメンテナンス費用などが一目でわかるUXでないと、「ブリヂストンのソリューション、いいね」とはなかなかなりません。

さらに、その上にいる意思決定者であるオペレーションマネジャーを納得させるには、PLまで組み込んでおく必要があります。

タイヤのサブスクリプション・サービス「Mobox」

「Mobox」は、タイヤ四本にパンク補償や点検などのメンテナンスをセットにしたサブスクリプション・サービスです。お客様に月額で一定額を支払っていただくことで、タイヤを使い続けることができます。

最初はヨーロッパで、月額九・九ユーロで始めたのですが、現地のニーズに合わせて複数のプランをつくりました。「ライト」の八ユーロ、夏冬用タイヤの取り換えやワイパー交換も入れたプラン「リラックス」が月一一ユーロ、さらにオイル交換やエンジン整備などの車の基本的なメンテナンスまで含めたプラン「ゼン」が一二ユーロとなっています。

実は、これはタイヤサービスだけでなく、お客様の車にメンテナンスポートをつけさせていただき、車の走行距離や場所、ブレーキとアクセルの状況などのデータをとらせていただいています。月八ユーロだとタイヤサービスだけでは引き合わないからです。

今後はこのデータを保険会社やガソリンスタンドなどと共有するようなエコシステムをつくって、現在のプライシングモデルを徐々にチューニングしていく予定です。

モビリティの未来

二〇一九年一月にアメリカのラスベガスで開催された世界最大の家電技術見本市「CES2019」では、大手航空機メーカーのベルヘリコプターが出展した「空飛ぶタクシー」のコンセプトモデルが話題になりました。

このような現実を目の当たりにすると、「自分で車を運転して目的地に行く」という従来のモビリティのスタイルは、近い将来終わりを告げると感じます。これからは自分の家に迎えにきた自動運転の車で高速鉄道の駅まで移動し、目的地近くの駅に着いたらそこにはドローンが待っていて、それで最終目的地に向かうといった自動車・鉄道・ドローンや飛行機などを組み合わせたマルチモーダル型ＭａａＳプレイヤーの世界になると想像せざるを得ません。

そのような時代が到来したとき、タイヤメーカーであるブリヂストンはどこでプレイヤーになるのかというのが、私たちの当面の課題です。おそらくその答えは「product plus physical service with digital solution」。すなわち、前述したような鉱山向けや運送会社向けに行っている「すべてをデジタル化して効率を上げ、サービスを強化する」ということになるはずです。

したがって、私たちのお客様は、ＭａａＳプレイヤーのようなＢ２Ｂ事業者になっていくと思われます。

ただし、そうなると、トラックで荷物を運んでもらった人や、バスに乗って目的地まで行く人といった、私たちのプロダクトの価値を受け取るエンドユーザーとの接点がなくなってしまいかねません。ここが現在いちばんの心配事です。

そこで、エンドユーザーとつながっておくためのソリューション準備の取り組みを始めました。そのキーになるのはＩｏＴ、データアナリスティック、ＵＸです。

デジタルトランスフォーメーション・ロードマップ

どのようにしてエンドユーザーとのつながりを強化するか。それが図６のＤＸのロードマップ

図6

DXロードマップ

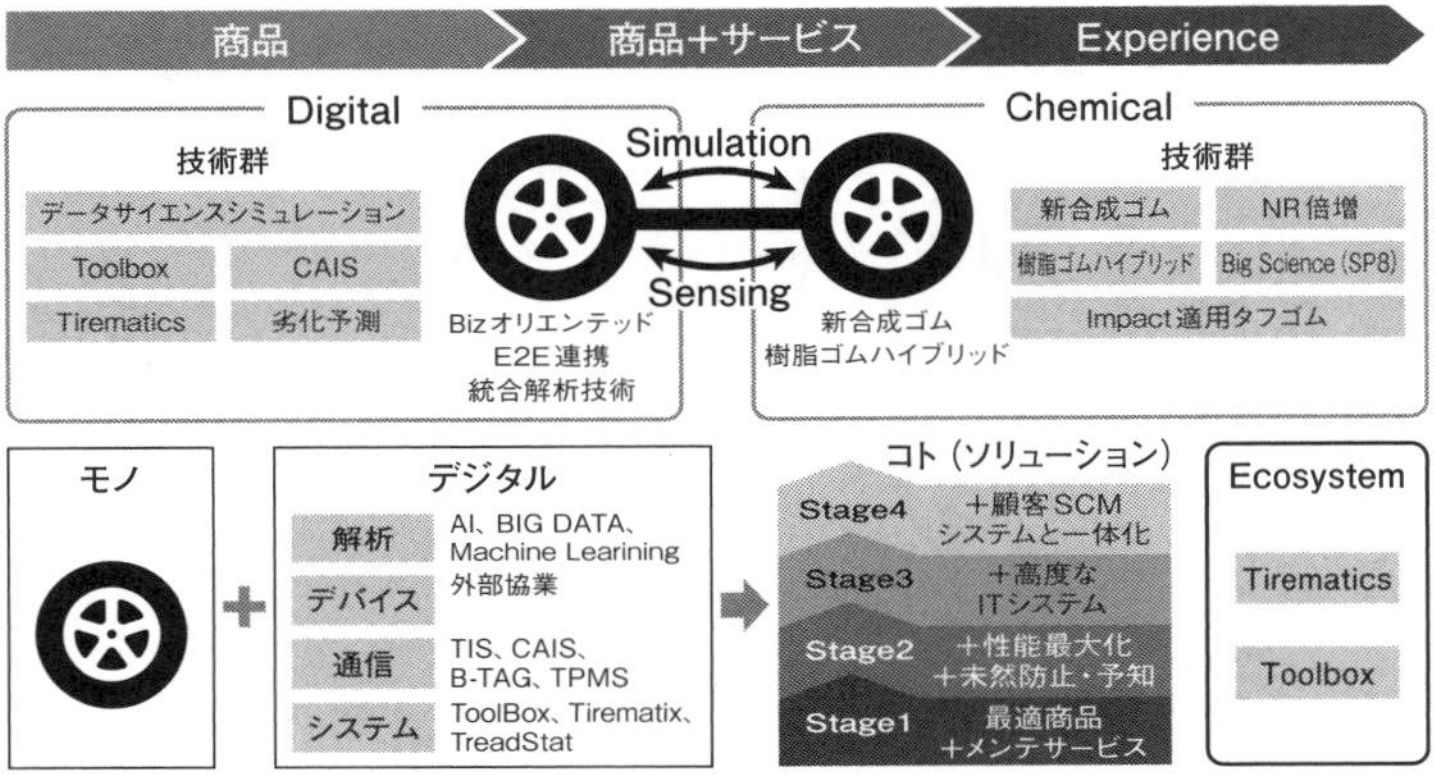

です。

私たちはタイヤメーカーなので、高分子複合体の技術やその製品化技術、あるいはその製品群を使ったビジネスに強みがあります。ここにデジタルをかけ合わせて強みをさらに伸ばし、新しいサービスを開拓していくというのがコンセプトです。

エンドユーザーであるコンシューマーとつながるビジネスのひとつが自転車です。ブリヂストンには「アンカー」というスポーツ自転車ブランドがあります。この自転車に関しては、当社の中央研究所が、人間工学、流体工学、材料、それからコースのデジタル化など、さまざまな研究と開発を行っています。

自転車レースの業界は、私たちが数値化したデータを出して、「空力抵抗、フレーム剛性、よじれが何ミリだったので、次は何ミリにします」などというと「自転車とはそういうものではない」とコーチが怒り出すくらいアナログな世界でした。

しかし、私たちがデータをもとに、「どうやったらもっと効率的に走れるか」を研究し、それに合わせて車両や漕ぎ方をチューニングするようになってから、日本人選手が世界選手権の上位に入るようになっているのです。

こうしてできた技術をコアにして、アプリケーションサービスやトレーニングプログラムなどを、新しいUXをつくって提供できないか、現在模索しているところです。

ただ、私たちとしては、「自転車をたくさん売りたい」とか「アプリで儲けたい」という気持ちはありません。あくまで私たちの描くUXで新しい価値を提供し、エンドユーザーとのタッチポイントを増やすというのが目的です。

これが成功したら、ゴルフ、あるいは散歩やジョギングといった日常の健康づくりにも展開していければと思っています。そういう人たちも、モビリティサービスを使うお客様なのだというイメージです。

DX推進三つの鉄則は「リーダーシップ」「タレント」「カルチャー」

図7に挙げたようなことを実行するには、仕事の手法を、これまでの積み上げ型から、カス

図7

マルチスキルチームの構築

タマーセントリック（顧客中心）に変えていかなければなりません。「お客様がどのようなソリューションをほしがっているのか」を考えられる人が、コモディティ化した最新のテクノロジーを組み合わせて、それを実現することになっていくと思います。

そうなると、組織も従来の機能ごとに分かれるよりも、ソリューションアーキテクト、データサイエンティスト、ソフトウエアディベロッパーなどから成るマルチスキルチームのほうが効率的です。

仕事の進め方も、要件定義をつくって、後はベンダーに任せるのではなく、マルチスキルの足りない部分を補完してくれるパートナーと一緒になってビジネスモデルをつくっていくようになるのではないでしょうか。

チーム内の標準言語は英語と日本語、それからプログラミング言語である「Python（パイソン）」も加えることで、デジタルのケーパビリティを上げることができます。

私たちはここ三年ぐらいの間、ソリューションビジネスを行ってきています。このときキーになると感じた要素が、「リーダーシップ」「タレント」「カルチャー」の三つです。

上から指示されたものをつくって置いておけば売れる時代ではないことを、チームのメンバー全員が理解するためには、まずリーダーがマインドセットを変えなければなりません。それから、ソリューションビジネスはタレント（人材）がいないと回っていきません。したがって、タレントを外部から集めてくるか、既存のメンバーを教育して育てる。最後に、ソリューションを生み出せるよう、企業のカルチャーを醸成することも必要です。

長年にわたって醸成されてきた企業のカルチャーはなかなか変わりません。だからこそ、日々お客様と向き合っているセールスや現場の社員が新しいことにチャレンジするマインドをもたなくてはなりません。このチャレンジを推奨するカルチャーへの変革に着手すべきです。

近年「ＤＸ（デジタルトランスフォーメーション）」が経営のテーマといわれますが、「デジタル」はあくまでも手段であり、ＤＸの本質は「ビジネストランスフォーメーション」だと思って取り組むことが重要だと思っています。

【質疑応答】

Q1　ブリヂストンのサブスクリプション・モデルはプロフィット的に成功しているといえるか。

三枝　トラック・バス会社向けのリトレッドと合わせたサブスクリプションは、非常にうまくいっています。消費パターンや消費量があらかじめわかっていて、なおかつお互いにビジネスを取り合わないので、きちんと利益が出るようなプライシングモデルがつくりやすいからです。ただ、お客様ごとにオペレーションが異なるうえに、そこまで緻密ではないので、こちらで資料づくりや計算を重ねてプライシングの見積もりを一つひとつつくらなければならず、そこがボトルネックになっています。

乗用車向けは、サブスクリプションだけでは利益は出ませんが、これからデータをどんどんとっていって、いずれビジネスになる着地点が見つかると思っています。

鉱山向けは、お客様がもっているデータが豊富で、オペレーションもトラック・バスよりも緻密なので、見積もりの合意も取りやすく、いちばんうまくいっているといえます。

Q2　最終的にはタイヤ以外のビジネスを目指すのか。

三枝　ブリヂストンのタイヤシェアは、乗用車からオートバイ、トラック・バス、飛行機まで含め、世界で一五％以上です。だから、今後B２Bのモビリティサービスが中心になるとしても、軸足はタイヤや足回りになるはずです。

Q3　コンシューマーとのタッチポイントを重要視しているということだが、自動車業界全体が「所有から利用へ」という流れになっているのは明らかなのだから、B２Bに特化してもいいのではないか。

三枝　B２Bだけでは、世の中の流れやトレンドをつかむのが遅くなります。また、B２Bの場合、価格競争に巻き込まれることが避けられません。そのときコンシューマーとの接点があると有利なのです。たとえば、お客様がMaaSプレイヤーだとすると、そのモビリティサービスを受ける人たちが私たちのエンドユーザーでもあるなら、私たちはMaaSプレイヤーの供給者であると同時に、ユーザーでもあるというかたちをつくれます。

Q4　グーグルのようなMaaSプレイヤーが自分たちでタイヤにセンサーをつけて、自分たちでデータ収集を始めたら、どうやって戦っていくのか。

三枝　おそらくグーグルのようなIT企業はサービスのほうに重きを置いており、フィジカルな部分にあまり関心はないのではないでしょうか。だから、戦うというよりも、「この分野まではブリヂストンに任せてください」という話ができればいいと思っています。センサーからのデータも、私たちのようなタイヤメーカーが全部握るというよりも、どこかのプラットフォーム経由でデータをもらい、私たちがそれを使ってタイヤメーカーでしかできない分析やサービスを行うというかたちをイメージしています。

（二〇一九年八月三一日「ATAMIせかいえ」にて収録）

第五章
「定額住み放題」でつくる新しいライフスタイル
佐別当隆志

PROFILE

佐別当隆志

Takashi Sabetto

株式会社アドレス 代表取締役社長

2000年、株式会社ガイアックスに入社。広報・事業開発を経て、2016年、一般社団法人シェアリングエコノミー協会を設立し事務局長に就任。2017年、内閣官房IT総合戦略室よりシェアリングエコノミー伝道師を拝命。総務省シェアリングエコノミータスクフォース委員就任。2018年、経済産業省シェアリングエコノミーにおける経済活動の統計調査による把握に関する研究会委員。月額4万円で全国住み放題のCo-Livingサービスを展開する株式会社アドレスを設立し、代表取締役社長に就任。2020年、シェアリングシティ推進協議会代表に就任。2021年、シェアリングエコノミー協会幹事に就任。

シェアリングエコノミーを自ら実践

二〇一六年一月に「一般社団法人シェアリングエコノミー協会」という業界団体を立ち上げました。私は今日までシェアリングエコノミーの普及啓発活動を続けています。

最初にIT企業のガイアックスに入社したのが二〇〇〇年。二〇一七年に株式会社mazelを立ち上げ、そこでシェアハウスをつくったり民泊事業を行ったりしてきました。

二〇一三年に未来の家のかたちをつくろうと、「Miraie（ミライエ）」というシェアハウスを設立しました。私の妻は台湾人で、九年ほど前にシェアハウスで知り合って結婚しました。子どもが生まれて、子育てもシェアハウスでしたいと思ったのですが、それが可能なシェアハウスがどこを探しても見つかりませんでした。「だったら、自分たちでつくってしまおう」と、東京のJR山手線大崎駅の近くの土地を購入し、シェアハウスと民泊を併設した一軒家を建てたのです。

一階部分の二部屋がシェアハウスで、一部屋が民泊用です。リビングキッチンは共有にして、家族は三階に住んでいます。リビングはいろいろなイベントやワークショップを開催したり、地域の人が集まったりできるような、公共スペース的な使い方をしています。

核家族から拡大家族へ

「Miraie」を始めたとき、あちこちから取材を受けました。その中で、あるメディアが私の考えを表現した「核家族から拡大家族へ」というコピーが気に入りました。

土地を購入して家を建てる際に組んだローンの返済額は、毎月一七～一八万円です。ただ、家賃と民泊の収入があるので、「シェアするために所有している」といっていいと思います。

子育て中も、毎月のようにワークショップや音楽イベントが開催され、いろいろな人たちが集まってきます。

当時はまだ「民泊」という言葉はなく、このような暮らし方自体が珍しい時代でした。それで、日本のトップホストとして招かれて話をする機会も多く、テレビCMに「Miraie」が使われるようなこともありました。

ゲストとシェアメイトと一緒に暮らすスタイルは、私たち家族にフィットしていて、私自身、非常に満足していました。

ところが、「民泊」という言葉が流行りはじめると、同時に地域との交流をせずマナーも守らない闇民泊業者が社会問題を引き起こすようになります。その結果、それまで健全にシェアハウスを運営していた人たちまでが、規制の対象とされるようになってしまいました。

これでは日本の民泊文化は衰退してしまいます。それを避けたかった私は、同じ思いをもつ同業者に声をかけ、業界団体を立ち上げる準備を始めました。そして、できたのが現在のシェアリングエコノミー協会です。

二拠点生活支援プロジェクトのスタート

「Miraie」とは別に、熱海の中心市街地再生のための民間まちづくり会社、machimoriを設立した市来広一郎さんと一緒に、熱海と東京の二拠点生活を支援するプロジェクトを始めました。

まず、熱海市が所有する稼働率三〇%ぐらいの駐車場を半分借りてリノベーションし、キャンピングカーとトレーラーハウスを置ける空間につくりかえました。

そこに自分のキャンピングカーやトレーラーハウスをもち込めば二拠点生活ができるし、空いている日は民泊として運用することもできます。地域の人も集まれるので交流も生まれます。

資金はクラウドファンディングで集めました。また、私自身もトレーラーハウスを買って改装し、宿泊や仕事ができるようにしました。

ところが、このプロジェクトはすぐに暗礁に乗り上げてしまいました。熱海市や地域の若者からは支持されていたのですが、周辺の繁華街の飲食店が納得せず、反対運動が起こったのです。

私は「このプロジェクトは熱海にとっても意味があるのだ」という話を何度もしました。しかし、繁華街の人たちは「若者や子どもが群れていると、大人のお客さんが店に入りにくくなる」といって耳を貸してくれません。

困って市に調整をお願いしても、有効な解決策は出てきません。町内会長も力になってくれず、結局このプロジェクトは中止に追い込まれました。

結局、「地域の人たちの理解が大事」といっても、その地域にはいろいろな考えの人がいて、立場や職業が違えば何がメリットで何が正義かも変わってくるのです。そのことを実感しました。

「21世紀の参勤交代プロジェクト」

プロジェクトは中止になりましたが、せっかく二拠点あるいは多拠点生活をしたいという人たちとの接点ができたので、二〇一八年にそのような人たちを対象にしたイベントを始めました。それが「21世紀の参勤交代プロジェクト」です。

「江戸に来てもらうのではなく、東京の人が地方に行くのが21世紀型の参勤交代」というのがコンセプトです。「都心で生活しているけど、地方でも暮らしてみたい」という人を募り、二〜三カ月に一度イベントを実施してコミュニティづくりから始めました。

一方、シェアリングエコノミー協会のほうにも、全国の自治体から「シェアリングサービスを導入したい」という声がたくさん届いていました。しかも、そろいもそろって「人口が減少しているから、シェアリングサービスを導入したい」というのです。

シェアリングエコノミーとは、「ニューヨークやロンドン、ソウルのような人口が密集した都市で広がる」というのが世界の常識です。ところが、日本はそうではないのです。店も宿泊施設もなく、タクシーも一台も走っていないような地方都市が、日本には多く存在します。そのようなところが「宿泊施設をつくる余裕はないので、民泊をやりたい」「タクシーの代わりに、ライドシェアのシステムをつくれないか」とシェアリングサービスによる課題解決を望んでいるのです。

ただ、「人口が少ない」というのはマッチング数が限られているということですから、シェアリングサービスが難しいのは事実です。

それでも、成功している事例がないわけではありません。それは、地域で完結するのではなく、地域と都心、地域と海外をつなぐようなシェアリングサービスです。具体的にいうと、クラウドソーシング、クラウドファンディング、インバウンドの民泊などがこれにあたります。

都心には多拠点生活をしたい人が一定数います。片や地方には空き家がたくさんあります。この二つをマッチングさせて、多拠点生活ができるシェアハウスのようなスペースをつくるというのは、現在の日本の状況に合致するのではないかと思いました。

こうして、定額制で全国どこでも住み放題の多拠点 Co-Living サービス「ADDress」の事業モデルができあがりました（次ページ図1）。

図1

定額制多拠点（co-living）サービス「ADDress」

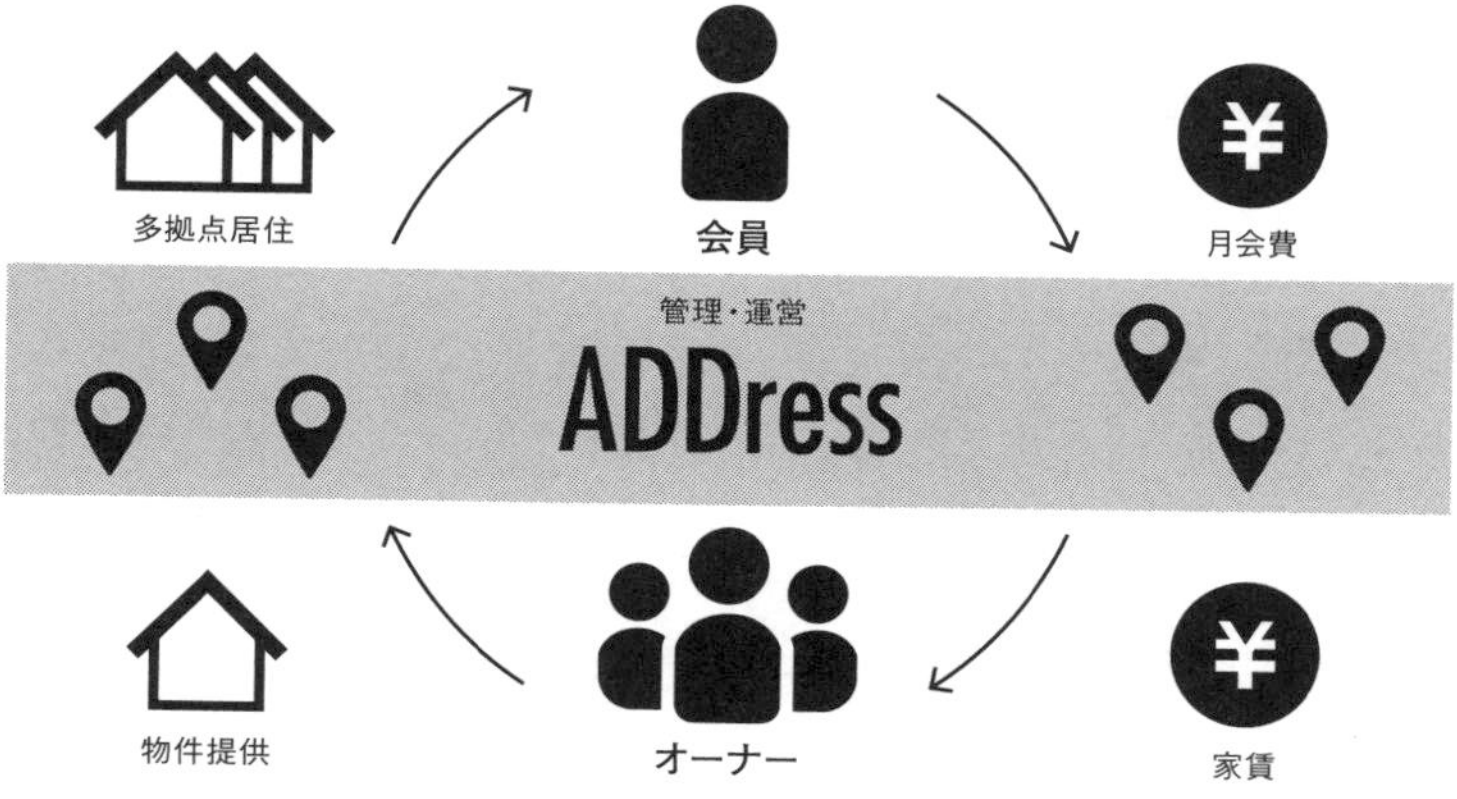

©ADDress Co.,Ltd.

人口のシェアリング

二〇一八年一一月に株式会社アドレスを創業しました。翌年四月から五カ所の家と三〇人の第一期住人で始める予定でしたが、年内に七〇〇〇人以上の入居者が決まり、五軒では足りなくなったため急遽増やし、結局、一三物件かつ住民エントリー一二〇〇人でのスタートとなりました。

私の狙いは「人口のシェアリング」です。古民家がある。里山の暮らしを体験できる。職人と触れ合える。そのような地域はたいてい田舎で、しかも少子高齢化が進み、空き家率が高いところがほとんどです。しかし、そんなところに住めるなら住んでみたいという人は、決して少なくありません。

これまで住宅の領域にはイノベーション

がほとんど起こっておらず、たいていはひとり一住所です。一軒家のマイホームや賃貸マンションという場所に縛られた生き方が普通でした。

しかし、現在はテクノロジーを使えば、かなりの低コストで多拠点生活が可能になります。だから、イノベーションは必ず起こせると思って取り組んでいます。

私たちが進めようとしているのは、地方への移住や定住ではなく、かといって旅行のような短期的宿泊でもありません。その中間の「旅行以上定住未満」という領域で、「関係人口」を増やしていくことです。具体的にいうと、その地域で旅行者のように消費をするだけでなく、ボランティアや生産活動を通じて、その地域の住民の中に入っていく人たちを応援したいと思っています。

しかし、無理やり田舎暮らしを強いるようなことはしません。物件はリノベーションを行い、さらに品質の高いマネジメントをして、都会の女性でも楽しく暮らせるような住環境を提供しています。

日本には現在約八〇〇万戸の空き家があり、現在も増え続けているので、このままいけば一〇年後には二〇〇〇万戸を超えるのは必至といわれています。

日本では約八五%の人が新築の家を購入しますが、欧米で新築を買うのは一五%以下です。ほとんどの人は中古物件を選び、それをリニューアルして住んでいます。そうすると、建物自体の価値も上がるのです。

それに、日本では「無償でもいいから家を手放したい」という人が多く、私たちはそのような物件を安く入手して、提供していこうと考えています。

社会環境の変化

働き方改革でテレワークを導入する企業が増えています。さらにＭａａＳ市場が拡大し、移動にかかる費用が定額制になると、地方にも行きやすくなります。会社に毎日出社せずに地方で仕事ができる時代はすぐそこまで来ているといっていいでしょう。

また、現在の若者は、シェアリングに対する抵抗があまりありません。「所有するよりシェアリングしたほうが、選択機会や可能性が増える」と思っている人のほうが、多数派なのです。

さらに、ミレニアル世代が社会の第一線で活躍するようになる二〇三五年には、移動しながら生活するデジタルノマドが、世界中で一〇億人に達するといわれています。そのときにはもう、月の半分もそこにいないのに、ニューヨークや東京にローンを組んで家を買ったり、二〇万円も三〇万円も家賃を払ったりしようとは誰も思わないでしょう。

「ADDress」のビジネスモデル

図2

全世代をターゲットにするサブスクリプション

旅行・別荘所有から、シェアリングの時代

さらに、供給の品質を管理するマネージド・マーケットプレイスへ

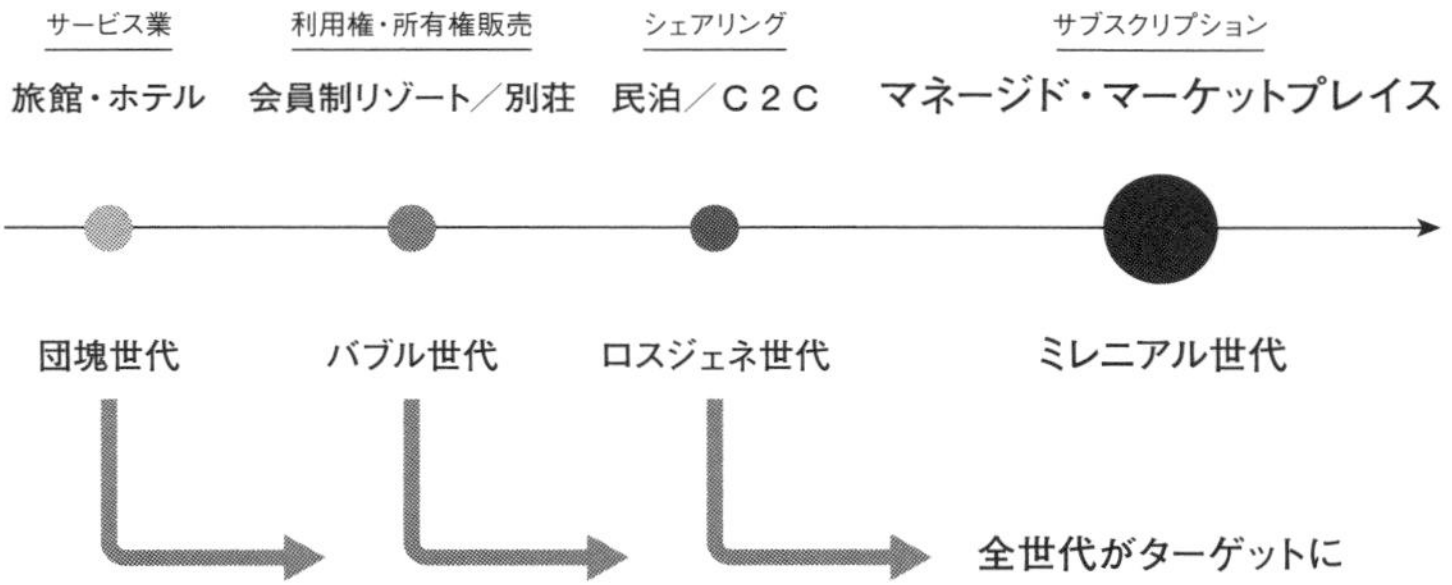

©ADDress Co.,Ltd.

価値観や満足度というのは、世代によって異なります（図2）。

団塊世代は、旅行に行って旅館やホテルに泊まること自体に価値を感じていました。

バブル世代にとっては、別荘や会員制のリゾートマンションを所有するのが価値だったはずです。

そして、ロスジェネ世代になると、民泊やシェアリングで、お城やツリーハウスのような普通では泊まれないところに泊まったり、ホテルや旅館が提供しないサービスを受けたりすることに満足感を得るようになります。

ただ、この手のC2Cのサービスには、残念な体験も少なくありません。写真の見栄えはよかったのに、行ってみたら小さい部屋だったとか、大きな駅の近くだったけどマンションの一室で家主もいなくて何の交流もできなかったとか、そういうことが往々にして起こりがちです。

そこで、私たちがミレニアル世代に向けて考えているのが、「ADDress」が個人から物件を借り受け、家具や家電をそろえ、保険にも入ってサブスクリプションで提供するＣ２Ｂ２Ｃモデルです。「ADDress」だったら安心できると思ってもらえる物件を提供していきます。

「ADDress」の魅力

私たちのサービスは「月四万円で全国住み放題」というキャッチコピーと一緒にメディアで紹介されることが多いのですが、ハードだけを提供しているわけではありません。むしろ、コミュニティのほうを提供したいと思っています。

全国に「おかえり」「ただいま」といい合える友だちがいる。一緒に仕事をするパートナーがいる。そういう分散型ネットワークの共同体をつくりたいのです。

だから、ハードはあくまできっかけで、その先にある人とのつながりをどうマネージしていくかに注力しています。シェアハウス型の運営なので、地域の人たちとの交流に加え、「ADDress」会員同士の交流もあります。その部分の価値を高め、強みにしていくのが当社の事業なのです。

社会的共感性と社会問題解決への取り組み

社会的共感性や社会課題の解決には、かなり本気で取り組んでいます。

空き家、少子高齢化、人口の首都圏への一極集中、失われつつある日本文化、そういう日本の社会課題にまったく関心がないという人は、あまりいないと思います。でも、ほとんどの人はおかしいと思いながら、都心で仕事をしています。

そんな中で、自分たちにもできることがあるのではないかと考え、行動を起こす人たちも徐々に増えてきています。住まいのサブスクリプションの利用者や「多拠点居住・デュアラー」「アドレスホッパー」などはまさにそうです。

「ADDress」の認知が世代や地域を超えて拡大しているのは、メディアの露出だけでなく、そのような人たちが私たちの活動を知って、口コミで広めているということも大きいのです。

私たちはクラウドファンディングで先行会員を募集し、合計で二〇〇〇万円以上を調達しています。

利用期間は最短三カ月ですが、基本的には年間契約です。

北は北海道から南は沖縄まで、全国四七都道府県に一七〇カ所以上。安かろう悪かろうではなく、一定の品質以上でそれなりの価格の賃貸物件を中心に広げていっています。

最初は東京に住んでいる人が、地方と二つの生活拠点をもてるサービスを想定していました。

ところが、ふたを開けてみると、登録者の三分の一が地方在住者でした。地方に暮らしていて東京にも住まいがほしい。あるいは別の地方との二拠点生活を希望している人がこれほどいたというのは驚きでした。

それで、当初の「都市部から地方へ展開する」という路線を変更して、地方の方たちが都市部でも使えるサービスにすると決め、現在は全国に物件をどんどん増やしています。

地方では、日本の文化体験ができることに重きを置いています。

空き家や古民家は快適に暮らせるよう、すべてリノベーション済みです。備え付けの家具はきちんと使えるものです。

さらに若い女性や子ども、高齢の夫婦などのことも考慮して、ほとんどの予約ベッドは個室タイプです。一方で、リビングキッチンは共有ですから、地域の人や会員同士の交流も生まれるというわけです、

それから、私たちは自分たちのサービスを、暮らしだけでなく仕事もできる「多拠点コリビング（co-living）」と表現しています。いわゆるシェアハウス・プラス・シェアオフィス。そのためＷｉ－Ｆｉ環境を整え、部屋が広い場合はコワーキングスペースをつくっています。

ほかにも二四時間入り放題の温泉付きや、大きなウッドデッキがある物件など、個性豊かな物件がそろっています。

ユニークなローカル体験を増やしたい

宮崎県日南市油津商店街の物件は、二〇年近くシャッターを下ろしていた元青果店です。ここに住んでいたおばあさんが亡くなり、子どもたちも使う予定がないから誰かに譲りたがっているので、「ADDress」でどうかと地元の人から相談を受けました。それで、当社でリノベーションし運営を始めたのです。

この油津商店街は地域活性化にかなり力を入れており、数年前から少しずつ、ゲストハウスやコワーキングスペースやお洒落なカフェなどが進出しはじめていました。しかし、昔からここに住んでいるお年寄りは、そういうところに馴染みません。「商店街に活気が戻るのはうれしいけど、だんだん自分たちの場所ではなくなってくるようだ」という中高齢者の言葉を耳にした私たちは、「ならば自分たちの物件は世代を問わず集まれる場所にしよう」と決めました。

それで、物件の二階部分を会員用とし、一階の一部分を無料開放することにしたのですが、どういう場所だったら中高齢者も足を運びたくなるかがわかりません。そこで、いろいろと話を聞いてまわると、ひとりの男性が「僕はレコードをたくさんもっているから、それを寄付しましょう。レコードはシニア世代に馴染みがありますし、いまの若者にも密かなブームになっていますす。それを聴けるスペースにしたらどうですか」という提案をしてくれました。

そこで、無料でレコードが聴けるスペースにリノベーションしてスタートしたところ、毎日のように地元の人たちがレコードを聴きにきてくれるようになったのです。

もちろん、そこには若者が来てもかまいません。むしろ「『ADDress』の会員さんが来た」と喜んでくれます。

こういう地域の人たちとの交流をもっともっと増やしていきたいのです。

「オーガニックな生産性」を重視

私たちが地域の人たちとの協働を大事にするのは、その地域全体のエリア価値を高めていきたいからです。

いくら私たちが儲かっても、他の店は儲からない、あるいは売上が減ったということになったら、それは地域貢献ではないし、地域の活性化にもつながりません。

私たちが重要視しているのは「オーガニックな生産性」です。

たとえば、食事から売店から温泉まですべてがそろっている従来のホテルや旅館だと、その中ですべてが完結してしまうので、地域はなんら恩恵を受けません。

しかし、私たちの物件だと、そこに入った人は地元の定食屋でご飯を食べるだろうし、シャワーのみであれば、近所の銭湯に通うでしょう。そうするとエリア全体が活性化するのです。

図3

「まちやど」：町全体をひとつの宿と捉える

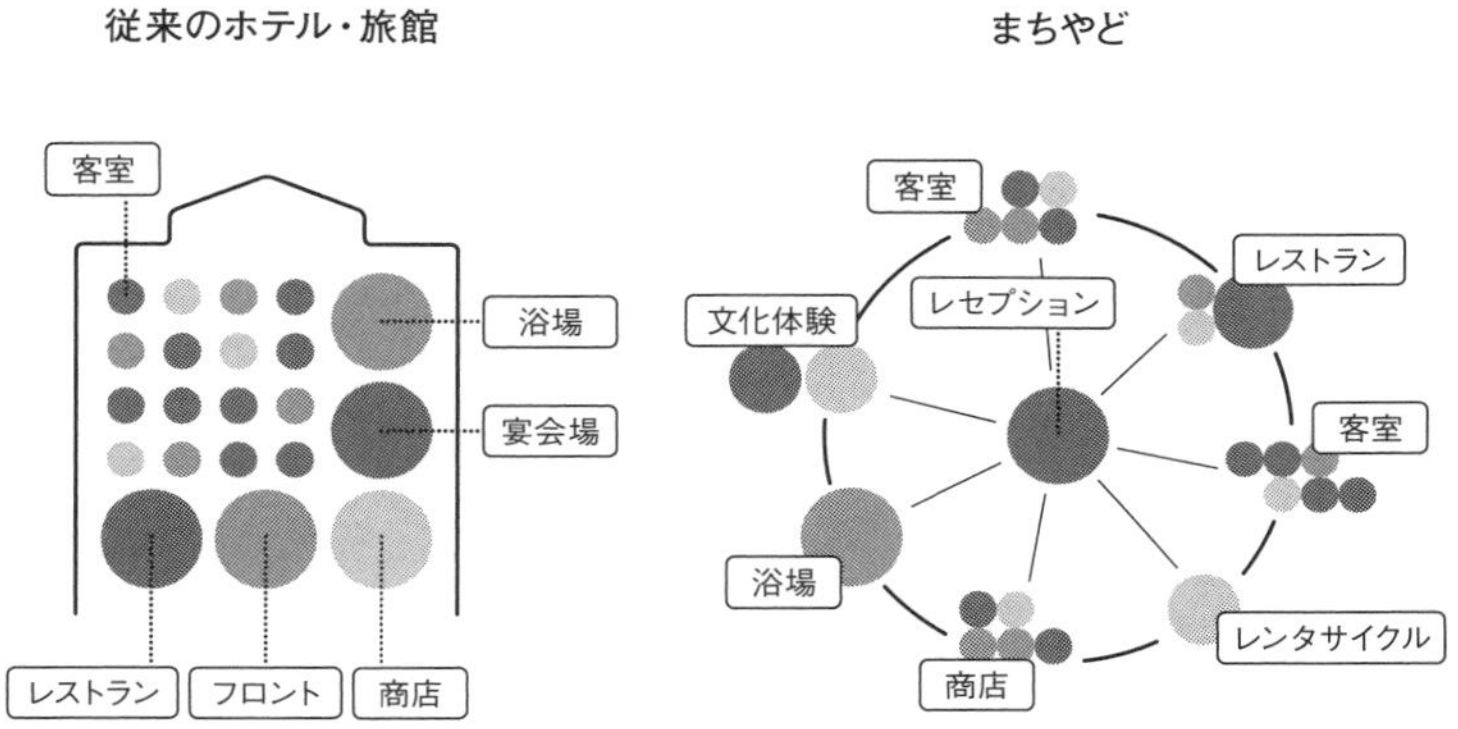

©ADDress Co.,Ltd.

これが「まちやど」という考え方です。「まち」全体を「やど」として捉え、あらかじめ街にあるさまざまな機能を融合させて、エリア全体の価値を高めるのです（図3）。

そういう街全体をシェアする取り組みを、私たちは展開しようとしています。

ガイドブックに載っていないユニークなローカル体験

その地域でしかできないローカルな体験ができるのも、多拠点生活の価値のひとつです。

南房総に山を切り開いてつくった忍者の里があって、そこでは地元の人が、本物の忍者になりたい人に手裏剣の投げ方などを教えているのです。

ガイドブックには載っていませんが、「ADDress」の会員は希望すれば、そこで忍者体験ができます。なぜそれが可能かというと、私たちは日ごろから地域の人たちと信頼関係を築いているからです。

「ADDress Community」の要となる「家守」

「ADDress」ではその地域ごとの物件に、「家守（やもり）」と呼ばれる管理者を置いています。この家守が地域住民と会員とのハブ役になってくれています。

家守は物件を管理するだけではありません。地域のことをよくわかっていて、なおかつ地域をよりよいものにしたいと思っている。しかも、ホスピタリティが高い。こういう家守がいるから、新しく入ってきた人も、地域の中にすっと入っていけるのです。

横山匤さんは世界のキリスト教の聖地を回って写真に収めてきたプロカメラマンです。南房総邸で家守をやってもらっています。地域にネットワークがあって、先ほどの忍者の里もそのうちのひとつです。とにかく元気で面倒見がいい。横山さんを親しみを込めて、まるで自分の本当のおじいさんのように思っている会員も少なくありません。会員に美しい写真撮影スポットを紹介したり、釣りに連れていったり、交流を楽しんでくれています。

「ADDress」の会員は、会社員が最も多いですが、学生もいるし、得意なスキルを生かして活躍しているフリーランスや有名な起業家、経営者もいて、年齢も八〇代まで幅広くて、とらえどころがありません。一時期メインターゲットをはっきりさせようと、会員のペルソナ分析を行ったのですが、あまりにばらばらでセグメントができませんでした。

ただ、ひとつだけ一致している点があります。それは、「全国を移動しながら楽しむことに価値を感じている」というところです。

キャンプとか釣り、サーフィン、食べ歩きなど、好きなもののジャンルはさまざまですが、「いろいろな地域を楽しむため」というのが、みなが「ADDress」を利用する目的になっています。

逆に、「地域や会員とのつながりは必要ない、自分たちだけで別荘暮らしがしたい」という人は、向いていないかもしれません。

イベントは私たちがオフィシャルで主催するものもあり、そのような場で他の会員や地域の人たちと出会うのが楽しくて「ADDress」に参加しているという人も少なくありません。

多くの自治体は「空き家をなんとかしたい」「関係人口を増やしたい」「移住者や定住者を呼び込みたい」という課題を抱えています。

空き家があって住む場所には困らない、料理もお酒も美味しい、自然も豊か、それなのに人口流出が止まらなくて困っている。そういう自治体との連携は、今後も増えていくと思います。

「ADDress」の仕組み

「ADDress」の利用者は特定の会員です。最低利用期間は三カ月間で、基本は一年間の賃貸借契約です。短期宿泊者は利用できません。

会員登録をするにあたっては、事前に公的書類などで本人確認し、反社チェックも行い、オンラインでの面談も実施しています。

地域からすると、不特定多数の人が短期滞在で入れ替わるよりも、当社の審査を通過した人だけが一定期間利用するほうが安心だといえます。

また、物件には管理者としての家守がいるので、何か問題が起きれば家守に相談できます。もちろん私たちの会社も責任を負うし、保険にも入っているという点でも、理解していただきやすくなっているといえます。

「ADDress」の会員は、「ADDress」の物件に予約滞在するために、すべての物件に対して共同賃貸借契約を結びます。

それに加え、いつでも自由に利用できる自分だけの専用ベッドをもちたい場合は、オプション料金を支払って借りることができます。ここは自分専用のベッドですから、予約なしに使えます。ここに住民票を置き、簡単な荷物を置いたり、郵便物をこの住所で受け取ったりすることも可能です。

それから、「一施設の個室の連続予約は一週間まで」という利用制限を設けています。人気の場所や人気の物件をひとりの人が使い続けるのは、あまり好ましいことではないからです。さらに、予約の上限日数は月ごとに一物件当たり一四日間にしています。年末年始やゴールデンウィークなど利用希望者が増える時期に、不公平感が出ないようにするためです。

それから、私たちが提供しているのはデジタルコンテンツではなく、物件というハードなので、予約だけして実際に使わないのは認めていません。その他には、法人会員プランもあり、法人単位での利用もできます。働き方改革に関心が高く、テレワークなどに取り組んでいる企業からの申し込みが増えています。

また、二親等以内は無料で同伴利用ができるので、配偶者や兄弟姉妹、子どもや孫を連れて家族で利用する人もいます。

一〇〇万人が多拠点生活する時代をつくる

多拠点生活者にとって、移動距離が長くなればなるほど大きくなる交通費負担は、実に悩ましい問題です。そこでその問題を解決すべく、現在ＭａａＳ各社と提携の話を進めています。

そのうちのひとつであるＡＮＡ（全日空）とは、すでに二〇二〇年から航空券定額制サービスの実証実験を開始しています。

私たちは、「人々が都心と地方両方に暮らす分散型の共同体を日本中につくりたい」と思っています。具体的には、二〇三〇年に一〇〇万人の会員と二〇万物件というビジョンを掲げています。

一〇〇万人が移動型の生活をするようになると、法制度から年金のあり方までガラッと変わってくるはずです。

また、徳島県で「地方と都市の二つの学校の行き来を容易にし、双方で教育を受けることができる」というデュアルスクールの実践が始まるなど、すでに変化は起きつつあります。このように制度が整ってくれば、多拠点生活はもっとやりやすくなるでしょう。

それに、二〇万物件といっても、二〇〇〇万物件になる空き家の一%を押さえるだけですから、決して無理ではないと思っています。

【質疑応答】

Q1　物件のオーナーにはいくら払うのか。

佐別当　その地域の相場に合わせて家賃を支払っています。もともと使っておらず固定資産税をずっと払い続けていたような物件なので、月数万円でもありがたいと喜ぶオーナーがほとんどです。

Q2　意識の高い自治体をどうやって探し、アプローチしているのか。

佐別当　「空き家と移住や定住の問題を解決したい」と思っている自治体は多く、こちらが探さなくてもどんどん問い合わせが入る状態です。「とりあえず相談に乗ってほしい」というところまで手が回らないので、現在は「空き家と家守になりそうな人が見つかっている」という自治体とだけ話をさせていただいています。

Q3　部屋が想像と違ったとか、人間関係がうまくいかないといった会員間のトラブルはどれくらいあるのか。

佐別当　現地に管理者の家守がおり、物件のクオリティも私たちが担保しているので、それほど大きなトラブルは起きてはいません。

Q4　シーツの交換はどうなっているのか。

佐別当　住まいですからベッドメイクは会員の方が自分で行います。

Q5　今後事業規模を大きくしていくうえで、家守のリクルーティングはどう考えているのか。

佐別当　地域で家守を見つけるのはたしかに簡単ではありませんが、一方で、現在も数百人の応募が来ています。子育てを終えた主婦、定年後田舎暮らしをしたい人、学生やフリーランスといった人々です。田舎暮らしや地域と交流したい人にとって、家守はかなり魅力的な仕事だともいえるのです。

Q6　リノベーションをして物件の品質を担保すると、その間の時間や費用がボトルネックにならないか。

佐別当　私たちのスタッフには建築士やテック系の人間もいます。また、全国の工務店との連携も進めており、コストを抑えスピード感を出すようにしています。

また、最近は移住や定住者にはリノベーションコストの三分の二を負担するといった自治体も増えているので、そういう制度も利用させていただいています。

Q7　スペースを提供するだけでなく、何かを教える教室を開催して人を集めるような展開は考えているのか。

佐別当　私たちが最終的に目指すのは、ライフプラットフォームです。そのひとつがMaaSであり、さらにいろいろ広げていこうと思っています。すでに、「地域の人たちが集まる公共スペース」というところに注目し、提携したいという企業からの申し出がかなり殺到している状態です。

たとえば、駐車場のシェアサービス会社と組んで、一日飲食店をやれるようなスペースをつくるといった試みはもう始めています。

（二〇一九年八月三一日「ATAMIせかいえ」にて収録）

第六章

サブスクリプションだからこそ表面化する、お客様ニーズとの関わり方

小川紀暁

PROFILE

小川紀暁

Noriaki Ogawa

ななし株式会社 取締役
2002年大和証券に入社し、投資銀行部門でIPOやM&Aのビジネスを10年経験。2013年から大阪のITベンチャー企業、クローバーラボ株式会社にCFOとして参画。経営企画部門、管理部門の責任者として資金調達の実行や上場準備を進めると同時に、ゲームアプリのマーケティングや新規事業の立ち上げを担当する。2017年に「KARITOKE」(ブランド腕時計の定額制レンタルサービス)を立ち上げ、同サービスの責任者を務める。2019年に「KARITOKE」事業での資金調達などを目的として、ななし株式会社に同事業をスピンアウトし、現在は同社取締役を務める。

自身の沿革と会社の事業紹介

私は、最初は大和証券に就職し、そこでＩＰＯ（新規株式公開）やＭ＆Ａの仕事を一〇年間経験しました。

その後、ラクサス・テクノロジーズ（当時はエス株式会社）でウェブマーケティングや新規サービスの立ち上げなどにかかわってから、一年後にクローバーラボに移りました。クローバーラボではＣＦＯ（最高財務責任者）を務めています。「金融」「ＣＦＯ」「マーケティング」「事業創出」が私のバックグラウンドです。

クローバーラボは、スマホゲームの開発と運営をメインの事業とする会社ですが、そのほかにブランド腕時計のレンタルサービス「KARITOKE」とメンズファッションのレンタルサービス「leeap」というファッション系のサブスクリプション・ビジネスをスタートさせました。現在、この二つのサブスクリプション・ビジネスは新設した、ななし株式会社に移管しています。

ブランド時計のサブスクリプション「KARITOKE」の紹介

1. 「KARITOKE」が目指す世界

図1

「KARITOKE」が目指す世界

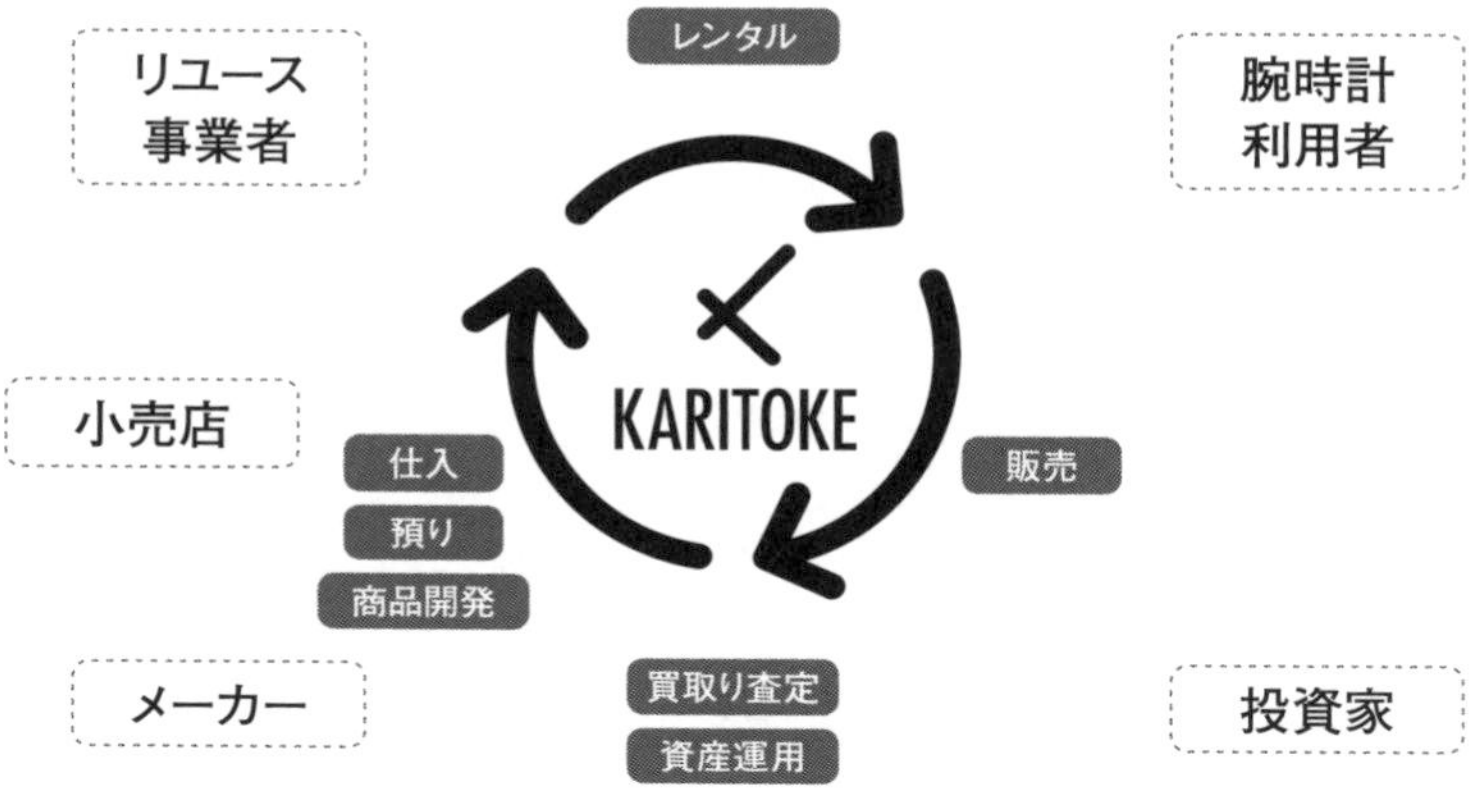

©nanashi.,inc.

当社が預かったり仕入れたりしたブランド腕時計を月額制で会員にレンタルしていただくというのが、「KARITOKE」のビジネスモデルです（図1）。

ただ、レンタルやサブスクリプション以外にも、販売や買取査定など腕時計にまつわるサービスはいろいろあるので、現在はそのような領域にも段階的にビジネスを広げています。

レンタルを始めてみて、「腕時計でビジネスをするには、レンタルという形態が取っ掛かりとして非常に有効だ」ということにあらためて気づいたというのが正直なところです。

それに、もともとレンタルだけをやりたかったわけではありません。メーカーや小売店、中古販売業者、それから時計で資産運用してみたい人たちなども、ゆくゆくはコミュニティに取り込んでいきたいと思っています。

2.「KARITOKE」のサービスコンセプト

「腕時計のある生活」。これが「KARITOKE」のサービスコンセプトです。

腕時計を買えない人。試したい人。いろいろな腕時計を楽しみたい人。賢くお金を使いたい人。そういう人たちに、手軽にブランド腕時計を体験できる機会を提供するのが、「KARITOKE」のサービスなのです。

3.「KARITOKE」の特徴

「KARITOKE」のサービスを開始したのは、二〇一七年六月です。

特徴は三つあります。一つ目は、月額制レンタルでいろいろな腕時計を試せることです。二つ目は、腕時計の種類が豊富であることです。現在、約五〇ブランド、一三〇〇種類以上の腕時計をそろえています。三つ目は、ネットとリアルの融合です。現在、東京の有楽町に常設店を出店しています。

4.「KARITOKE」の料金プラン

料金は月額三九八〇円（税別）から同一万九八〇〇円（税別）まで、「カジュアル」「スタンダード」「プレミアム」「エグゼクティブ」の四プランを用意しています（二〇一九年八月現在）。安いプランから入ったお客様が、腕時計への興味が高まるにつれて高額プランに移行していくという流れを想定して、料金プランを設計しました。実際の会員数比は、高額プランから「4・3・2・1」と、高いプランほどお客様の数が多くなっています。「どうせ借りるなら、いい腕時計を借りたい」と考えるお客様が多かったというわけです。

5.現在の「KARITOKE」の商流

お客様は腕時計を借りたい一般の方々です。

時計の調達ルートは二つあります（図2）。一つは自社仕入れ。そしてもう一つが預かりです。個人の腕時計所有者または中古業者から時計を預かって、これをユーザーにまた貸しするという流れです。

図2

現在の「KARITOKE」の商流

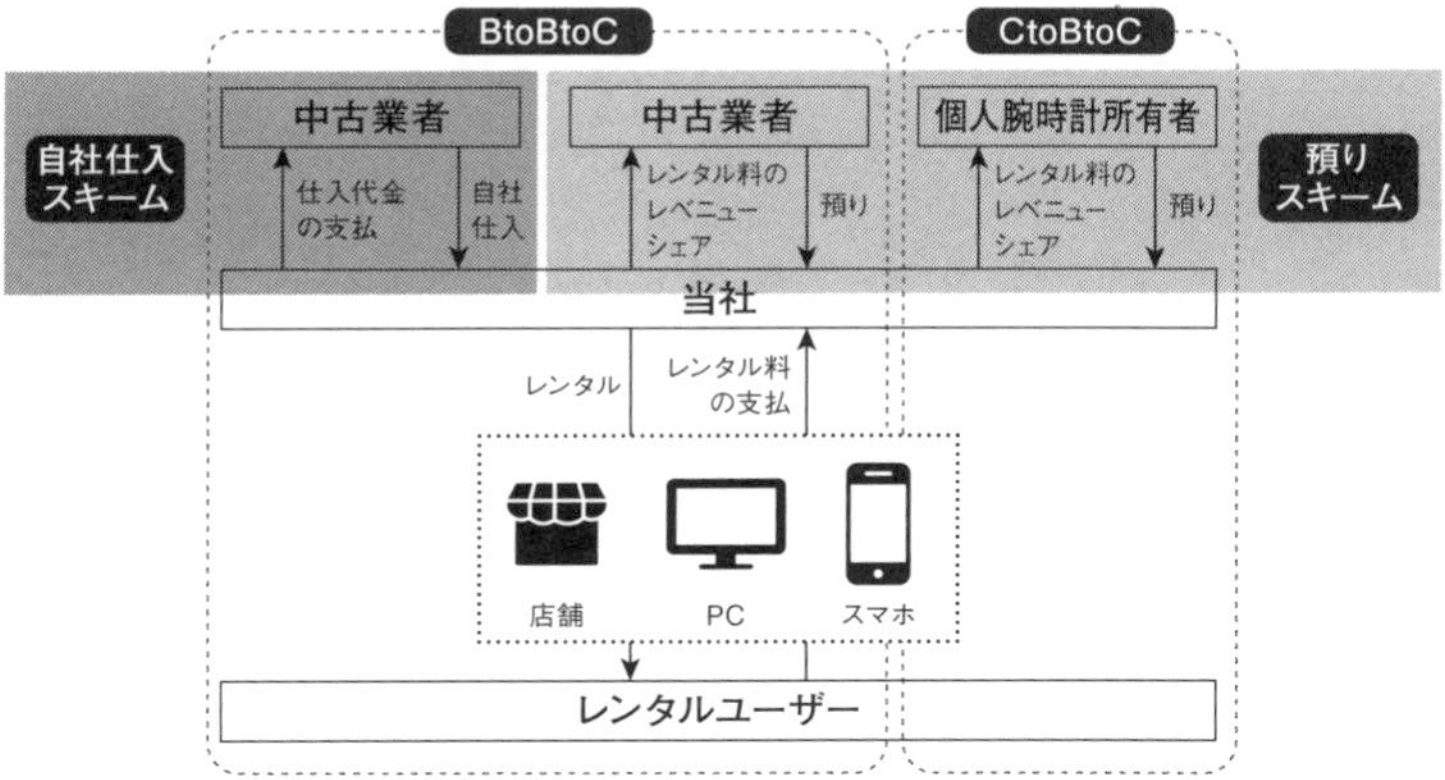

©nanashi.,inc.

6.「KARITOKE」のユーザー

ユーザーの年齢は、三〇代を中心に、二〇代から四〇代までかなり広範に分布しています。

職業は、不動産業界や金融業界の営業職、店舗販売職といった外に出る仕事に就いている方の割合が大きくなっています。経営者や士業の方も目立ちます。

居住地域は、関東が圧倒的に多く、次が近畿です。これらの地域には情報感度の高い人が集まっているからでしょう。また、当社の店舗が東京にあることも影響していると思います。

7. サービス開始後二年間の実績

実際にサービスを利用した方の九六・一％が「利用前の期待を上回った」と回答しています。サービス自体の満足度は、一〇点満点中七・六点です。

収益性は、ＬＴＶ（顧客生涯価値）がＣＡＣ（顧客獲得コスト）をどの程度上回っているかを注視しています。現状の数値でも悪くはありませんが、できればもっと改善したいと思っています。

仕入れ価格に対する回収利回りは、表面利回りが五二％／年、実質利回りが二三％／年です。

それから、「お客様の約三割が腕時計の非所持者である」という点が、この二年間で得た最大の気づきだといえます。

8. 「KARITOKE」の課題

課題は二つあります。

一つは、低いサービス知名度です。「KARITOKE」というサービス名だけでなく、「腕時計をレンタルする」という商習慣や消費行動自体がまったく浸透していません。ここをなんとか打開していきたいです。

もう一つは、商品在庫不足です。「KARITOKE」で最初に借りた腕時計を他の腕時計に交換しようとしたとき、「他のお客様がレンタル中」などの理由で、自分が借りたいものを借りられなかったから、「KARITOKE」自体の利用をやめてしまったとユーザーアンケートに答えた人が三五％もいました。この商品在庫不足の解消が最大の課題だといえます。

会員数が増えるのと並行して商品在庫も増やさないと、レンタル事業は成り立ちません。逆にいえば、もっと会員数を増やしたいと思っても、商品をそろえられなければ、それは不可能です。「商品さえあれば会員数をもっと伸ばせる」という手ごたえがあるだけに、商品在庫が足りない現在の状態には、歯がゆさを感じています。この点については、二〇一九年末にリース会社と業務提携を行い、資金的な制約からの商品在庫不足は解消しました。

モノのサブスクリプション・ビジネスの存在意義

私たちもまだ試行錯誤している状態ですが、それでも腕時計のような、決して生活必需品ではない高額アイテムのサブスクリプション・ビジネスの存在意義とは何かについて、ようやく少しずつみえてきました。

それは、高額腕時計の購入になかなか踏み切れない人にとって、「KARITOKE」はそれを体験するきっかけになっているという点です。

実際、「KARITOKE」を使った人のほとんどが満足しています。

おそらく、腕時計の場合、「購入」「レンタル」「シェア」のいずれの形態であっても、そのモノに対する消費を喚起できるのだと思います。

「KARITOKE」のユーザーに「これまで腕時計を何本もっていたか」アンケートをとったところ、ゼロ本が三〇%、一本が二九%、二本以上が四一%でした。つまり、「KARITOKE」は、腕時計未体験者が初めて腕時計を試すきっかけとなっているのです。

それから、すでにもっている人には、五〇万円や一〇〇万円するような、一生の間にいくつも買えない高額腕時計を、月額一万円か二万円程度で何本も楽しめる、そんな体験を提供できているのではないでしょうか。

スイス時計協会が行った「腕時計に関する消費者意識調査」によれば、「欲しい時計の価格が高すぎて手が届かない」と感じている人は、全体の半分以上の五一・八%にもなります。それから、補修や修理費に関しても、二四・一%の人が高いと思っています。このあたりが私たちとしても課題だと考えています。

「KARITOKE」で腕時計を使ってみた人に、期待どおりの満足度が得られたかアンケートをとってみたところ、六割以上の人が「利用前の期待値よりも実際の満足度のほうが高い」という結果となり、「期待値よりも低かった」と答えた人はわずか四%にすぎませんでした。

このように、「腕時計を使うきっかけを提供し、さらに腕時計に興味をもってもらう」という点で、「KARITOKE」のサービスはうまく機能しているといっていいと思います。

日本国内における新品腕時計の販売市場は約八〇〇〇億円です。これに、中古市場の約二〇〇〇億円を加えた合計約一兆円が、国内全体の腕時計の市場規模です。「新品や中古品を買う人を、レンタルのほうに引き寄せたい」という考えがないわけではありませんが、私たちが主眼を置いているのは、「KARITOKE」のサービスで腕時計に興味をもった人たちが、購入やレンタルで新たな市場を形成することのほうです。

ユーザーにとって、モノのサブスクリプション・ビジネスの価値は？

「KARITOKE」を利用する動機でいちばん多いのは、「いろいろな腕時計を体験できる」ことです。二番目が「購入前に試したい」、三番目が「購入するより資金負担が楽」となっています。

このような消費者ニーズはもともとあったと考えられますが、それがレンタルやサブスクリプションという新たなビジネス形態が誕生したことで、顕在化したのです。したがって、私たちが始めなくても、いずれどこかの会社が似たようなサービスを始めたと思っています。

1.「KARITOKE」のさまざまな利用方法

「KARITOKE」の利用の仕方には、いくつかのパターンがあります。

いちばん多いのが、ファッション感覚で季節ごとに腕時計を変えて楽しむことです。夏はダイバーズウォッチ、秋は落ち着いたレザーウォッチ、イベントの多い冬はドレスウォッチを借りるといった使い方をする人が、いちばん多くみられます。

次に、購入前のお試しとして「KARITOKE」を利用する人も少なくありません。たとえば、AとBどちらの時計を買うか迷っている人が、両方を一カ月ずつ借りてみて、その結果Bを購入することに決めたものの、Aも捨てがたいのでレンタルするというパターンは、意外によくあります。

友人の結婚式や同窓会、子どもの卒園式や入園式といったイベント用に使いたいという人もいます。就職活動に臨む人がフォーマルな腕時計を借りるのも割と定番です。

おもしろいケースでは、男性からプレゼントされた腕時計を失くしてしまった女性が、どうしても「失くした」といえず、同じモデルの時計を「KARITOKE」で借りて、その男性と会うときにそれを身につけていくということもありました。

このように、いろいろなタイプのユーザーが、さまざまな使い方をしているのが「KARITOKE」です。

2. ユーザーにとっての「KARITOKE」の価値

ユーザーが「KARITOKE」に感じている価値は、大きく分けると次の二つだといえます。

一つ目は「納得感のある経済的負担」、二つ目は「選んだり着け替えたりできる楽しさ」です。

まず、「納得感のある経済的負担」について考えてみましょう。

「腕時計は高額で生活必需品ではないのだから、必要なときに必要なだけ使い、使っているときだけ対価を支払いたい」と考えている人にとって、「KARITOKE」は「納得感のある経済的負担」という価値を提供してくれるサービスなのです。

実際、「KARITOKE」は月額制ですが、腕時計を返却する際に新しい腕時計を予約しなければ、そこでいったん利用停止となり、次の腕時計を借りるまで料金はかかりません。「腕時計が手元にないのに月額料金だけクレジットカードで決済され毎月引き落とされる」というのは、ユーザー体験としてはあまりいいことではないと当社は考えているので、このような仕組みにしているのです。

それから、高額商品の買い物を失敗したくないという人も、同様の価値を感じているといえます。彼らにとって月額利用料は、「やっぱり買わない」「気に入ったから買う」という意思決定のタイミングを後ろに遅らせるオプション料だといっていいでしょう。その金額として月額一万円や二万円が妥当かどうかというのは、また別の価値観です。ただ、一〇〇万円の時計を買った後で「失敗した」と後悔しないために、「事前に二万円を払って自分に合うかどうか試してみる」という考え方は、きわめて合理的だと思います。

次に、「選んだり着け替えたりできる楽しさ」という価値について考えてみましょう。

高額品を買う際のわくわく感は、あれこれ調べたり、手に入れたときのことを想像したりしながらどんどん上がっていき、購入時にピークを迎えます。そして、そこから徐々に下がっていきます。買ったものが期待どおりでなかったときは、後悔の念が湧き上がってテンションが一気に下がります。

では、「KARITOKE」の場合はどうかというと、会員登録して、どれを借りようか選んで、実際に腕時計が届くまでのわくわく感の変化は、買う場合とほぼ同じです。ただし、この先が違います。

「KARITOKE」だと、借りた腕時計は毎月交換できるので、一回目の時計が届いた後に、来月はどれにしようかと、すぐにまた選ぶところから手元に届くところまでのわくわく感を再び味わうことができるのです。これは「KARITOKE」の価値といっていいと思います。

必要なとき必要なだけ使ってその分の対価を支払うだけでよく、買い物の失敗防止にもなる「賢い利用」。いろいろな腕時計を着け替える体験が継続的にできる「わくわく感」。この二つがユーザーにとっての「KARITOKE」の価値だということをわかっていただけたでしょうか。

3. ユーザーからのフィードバックの重要性

ユーザーが借りた腕時計を毎月交換できるというのは、運営側にとってもメリットなのです。なぜなら、それだけ多くのフィードバックが集まるからです。フィードバックをみれば、ユーザーが何に不満を感じ、何を望んでいるかといったことがはっきりします。そして、それらを改善することで、ユーザーとのより良好な長期的関係を築けるようになるのです。

また、「ここがよかった」といった好意的な感想が、運営側の励みになってモチベーションが高まるという側面もあります。

「KARITOKE」の価値を、どのようにユーザーに届けるか？

「KARITOKE」ユーザーに「どのブランドの腕時計が人気があるか」を調査したところ、かなり偏りがあることがわかりました。

まずブランド別にみると、上位三ブランドは「ロレックス」「オメガ」「ウブロ」が占めており、一〇位や二〇位のブランドは上位三ブランドの一〇分の一から三〇分の一くらいの人気にまで落ちてしまいます。

次に、モデル別にみると、人気商品は「ウブロ」「ロレックス」に集中しており、それ以外のブランドは一一位の「カルティエ」まで出てきません。

以上の結果は、多くのユーザーが「借りるなら『ロレックス』か『ウブロ』がいい」と最初から決めているからです。実際、アンケートをとってみると、「KARITOKE」のサイトに来たとき、「この時計を借りたい」とすでに決まっている人が六割もいました。

そこで、まだ決まっていない四割に対し、どのようなアプローチをするかが課題となっています。

「KARITOKE」の価値をちゃんとユーザーに届けるためのポイントは二つあります。

一つは「ニーズのある商品を、必要な数だけ調達すること」、もう一つは「腕時計を借りようかどうか迷っている人の障壁を下げること」です。

それには納得できる価格設定、自分が腕時計をすることに対しリアリティをもたせる、円滑なコミュニケーションなどを工夫し、気持ちよく利用してもらえるようにしなければならないと考えています。

1. 腕時計の品揃え

腕時計の品揃えに関しては、「自社仕入れ」と「預かり」の二つのスキームがあります。

現在、サービスを開始してちょうど四年になりますが、最初の一年半は自社仕入れだけでした。

しかし、ここで問題が露呈します。

「KARITOKE」の仕入れ単価は平均三〇万円です。つまり、会員が一〇〇人なら仕入れ費用は三〇〇〇万円、一〇〇〇人なら三億円、一万人になったら三〇億円必要だということです。会員数は一〇〇〇～一万人の間なので、自己資金での商品調達はすでに限界にきています。

仕入れの問題を解決しないとユーザー数を増やすことができない。これがモノのサブスクリプション・ビジネスの成長を妨げるボトルネックだといえます。

この解決策として当社が現在取り組んでいるのが、預かりスキームへのシフトです。現状は、自社仕入れが八割で、預かりが二割となっていますが、これを逆転させて「自社仕入れ一割、預かり九割」にする計画をつくっています。

では、どうやって預かりを増やすのか。

一つには「リユース事業者から預かる」というスキームです。当社がリユース事業者から数十本単位で預かり、これがレンタルに回ったら、それに応じた手数料を事業者に支払うというスキームです。すでに二〇一九年四月から始めています。

もう一つが「リース会社から預かる」というスキームです。リース会社は商品が稼働さえすれば資金的な制約がほとんどないため、年間一〇億円単位の取引が可能です。

2. 障壁を下げる工夫

ユーザーに「KARITOKE」の価値をちゃんと届けるために、「いかに障壁を下げて気持ちよく利用してもらうか」も解決すべき課題のひとつです。

まず、価格設定のところでできるだけ入口を広げるために、初月は半額（二〇二一年三月以降は無料）としています。

それから、ユーザーとのコミュニケーション機会を増やせるよう、東京の有楽町に常設店を出しています。どのような腕時計を買いたいかわからない人には、ネットの情報だけでなく、店に来てもらって実際に手に取ったり試着したりといった体験をさせてあげることが必要です。

さらに、「自分ゴト化」も大切です。「腕時計のあるライフスタイルってこんな感じだよ」「こんなシチュエーションにはこういう腕時計が合うよ」といった情報を伝え、目的別にリコメンドするということにも、さらに力を入れていきます。

これらは、電話やメール、チャットでも対応しています。これからもユーザーの嗜好や利用目的に応じた案内やリコメンドをしていこうと思っています。

モノのサブスクリプションの事業性を考える

図3

「KARITOKE」の将来売上のモデル（参考用仮数値）

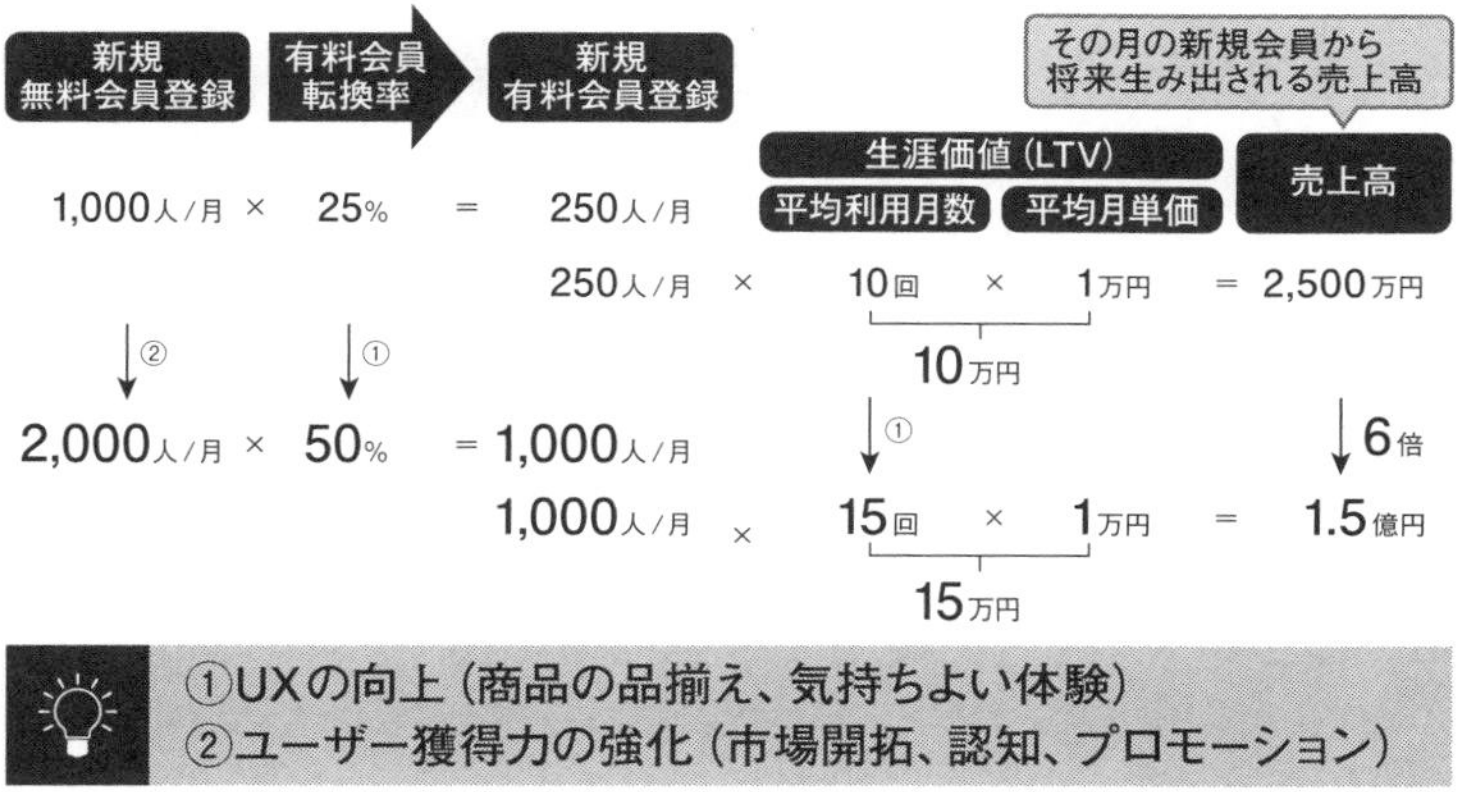

©nanashi.,inc.

1.「KARITOKE」の損益構造

まず、商品調達関連では、自社仕入れの場合は減価償却費、預かりの場合は預かった商品の所有者に対する手数料が発生します。

次に、物流関連では商品の輸送費と保管費用。運営関連ではクリーニング・修理費用と人件費。マーケティング関連では広告宣伝費と値引き費用。それと、クレジットカードの決済手数料もかかります。

2.「KARITOKE」の将来売上のモデル

数値はあくまでも仮のものですが、「KARITOKE」の将来売上モデルについて説明します（図3）。

「KARITOKE」では、メールアドレスだけ登録してまだ借りていない人を「無料会員」と呼んでいます。新規無料会員が月一〇〇〇人で、ここから二五％の人が有料会員に転換するとします。また、有料会員の平均利用月数は一〇カ月、平均月単価が一万円とすると、グロスLTVは一〇万円です。したがって、その月に有料会員になった人が将来生み出す売上高の合計は二五〇〇万円です。

もちろん当月の売上高を疎かにはできませんが、その大部分はもう過去に決まっていることなので、いま考えても仕方ありません。それよりも、当月に有料会員になった人が将来いくら売上を生み出してくれるかのほうが重要です。これがサブスクリプションの考え方なのです。

さて、これをどうやって改善していくか。

新規無料会員登録を二倍の月二〇〇〇人に増やすという考え方がひとつあります。ここは認知度を上げながら広告の出稿量を効率的に増やすというのが王道です。

それよりも、有料会員への転換率とLTVを上げるのが先です。ただ、平均月単価の一万円を上げるには、料金プランの構成を変えなければならず、そう簡単ではありません。そこで、「平均利用月数を増やす」というところに重点を置いて取り組んでいます。

それで、仮に有料会員転換率を二五％から五〇％、平均利用月数を一〇カ月から一五カ月に引き上げることができたら、その月の新規会員から将来生み出される売上高は、現在の二五〇〇万円の六倍の一・五億円になります。

図4

費用構造に影響する要素

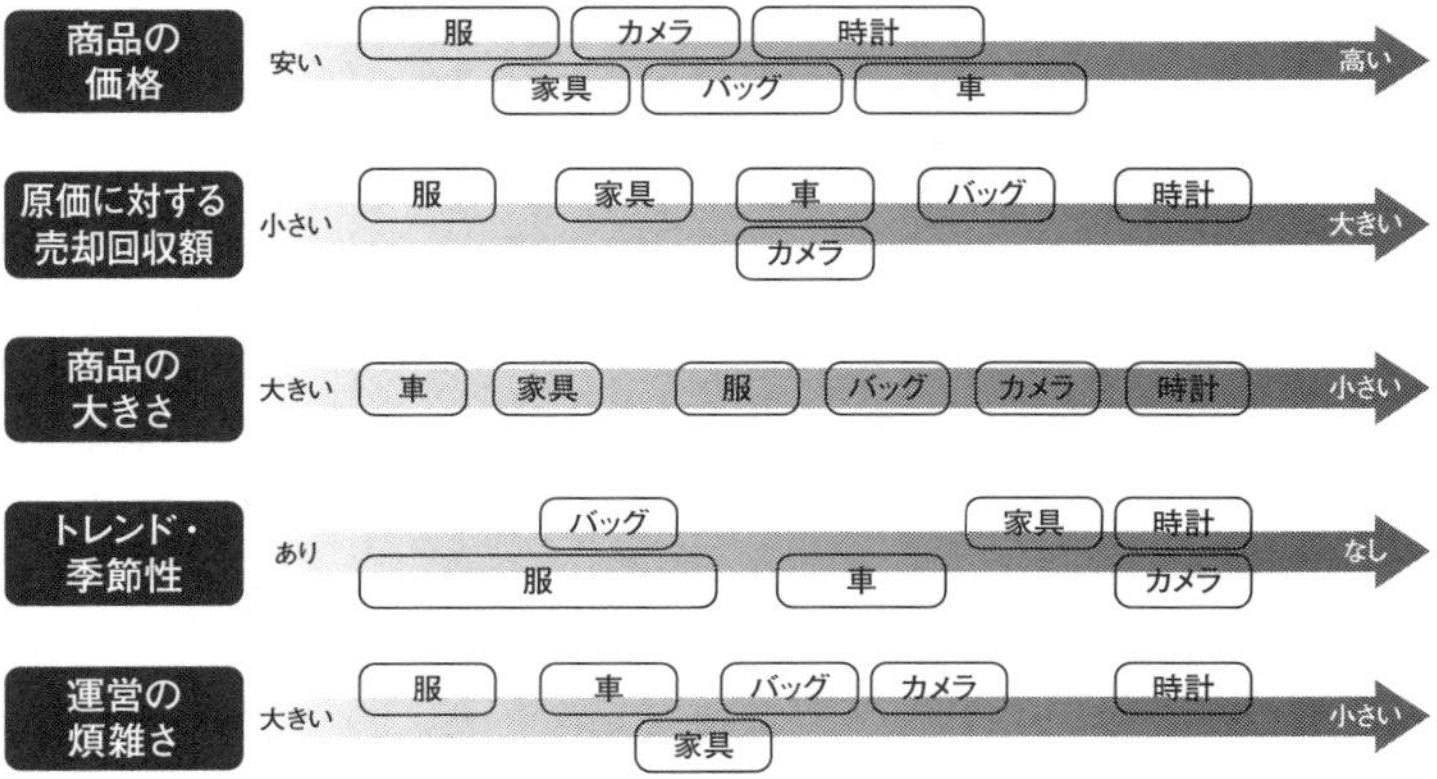

©nanashi.,inc.

そこで、有料会員転換率を上げ、平均利用月数を伸ばすために当社が力を入れているのが、「商品の品揃えを増やし、気持ちよい体験をしてもらう」というUX（ユーザーエクスペリエンス）の向上です。

こうして改善の効果が表れたら、さらに市場開拓して認知度を上げるなど、ユーザー獲得力を強化していきます。

3. 費用構造に影響する要素

モノのサブスクリプションを考えるうえで参考になる、費用構造に影響する要素をまとめてみました（図4）。

まず、商品の価格と原価に対する売却回収額をみると、腕時計はこの中でいちばん高く、値落ちしづらい商品であることがわかります。売却回収額が高いと減価償却の割合が少なくなりますから、収益性もよくなります。

それから、商品の大きさは、大きいほど輸送や保管のコストがかかるため、小さい時計は大きさの側面からも、収益性がいいといえそうです。

トレンドや季節性は、あまり関係ないもののほうが稼働率を高く保てるぶん収益性がよく、この点でも腕時計には優位性があります。

運営の複雑さは、たとえばアパレルのサブスクリプションだと、付加価値をつけるためにスタイリストがコーディネートするのが一般的です。すると、そのためのシステムを構築しなければならず、そのぶんの投資と人件費が発生し収益性が落ちます。その点、腕時計はそれほどメンテナンスも必要なく、シンプルな運営が可能ですから、ここでも有利だといえるのです。

4. 収益性に関する腕時計の特徴

先ほどの「KARITOKE」の費用構造で、収益性に関する腕時計の特徴をもう一度確認します。

①価値が減価しにくい……減価償却費や所有者向け手数料を抑えられます。
②モノが小さい……輸送費や保管費があまりかかりません。
③メンテナンスが楽……クリーニングや修理費がほとんどかかりません。

④オペレーションがシンプル……人件費が抑制できます。
⑤盗難リスク……盗難リスクは唯一の弱点です。詳しくはいえませんが、一定のコストをかけてさまざまな対策をしています。

5. 商品調達とキャッシュフローの問題

モノと資金はほぼセットです。どのようにしてモノをそろえるかは、どのように資金を調達するかに依存しています。

モノのサブスクリプション・ビジネスを自社所有商品で行う場合、投資家からお金を入れてもらったり、モノを担保にして借入でお金を調達したりと、まずお金を集めて、そのお金でモノを仕入れるというのが一般的です。

一方、他社所有商品（預かりスキーム）の場合、他社に資産をもってもらう、つまり他社の貸借対照表（B／S）を使って事業をするわけですから、キャッシュフローはかなり楽になります。ただし、所有者に手数料を払わなければなりません。

今後の資金調達の手段としては、モノを資産としてそれを証券化することも可能です。「KARITOKE」でも、腕時計自体に資産価値があり、それをレンタルに回すことで一定の収益を確保できると考えれば、今後は「資産流動化」もあり得ると思っています。

6. 競争優位性の源泉

「KARITOKE」の競争優位性の源泉は、次の五つです。

①リスク管理のノウハウ

サービス開始後しばらく、貸した腕時計を盗まれるケースがありました。その経験から、入会審査方法を変えたり、外部の信用力を測るツールを導入したりと、いろいろ試行錯誤をしてきた結果、事故率はかなり低下しています。同時に、リスク管理のノウハウの蓄積もかなり進みました。

②ユーザーデータ

すでにかなりの数があります。あとはこれをどれだけ活用できるかです。

③サービス・システム開発力

当社の前身はもともとスマホゲームの開発をしており、社内にエンジニアやデザイナーがそろっていることが強みになっています。

④商品・資金調達力

これから預かりスキームの比重が増えてくれば、それがそのまま競争優位性になっていくはずです。

⑤シェア・レンタル以外の領域の拡大

シェアやレンタルだけでなく、「腕時計を実際に販売する」「ユーザーデータを商品開発に生かす」「買取や資産運用」といった領域にまでビジネスの幅を広げていけば、ここでも競争優位をつくれると考えています。

【質疑応答】

Q1　預かった腕時計をレンタルに回し、返却後に再びその時計を持ち主に返す際、ベルトの劣化などがトラブルの原因にならないか。

小川　腕時計のベルトは預かった時点で当社が仕入れたものに付け替え、持ち主に返却するときに元に戻すというやり方をしているので、トラブルはありません。

Q2　預かり品の手数料はどれくらいか。また、借り手がつかなかった場合のフィーはどうなるのか。

小川　個人から預かっている腕時計の場合、月額レンタル料の約二五％を手数料として支払っています。レンタル料が月一万九八〇〇円なら手数料は五〇〇〇円です。手数料が発生するのはレンタルされたときなので、借り手がつかなければ手数料の支払いもありません。

Q3　レンタル中に所有者から「返却してほしい」といわれたときはどうするのか。

小川　「レンタル中は返却できない」ということを預かる際に了承していただいています。また、腕時計が盗難に遭ったなどの理由で返却できなくなってしまった場合は、規定に沿って代金を支払う契約になっています。

Q4　腕時計はメンテナンスコストがかかるイメージが強いが、そんなことはないのか。

小川　腕時計の場合、服のように商品が戻ってくる度にクリーニングしなければならないということはありません。オーバーホールが必要になるようなケースもありますが、通常の腕時計であればその頻度は五年に一度程度ですから、それほどコストはかからないのです。

Q5　一、二カ月で解約してしまう人はどういう理由なのか。

小川　「自分で腕時計を購入する前に試してみたい」という動機で会員になる人は、一、二カ月あれば十分だと思うようです。次に、入口を広げるために初月の月会費を半額にしているので、どうしてもその月だけで解約する人が多くならざるを得ません。そのチャーンをどうやって減らすかの方策については、現在いろいろ考えているところです。

Q6　競合はいるのか。

小川　当社が事業を開始した当時はありませんでした。現在は一〇社ほどが同様のサービスを行っています。ただ、いずれも規模が小さいので、あまり意識していません。

（二〇一九年八月三一日「ATAMIせかいえ」にて収録）

大前研一（おおまえ・けんいち）

早稲田大学卒業後、東京工業大学で修士号を、マサチューセッツ工科大学（MIT）で博士号を取得。日立製作所、マッキンゼー・アンド・カンパニーを経て、現在㈱ビジネス・ブレークスルー代表取締役会長、ビジネス・ブレークスルー大学学長。

著書は、『「0から1」の発想術』『低欲望社会「大志なき時代」の新・国富論』『「国家の衰退」からいかに脱するか』（いずれも小学館）、『大前研一 稼ぐ力をつける「リカレント教育」』『日本の論点』シリーズ（いずれも小社刊）など多数ある。

「ボーダレス経済学と地域国家論」提唱者。マッキンゼー時代にはウォール・ストリート・ジャーナル紙のコントリビューティング・エディターとして、また、ハーバード・ビジネス・レビュー誌では経済のボーダレス化に伴う企業の国際化の問題、都市の発展を中心として広がっていく新しい地域国家の概念などについて継続的に論文を発表していた。

この功績により1987年にイタリア大統領よりピオマンズ賞を、1995年にはアメリカのノートルダム大学で名誉法学博士号を授与された。

英国エコノミスト誌は、現代世界の思想的リーダーとしてアメリカにはピーター・ドラッカー（故人）やトム・ピーターズが、アジアには大前研一がいるが、ヨーロッパ大陸にはそれに匹敵するグールー（思想的指導者）がいない、と書いた。

同誌の1993年グールー特集では世界のグールー17人の1人に、また1994年の特集では5人の中の1人として選ばれている。2005年の「Thinkers50」でも、アジア人として唯一、トップに名を連ねている。

2005年、『The Next Global Stage』がWharton School Publishingから出版される。発売当初から評判をよび、すでに13カ国語以上の国で翻訳され、ベストセラーとなっている。

経営コンサルタントとしても各国で活躍しながら、日本の疲弊した政治システムの改革と真の生活者主権国家実現のために、新しい提案・コンセプトを提供し続けている。経営や経済に関する多くの著書が世界各地で読まれている。

趣味はスキューバダイビング、スキー、オフロードバイク、スノーモービル、クラリネット。

ジャネット夫人との間に二男。

大前研一
デジタル小売革命

「BBT×プレジデント」エグゼクティブセミナー選書　Vol.15

2021年8月31日　第1刷発行

著　者　大前研一
発行者　長坂嘉昭
発行所　株式会社プレジデント社
〒102-8641 東京都千代田区平河町2-16-1
平河町森タワー13F
https://www.president.co.jp/　https://presidentstore.jp/
電話　編集(03)3237-3732
販売(03)3237-3731

編集協力　政元竜彦　木村博之
構　成　山口雅之
編　集　渡邉 崇　田所陽一
販　売　桂木栄一　高橋 徹　川井田美景　森田 巌　末吉秀樹
撮　影　大沢尚芳
装　丁　秦 浩司
制　作　関 結香
印刷・製本　中央精版印刷株式会社

ISBN978-4-8334-2419-6
Printed in Japan